KB205979

하늘에서 오는 지혜

잠언, 전도서, 욥기에 대한 정경적 이해

장로회신학대학교 출판부
©2013

하늘에서 오는 지혜

초판 1쇄 발행 | 2013년 12월 20일
초판 2쇄 발행 | 2024년 3월 11일

지은이 배정훈
펴낸이 김운용
펴낸곳 장로회신학대학교 출판부

등록 제1979-2호
주소 (우)04965 서울시 광진구 광장로5길 25-1(광장동)
전화 02-450-0795
팩스 02-450-0797
이메일 ptpress@puts.ac.kr
홈페이지 http://www.puts.ac.kr

값 15,000원
ISBN 978-89-7369-328-3   93230

하늘에서 오는 지혜

잠언, 전도서, 욥기에 대한 정경적 이해

배 정 훈 지음

장로회신학대학교출판부

저자 서문

　　그동안 학문의 세계에서 강조된 지혜문학의 핵심은 지혜를 획득하는 인간의 능력을 강조하는 것이다. 한국에서 공부할 때 지혜문학에 대해서는 거의 들어본 적이 없었고, 유학을 가서야 처음으로 접했다. 그러나 잠언, 전도서, 욥기를 아무리 공부해도 책들이 따로 놀고 정리가 되지 않았다. 묵시문학을 공부하면서 비로소 정경에 있는 지혜는 묵시적인 지혜를 염두에 둘 때 퍼즐처럼 완성이 된다는 것을 알게 되었다. 지혜를 하늘에서 오는 지혜라고 넓게 정의하면서 지혜에 접근하기가 쉬워졌다. 묵시문학을 전공하고 한국에 돌아와서 과목을 가르치는데, 학생들은 묵시문학을 배울 때보다 지혜문학을 공부할 때 더 관심을 보였다. 특히나 고된 인생을 경험한 나이 든 학생들의 반응이 두드러졌다. 그들과 함께 지혜문학을 공부하면서 나는 지혜문학에 담긴 나의 신앙의 여정을 강의하고, 학생들은 이 강의를 통하여 자신의 지나온 삶을 돌아보면서 상처를 치유하고 회복을 경험하였다. 학생들이 수업 시간에 이 강의록과 더불어 남자와 여자, 간음, 재물, 죽음, 고난 등에 대해 발표를 하고, 마지막 시간에는 특별한 케이스를 가지고 토론을 하였는데, 수업이 끝날 때 학생들은 지혜문학 수업을 영성수업이라고 말했다.

　　2001년 대전신학대학교에서 선택과목인 지혜문학을 처음으로 강의할 때는 야간 40명 전원이 이 과목을 수강하면서 특별한 관심을 보여주었다. 당시 강의록이라고는 몇 편의 설교가 담긴 40페이지 정도가 전부였고, 다만 머릿속에 간직된 나의 경험에 의지하여 강의를 하였다. 그때부터 약 8년간 매학기 학부의 주야간에서 지혜문학을 강의하면서 강의록이 늘어갔다. 전도서에 관하여는 박사과정 시험으로 제출해야 했던 본문이 전도서 4장이었는데 그때 쓴 논문이 확장되어 이 책의 일부가 되었다. 2004년에 전도서를 강의하던 학기에는 나 역시 죽음의 위기를 경험하면서 전도서의 주제를 몸으로 체득하게 되었다. 욥기에서 그려지는 숨겨진 하나님은 학창 시절부터 내가 오랫동안 씨름해오던 주제였다. 욥기와 창세기 22장, 그리고 다니엘서가 만나는 지점에서 하나님은 나를 만나 주셨다. 지혜문학을 강의하면서 발전된 전도서와 욥기의 내용들은 학생들을 위하여 홈페이지에서 조금씩 연재하면서 다듬어간 이야기이다. 욥기는 두란노에서 나온 HOW 주석의 일부를 쓰고 두란노가 주관한 목회자와의 워크숍을 통하여 더 정리하게 되었다.

구약학을 공부하면서 내가 한국 교회의 아들임을 깊이 인식한다. 교회에서 선후배들과 함께 신앙이 자라고, 교회활동과 많은 목회자로부터의 가르침을 통하여 성숙해지면서, 교회의 도움으로 한 사람의 목회자와 학자로 만들어졌다. 그리고 이제 나의 역할은 한국교회가 성경을 더 잘 이해하도록 돕는 것이다. 이번에 이 책에서 나의 관심은 잠언, 전도서, 욥기를 통일성 있게 정경적으로 이해하는 것이다. 불모지 같은 한국교회의 강단에서 지혜문학의 본문들이 더 잘 선포되는데 이 책이 사용되기를 바라는 마음이다.

2013년 11월 광나루에서
배 정 훈

차 례

I부

지혜란 무엇인가?

1장

하늘에서 오는 지혜

"지혜는 어디서 얻으며 명철이 있는 곳은 어디인고?"(욥 28:12)

하늘에서 오는 계시

우리의 신앙적 갈증은 어디에서 비롯되는 것일까? 하늘로부터 오는 계시를 얻지 못하고 땅의 것으로만 채우기 때문이다. 땅에서 난 것을 마시면 육은 만족하여 일시적으로는 갈증이 해소되는 듯하지만, 우리 영의 깊은 속을 채우지는 못한다. 하늘에서 길어온 샘의 물만이 우리를 채울 수 있다. 우리의 절실함을 담아 땅을 적시면서도 하늘의 기원이라는 정체성을 잃지 않는 계시가 우리에게 생수를 제공한다. 지혜는 우리의 힘으로 얻는 것처럼 보이지만 하늘에서 오는 계시이다. 지혜가 하늘에서 오는 계시라는 말은 지혜의 기원이 하나님이라는 말이다. 지혜는 사람의 생각으로 만들어진 것이 아니라 하나님으로부터 와서 하나님의 사람들에게 주어진 계시이다. 인간은 단지 지혜를 발견할 뿐 지혜의 근원은 아니다. 지혜는 하나님 자신으로부터 오는 것이다. 하늘로부터 오는 지혜를 갈망하는 사람이라면 누구에게든지 지혜는 주어진다.

지혜자들은 하늘에서 오는 지혜를 사모했고, 욥은 고난의 원인을 알지 못해 지혜가 어디 있느냐고 부르짖는다. 다니엘과 요셉은 지혜의 기원이 하나님이라고 고백한다.

> 누구든지 내게 들으며 날마다 내 문 곁에서 기다리며 문설주 옆에서 기다리는 자는 복이 있나니(잠 8:34)

> 지혜는 어디서 얻으며 명철이 있는 곳은 어디인고?(욥 28:12)

> 오직 은밀한 것을 나타내실 이는 하늘에 계신 하나님이시라(단 2:28)

> 요셉이 바로에게 대답하여 이르되 내가 아니라 하나님께서 바로에게 편안한 대답을 하시리이다(창 41:16)

지혜자들이 한결같이 하는 말은 지혜가 하나님으로부터 온다는 것이다. 지혜는 곧 하늘에서 오는 계시이다. 하늘에서 오는 계시는 하나님의 창조, 창조된 우주의 별자리, 지상의 피조물 등을 통하여 드러난다.

> 내가 땅의 기초를 놓을 때에 네가 어디 있었느냐 네가 깨달아 알았거든 말할지니라(욥 38:4)

> 네가 묘성을 매어 묶을 수 있으며 삼성의 띠를 풀 수 있겠느냐 너는 별자리들을 각각 제 때에 이끌어 낼 수 있으며 북두성을 다른 별들에게로 이끌어 갈 수 있겠느냐(욥 38:31)

> 네가 낚시로 리워야단을 끌어낼 수 있겠느냐 노끈으로 그 혀를 맬 수

있겠느냐(욥 41:1)

그뿐 아니라 하늘에서 오는 계시는 인간의 경험 안에서 발견된다. 지혜는 경험 자체가 아니라 경험을 통해 얻어진 해석이다.

손을 게으르게 놀리는 자는 가난하게 되고 손이 부지런한 자는 부하
게 되느니라(잠 10:4)

북풍이 비를 일으킴 같이 참소하는 혀는 사람의 얼굴에 분을 일으키
느니라(잠 25:23)

하나님은 지혜를 드러내시고 인간은 그 지혜를 발견한다. 그렇다면 하늘에서 오는 지혜를 발견하기 위하여 인간은 무엇을 해야 할까? 인간은 지혜를 발견하기 위하여 이성과 직관을 사용한다. 이성이란 지, 정, 의 가운데 지를 강조하는 인간의 능력이다. 글로 담지 않은 세상의 경험과 우주에 담긴 하나님의 법칙과 질서를 깨닫기 위하여 인간은 이성을 사용한다.[1] 이성을 통하여 지혜를 얻는 방법을 생각해 보자.[2] "지혜"는 경험된 사건을 해석함으로 얻는 보편적인 명제이다. 이러한 지혜는 연역적(演繹的)이라기보다는 귀납적(歸納的)이다. 현실에서 얻은 경험들을 묵상하면서 이성을 사용하여 결론을 유추하고, 행동과 결과를 연결한다. 우리는 성경에서 이러한 지혜의 방법론을 유추할 수 있다.

내가 게으른 자의 밭과 지혜 없는 자의 포도원을 지나며 본즉 가시덤
불이 그 전부에 퍼졌으며 그 지면이 거친 풀로 덮였고 돌담이 무너져
있기로 내가 보고 생각이 깊었고 내가 보고 훈계를 받았노라 네가 좀

---

[1] 이성은 사물을 개념(槪念)에 의하여 사고하거나 또는 객관적으로 인식하고 판정하는 오성적(悟性的)인 능력을 말한다.

[2] 이 경우 지혜는 "경험에 기초하여 얻게 되는 삶과 세계의 법칙에 대한 실제적인 지식"이다. Gerhard von Rad, *Old Testament Theology*. Vol 1 (New York: Harper & Row, 1962), 418, 428.

더 자자, 좀더 졸자, 손을 모으고 좀 더 누워 있자 하니 네 빈궁이 강
도 같이 오며 네 곤핍이 군사 같이 이르리라(잠 24:30-34)

이 본문에 따르면 잠언의 저자가 경험한 것은 단지 "무너진 밭과 포도원"
이다. 그는 밭과 포도원에 가시덤불과 거친 풀이 덮였고 그것들이 무너져 있는
것을 발견하였다. 저자가 발견한 경험 자체가 지혜는 아니다. 무너진 밭과 포도
원에 대한 경험에 지혜에 관한 어떤 명제도 쓰여 있지 않았지만 지혜자는 사건
을 계속적으로 묵상함을 통하여 지혜에 이르게 된다. 저자는 그 경험을 보고 생
각을 거듭 한다: "내가 보고 생각이 깊었고 내가 보고 훈계를 받았었노라"(잠
24:32). 거듭된 생각을 통하여 사건 내면에 담긴 계시를 깨닫는다. 사건에서 지
혜를 얻는 귀납적인 방법을 통하여 계시를 획득한다. 지혜자는 이 계시를 얻기
위하여 토라에 의지하지 않는다. 해석자의 상황에 대한 묵상을 통하여 사건에
담긴 계시를 찾는 것이다. 저자는 마침내 결론을 찾는다: "네가 좀 더 자자, 좀
더 졸자, 손을 모으고 좀 더 눕자 하니 네 빈궁이 강도 같이 오며 네 곤핍이 군
사 같이 이르리라"(잠 24:33-34). 한마디로 말하면 그가 얻은 지혜의 주제는
"게으름은 가난을 유발한다."인데, 이 주제가 독특한 양식으로 표현된다. 잘 생
각해 보면 이렇게 주어진 지혜는 경험 자체라기보다는 경험 속에 담겨 있는 경
험에 대한 해석이다. 경험을 통하여 하나님이 인간들에게 어떤 원리를 제시해
주시고, 하나님이 인간에게 전달하시려는 계시가 인간의 해석을 통하여 인간
안에 드러나는 것이다. 이와 같이 인간의 경험 안에 담긴 법칙을 발견하여 계시
에 이르기 위하여 묵상할 때 인간의 이성이 중요한 역할을 한다. 이성은 세상에
뿌려진 하나님의 법칙을 찾도록 돕는다.

그런데 인간이 반드시 이성만을 통하여 지혜를 얻는 것은 아니다. 이성(理
性)과는 다른 틀인 직관(直觀)을 통하여 지혜를 얻을 수 있다. 이성보다 직관이
발달한 사람들은 다른 방법으로 지혜를 얻는다. 공부를 많이 하지 않았지만 세
상의 이치에 밝은 어른들, 사랑하는 자녀들을 위하여 꿈을 꾸고 미래를 그려주
는 분들, 그리고 남자들보다 더 발달된 직관으로 문제를 해결하는데 탁월한 능

력을 가진 여자들이 있다. 이들에게 직관은 지혜를 얻는 중요한 도구가 된다. 직관이 발달된 사람들은 주로 깨끗한 영을 가지고 꿈이나 이상을 본다. 구약에서 요셉이나 다니엘 같은 사람들이 이러한 지혜를 가진 사람들이라 볼 수 있다. 요셉이 애굽의 궁중에서 공부하여 지혜를 얻지 않았다. 요셉이 꿈을 해석하는 능력은 하나님이 주신 것이다.

> 요셉이 그들에게 이르되 해석은 하나님께 있지 아니하니이까?
> 청하건대 내게 이르소서(창 40:8)

요셉은 자기의 능력으로 꿈의 내용을 안다고 말하지 않는다. 요셉은 꿈에 대한 연구를 해서 안 것이 아니라, 하나님이 알려 주셔서 꿈의 해석을 알게 된 것이다. 다니엘은 바벨론 궁중에서 바벨론 술사들과 경쟁하여 얻은 지혜도 있지만, 공부와 상관없는 하나님이 주시는 지혜가 꿈을 해석할 수 있도록 만들었다.

> 하나님이 이 네 소년에게 학문을 주시고 모든 서적을 깨닫게 하시고
> 지혜를 주셨으니 다니엘은 또 모든 환상과 꿈을 깨달아 알더라
> (단 1:17)

이와 같이 하나님은 직관을 통하여 인간에게 지혜를 주신다. 지혜자가 하는 일은 하나님이 주시는 지혜를 잘 깨닫는 것이다. 한편으로는 이성을 통하여, 다른 한편으로는 직관을 통하여 이 지혜에 이르게 된다. 이성을 통하건 직관을 통하건 모든 지혜가 하늘로부터 오는 계시라는 것은 변함이 없다. 그런데 이성을 통해서 올 때 그것은 인간이 이성을 사용함으로 지혜를 얻게 되고, 직관을 통해 올 때 지혜는 인간의 노력 없이 주어지는 것으로 보인다. 그래서 이성을 통하여 얻는 지혜를 **획득하는 지혜**, 그리고 직관을 통하여 얻는 지혜를 **주어지는 지혜**라고 부르기로 한다. 획득하는 지혜는 잠언적인 지혜라고 부르기도 하

고, 주어지는 지혜는 묵시문학에서 나타나는 묵시적인 지혜로 나아간다. 획득하는 지혜는 잠언, 전도서, 욥기 등에서 나타나고, 주어지는 지혜는 요셉 이야기나 다니엘서에서 나타난다.

획득하는 지혜	잠언, 전도서, 욥기
주어지는 지혜	요셉 이야기 (창 37, 39-50장), 다니엘서 1-6 장

이 책에서는 정경의 지혜문헌에 포함된 잠언, 전도서, 욥기에 나오는 획득하는 지혜를 중심으로 서술하기로 한다. 두 가지 종류의 지혜는 아래의 표와 같이 표현할 수 있다. 이 표는 두 종류의 지혜를 표현한다. 하나님과 지혜의 관계에서는 지혜의 근원이 하나님임으로 화살표가 하나님으로부터 오는 것으로 표현하였다. 인간이 지혜를 얻는 방법에 있어서는 주어지는 지혜의 경우 직관을 통해 주어짐을 강조하기 위하여 화살표를 인간에게 주어지는 것으로 표현하고, 획득하는 지혜의 경우 인간이 지혜를 얻기 위하여 이성을 사용하는 능동성을 강조하기 위하여 화살표를 인간으로부터 시작하도록 표현하였다.

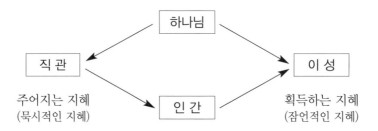

지혜전승과 지혜문헌

지혜(호크마)라는 말은 구약에 318번 나오는데 그중 절반(183)이 잠언, 전도서, 욥기에 나온다.[3] 유사한 용어로서 이해와 충고라는 말이 사용되고, 지혜의 반대는 어리석음이다. 구약에서 지혜문헌은 잠언, 욥기, 전도서, 또한 외경으로 집회서와 솔로몬의 지혜서가 있다.[4] 후기 랍비전승은 아가서를 지혜서에 포함시킨다. 시편은 다양한 지혜의 특성을 가진 문헌으로 시편 안에 잠언, 전도서, 욥기 등의 지혜문헌의 다양한 특징들이 포함되어 있다. 지혜문헌을 내용적으로 살핀다면, 보수적인 지혜 문헌인 잠언, 집회서, 그리고 전통적인 지혜에 도전하는 급진적인 지혜문헌인 욥기, 전도서, 그리고 후기에 발달된 신학적인 지혜인 잠언 8장, 욥기 28장, 집회서 24장, 솔로몬의 지혜서 6-11장 등이 있다.

지혜의 특징들

학자들은 일반적으로 획득하는 지혜를 중심으로 지혜를 정의하고 있다. 이러한 지혜의 특징에 대하여 네 가지를 제시한다: 인간주의적(humanistic) 요소, 국제적(international) 요소, 비역사적(non-historical) 요소, 그리고 세속적(eudaemonistic)인 요소들.[5] 그러나 이러한 특징은 더 발전될 필요가 있다.

첫 번째 특징으로 인간주의적 요소란 인간의 가능성에 대하여 낙관적이라는 말이다. 지혜를 발견하기 위하여 인간이 이성을 사용하는 능동적인 능력을

---

3) E. Jenni and C. Westermann, *Theological Lexicon of the Old Testament*, Vol. 1 (Peobody: Hendrickson, 1997), 427.

4) 이러한 본문들의 특징은 공통된 문헌의 문학적 장르, 언어, 그리고 주제가 존재한다는 것이다. Leo G. Perdue, 배정훈 역, 『잠언』 (서울: 한국장로교출판사, 2009), 24-26.

5) Bruce K. Waltke and David Diewert, "Wisdom Literature," In *The Face of Old Testament: A Survey of Contemporary Approaches*, eds. David W. Baker and Bill T. Arnold (Grand Rapids, Michigan: Apollos, 1999), 296.

강조한다. 물론 이러한 낙관론이 인간의 능력의 절대성을 말하는 것은 아니다. 하나님의 피조물이라는 한계는 변함없지만 그 안에서 인간이 보고 듣고 관찰함을 통하여 진리를 발견할 수 있는 가능성을 강조한다.

두 번째 특징으로 지혜는 국제주의적 특성을 가지고 있다. 지혜문헌에 담긴 지혜가 근동 지역의 지혜들과 많은 점에서 공통점이 있다는 말이다. 이스라엘의 지혜가 이렇게 근동 지역의 지혜와 유사점이 있다는 것은 특별히 최근에 발견된 고고학적인 자료들을 통하여 밝혀졌다. 애굽의 왕(주전 1100년경)이 쓴 아메네모프(Amenemope)의 지혜서는 잠언 22:17-24:22와 유사하다.[6] 애굽 지혜의 중심인물인 마아트가 보여주는 원리는 이스라엘의 여성 지혜, 특히 잠언 8장의 우주적인 고찰에 영향을 주었다. 그렇다고 근동의 지혜와 이스라엘의 지혜가 완전히 동일한 것은 아니다. 근동지역의 지혜와 유사한 지혜가 여호와 신앙 안으로 토착화되어 여호와를 경외함을(창 1:7; 9:18; 욥 28:28) 지혜의 기초로 여기는 지혜의 정체성을 갖게 되었다.

세 번째 특징으로 지혜는 비역사적인 것이라는 것이다. 이스라엘의 지혜가 조상들에 대한 약속이나 출애굽과 모세, 또는 시내산 언약이나 다윗 언약을 언급하지 않는다는 면에서 지혜는 비역사적이라고 볼 수 있다.[7] 그러나 지혜문헌이 직접적으로 언급은 하지 않지만 지혜는 언약의 관점이나 여호와를 경외하는 여호와 신앙을 담고 있다. 또한 지혜문헌에 포함된 잠언, 전도서, 욥기가 역사성을 직접 보여주지는 않지만 공동체가 경험한 독특한 역사의 변화를 담고 있다.

네 번째 특징은 지혜가 세속적 교훈이라는 것이다. 지혜는 신앙과는 무관하게 전적인 세속적인 경험을 통하여 인간에게 주어진 세속적 교훈이라는 말이다. 그러나 지혜가 세속적으로 보이기는 하지만 신앙을 전제한다. 예를 들어 "경우에 합당한 말은 아로새긴 은 쟁반에 금 사과니라"(잠 25:11)라는 본문은

---

6) E. A. W. Budge, *Facsimiles of Egyptian Hieratic Papyri in the Brititish Museum*, 2d series (London: British Museum, 1923), plates I-XIV.

7) R. E. Murphy, *The Tree of Life: An Exploration of Biblical Wisdom Literature* (New York: Doubleday, 1990), 1.

신앙과 무관하게 세속적인 것으로 보인다. 물론 신앙이 없는 사람들이나 신앙이 있는 사람들에게 모두 적용이 되는 말일 것이다. 그러나 잠언에서는 여호와를 경외하는 신앙을 전제하면서 이 교훈을 말하고 있다. 세속적으로만 보이지만 이미 신앙을 전제한 지혜이기 때문에 전적으로 세속적이라고만 말할 수 없다.[8]

지혜의 근본: 여호와를 경외하는 것

지혜는 곧 하늘에서 오는 계시이다. 하나님은 온 세상에 지혜를 뿌려 놓았다. 그렇다고 모든 사람이 똑같이 지혜를 얻는 것은 아니다. 이성을 더 잘 발휘하는 사람들이 더 많은 지혜를 얻을 수 있다. 그렇다면 머리가 좋은 사람이 더 많은 지혜를 얻을 수 있는가? 성서는 그렇지 않다고 말한다. 그 이성이 잘 발휘되기 위해서는 여호와를 경외하는 마음을 요구하기 때문이다. 여호와를 경외하는 사람이라면 하늘에서 오는 지혜를 사모하며 세상 안에 있는 하나님의 계시를 발견하기 위하여 이성을 더 잘 사용할 수 있다.

여호와를 경외하라는 말은 잠언에서(1:7; 9:10 등등) 많이 나오고, 욥기 (1:1, 8, 9; 2:3; 4:6; 6:14; 15:4; 28:28; 37:24)와 전도서(3:14; 5:7; 7:18; 8:12; 8:13; 12:13)에서 여러 번 언급된다. 지혜문헌에서 여호와를 경외한다는 말이 신앙의 절정이며, 지혜를 얻는 출발점이라고 보고 있다.

여호와를 경외하는 것이(יִרְאַת/이르아트) 지식의 근본이거늘 미련한
자는 지혜와 훈계를 멸시하느니라(잠 1:7)

여호와를 경외하는 것이(יִרְאַת/이르아트) 지혜의 근본이요 거룩하신

---

8) F. W. Wilson, "Sacred and Profane? The Yahwistic Redaction of Proverbs Reconsidered," in *The Listening Heart: Essays in Wisdom and Psalms in Honour of R. E. Murphy*, ed. K. G. Hoglund (Journal for the Study of the Old Testament-Supplement Series 58; Sheffield, England: JSOT Press, 1987).

자를 아는 것이 명철이니라(잠 9:10)

보라 주를 경외함이(יִרְאַת/이르아트) 지혜요 악을 떠남이 명철이니라
(욥 28:28)

또한 여호와를 경외한다는 것은 곧 여호와를 삶의 중심에 모신다는 것으로, 창세기에서도 나타난다.

여호와 하나님이 그 사람을 이끌어 에덴동산에 두사 그것을 경작하며, 지키게 하시고, 여호와 하나님이 그 사람에게 명하여 이르시되 동산 각종 나무의 실과는 네가 임의로 먹되, 선악을 알게 하는 나무의 열매는 먹지 말라 네가 먹는 날에는 반드시 죽으리라 하시니라(창 2:15-17)

이 본문은 인간의 가능성과 한계를 통하여 인간의 본질이 무엇인지 보여 준다. 첫째는, 각종 나무의 실과를 임의로 먹을 수 있는 인간의 가능성이 강조된다. 이 인간의 가능성이 바로 잠언과 같은 낙관적인 인간론을 담은 지혜문헌에서 보이고 있다. 이러한 인간관은 시편 8편에도 나타나 있다: "주의 손으로 만드신 것을 다스리게 하시고 만물을 그 발 아래 두셨으니"(시 8:6). 두 번째로 본문은 청지기 직분의 한계가 무엇인지를 설명한다. 그 한계는 동산 중앙의 선악을 알게 하는 나무이다. 그것을 먹는 날에는 "반드시 죽으리라"고 말한다. 인간의 한복판에는 하나님이 계시는데, 하나님이야말로 인간의 한계이다. 창세기 1-11장은 인간의 한계를 넘어 하나님과 같이 되려는 시도를 죄악으로 규정한다. 이러한 인간의 한계에 대한 창세기의 이해는 여호와를 경외하는 것을 지혜라고 규정하는 지혜문헌과 상통한다. 즉, 잠언에서는 여호와를 경외하여 중심에 여호와를 모시면, 사람은 지혜를 얻고 지혜를 통하여 생명에 이르게 되고 무엇이든지 할 수 있는 가능성이 있다는 낙관적인 인간이해가 있다. 그러나 인간이 자신의 한계를 넘어 서서 여호와를 경외하지 않는다면, 그것이 바로 여호와

의 주권을 인정하지 않는 것이다. 이 타락의 역사가 창세기 1-11장에 나타난 인간의 역사이며, 전도서는 이와 같이 인간의 한계를 넘어서는 것을 죽음이라고 묘사한다. 한계를 지키고 여호와를 경외하는 자에게는 무한한 가능성이 주어지고, 한계를 범하는 자에게는 죽음이 주어진 것이 창세기 원역사의 중심사상인 동시에 잠언과 전도서의 핵심 사상이라고 볼 수 있다.

지혜란 성공적인 삶을 살도록 돕는 기술이다

성경은 지혜를 생명나무(עֵץ־חַיִּים/에츠 하임)라고 묘사한다(잠 3:18). 왜냐하면 지혜를 얻은 자는 곧 지혜가 줄 수 있는 생명을 누리기 때문이다. 지혜는 인간을 위하여 어떠한 생명을 누리게 하는가? 지혜는 추상적인 일이 아니라 구체적인 삶의 자리에서 인간이 장애물을 극복하고 형통(성공)으로 나아가게 한다. 서울에서 부산을 향해 간다고 하자. 눈을 감고 저절로 갈 수는 없다. 차에 올라서 앞도 보지 않고 차를 운전한다면 온갖 장애물로 인하여 목적지로 나아갈 수 없을 것이다. 그렇다면 차가 갈 수 있는 차도를 찾아야 할 것이다. 그리고 차도를 가면서도 방향을 찾아야 하고, 가다 보면 많은 장애물을 피해야 할 것이다. 횡단보도를 건너는 사람들을 조심스럽게 피해야 하고, 내 앞에 늦게 가는 차에 충돌할 수도 있으니 속도도 조절해야 할 것이다. 그렇게 많은 장애물을 피하여 갈 때 내가 원하는 부산에 도착할 수 있다. 지혜도 이와 같다. 인간은 목적지가 있으며, 원하는 목적지에 이르기 위하여 장애물을 제거하거나 피해야 한다. 지혜는 우리로 하여금 인생에서 성공에 이르게 도와주는 것이다. 인간이 원하는 목적지는 바로 형통(성공)이다. 그 형통으로 나아가는 길에 직면하는 장애물을 제거해주는 역할을 맡은 것이 바로 지혜이다. 우주 안에 하나님의 법칙인 지혜가 계시되어 있고, 인간의 행복은 이 지혜를 발견하고 그 법칙대로 사는 것이다. 지혜라는 말은 마치 인생을 항해할 때 행하는 조절 (תַּחְבֻּלוֹת/타흐부롯, steering, 잠 1:5; 11:14; 12:5; 20:18; 24:6; 욥 7:12) 이라는 말과 상응한다. 지혜란 **인간이 세계와 사람과 하나님과의 관계에 드러난 법칙을 파악하여,**

그 법칙대로 살아감으로 악으로부터 벗어나서 형통한(성공적인) 인생을 살아가도록 돕는 기술이라고 정의할 수 있다.

구약성경에서 우리는 다양한 삶의 자리에 놓인 지혜의 내용을 발견할 수 있다. 솔로몬이 자연과 동물과 사람의 지혜에 이르기까지 가지고 있었던 수많은 지혜가 있다(왕상 4:30-34). 재판에서 솔로몬이 판단하고 분별하는 능력도 지혜이다(왕상 3:16-28). 정치가에게는 다스리는 능력이 지혜이며(왕상 5:21), 성막을 만들 때 지혜는 기술이나 능력(출 36:2, 8)으로, 또는 금속 작업(대상 22:15-16)이나 목수일(출 35:35)을 뜻하기도 한다. 또 지혜는 영리함을 뜻한다. 가장 작은 동물들도 생존을 위하여 지혜(잠언 30:24-28)를 드러낸다. 교활한 요나답이나(삼하 13:3) 드고아의 여인에게도 지혜롭다는 말을 사용한다(삼하 14:2). 애굽의 술사(창 41:8; 출 7:11), 요셉(창 41:39), 또는 다니엘(단 2:27)에게도 지혜자라는 말이 사용된다.

지혜의 방법: 귀납적, 경험적, 세계 지향적 방법

지혜를 얻는 방법을 살펴본다면 지혜가 철저하게 인간의 경험과 해석의 과정을 통하여 얻어지기에 마치 하나님이 빠져 있는 듯 보인다. 그러나 이스라엘 백성들은 그들이 얻은 지혜의 기원이 하나님임을 고백한다. 지혜는 본질적으로 사건을 통하여 나타나고(세속적), 구체적인 삶의 위기와 해결을 보여주며(인간 지향적), 원인과 결과가 드러나는 인과응보의 법칙에 따라 사건을 서술하는 특징을 가지고 있다. 지혜자들은 믿음보다는 계산에 따라 행하는 것으로 보이며, 지혜 또한 인생을 세속적인 면에 관심을 두고 성공적으로 사는 방법에 대하여 관심이 있다. 지혜의 방법은 경험적이고, 이성적인 것으로, 초자연적인 특별한 계시에는 호소하지 않는다. 인간으로부터 시작하여 세상의 실제적인 삶에 기초하여 지혜를 얻는다. 지혜전승은 또한 이 세상 안에서 발생하는 일을 매개로 계시를 발견하기 때문에 세계 지향적이다. 지혜는 세계를 긍정하는 하나님의 방식인 것이다.

지혜의 목표: 형통

지혜의 목표는 무엇인가? 형통이다. 누구나 인생의 행복을 향하여 달려간다. 그것을 성공이라는 말로 표현한다. 한글성경에는 형통이라는 단어가 나타나지만 이에 상응하는 히브리어 원어는 다르다.[9) 지혜문학에서 형통이라는 뜻으로 톱(טוב) 이라는 단어를 사용한다(잠 11:10; 전 2:1; 7:14; 욥 21:13; 36:11). 이 형통은 인간이 이성을 활용하여 세상에 뿌려 놓은 하나님의 지혜를 잘 파악하고 그대로 살 때 주어지는 복이다. 토라(Torah)를 매개로 하지 않고 세상의 경험들을 통하여 파악되는 진리이다. 일부 지혜문헌들에서는 신정론을 옹호하는 입장에서 악인의 형통에 대한 역설적인 진술도 나타나지만(잠 21:4; 23:17; 24:1, 14), 잠언을 비롯한 지혜문헌들에서는 긍정적으로 형통이라는 말이 나타난다.

의인이 형통하면 성읍이 즐거워하고 악인이 패망하면 기뻐 외치느니라
(잠 11:10)

형통한 날에는 기뻐하고 곤고한 날에는 되돌아보아라(전 7:14)

만일 그들이 순종하여 섬기면 형통한 날을 보내며 즐거운 해를 지낼
것이요(욥 36:11)

---

9) 성경에는 세 종류의 형통을 말한다. 지혜문학에서만이 아니라 신명기와 창세기에서도 형통을 말한다. 신명기 문헌에서는 타스킬(תַּשְׂכִּיל)이라는 단어를 사용하면서(신 29:9; 수 1:7, 8; 왕상 2:3), 토라에 순종했을 때 주어지는 형통을 강조한다. 즉, 하나님이 구원을 얻을만한 계시를 우리에게 보여주신 토라에는 하나님의 뜻이 나타나고 인간은 토라의 명령대로 살기만 하면 형통에 이른다는 것이다(신 29:9; 수 1:8). 요셉이야기에서는 마쯜리아흐(מַצְלִיחַ)이라는 단어를 사용하면서(창 39:2, 3, 23), 형통이 언급된다(창 39:2, 3, 23). 요셉이 특별한 업적을 행해서가 아니라, 하나님이 동행하실 수 있는 정결한 상태에 있음으로 형통이 시작되었다. 정결함이 바로 형통의 시작이다.

잠언에서 말하는 형통은 단어 자체보다는 형통의 내용에 대한 표현으로 더 많이 나타난다. 잠언 기자는 순종과 형통의 인과관계를 더 강조한다. 물론 형통이 하나님의 선물이기는 하지만, 순종하면 형통이 갑자기 하늘에서 나타나는 것이라기보다는 지혜의 법칙에 순종하는 순간 인과응보의 원리에 따라 복을 받는 것처럼 서술한다. 하나님은 인과응보의 원리에 종속되어 있지 않지만(즉, 순종한다고 반드시 복을 내리는 것은 아니지만) 의인에게 복을 주고 악인을 처벌한다는 그 원리가 신앙인들의 삶을 제어하는 중요한 법칙이 된다. 지혜를 얻는 자들은 각자의 삶의 자리에 따라 복을 얻는다.

> 네 재물과 네 소산물의 처음 익은 열매로 여호와를 공경하라 그리하
> 면 네 창고가 가득히 차고 네 포도즙 틀에 새 포도즙이 넘치리라(잠
> 3:9-10)

> 그의 오른손에는 장수가 있고 그의 왼손에는 부귀가 있나니 그 길은
> 즐거운 길이요 그의 지름길은 다 평강이니라(잠 3:16-17)

> 나로 말미암아 왕들이 치리하며 방백들이 공의를 세우며 나로 말미암
> 아 재상과 존귀한 자 곧 모든 의로운 재판관들이 다스리느니라(잠
> 8:15-16)

왕들은 지혜를 통하여 공의를 세우며, 모든 다스리는 자들이 다스리는 능력을 발한다(잠 8:15-16). 지혜를 통하여 부를 얻고(잠 8:18), 건강하며(잠 3:8), 장수하며(잠 3:16) 풍성한 삶 가운데 살 수 있다.

지혜의 재발견

지혜에 대한 연구는 오랫동안 토라와 예언서에서 강조하는 역사의 그늘에 가려져 있었다. 오랫동안 하나님의 계시란 반드시 역사의 현장에서 일어난 사건에 근거해야 하며, 그 구체적인 역사 속에서 외쳤던 예언자의 목소리를 가장 권위 있는 것으로 이해해왔다. 따라서 최근 몇 세기 동안 학계에서는 역사주의 (historicism) 와 역사를 강조하는 역사비평(historical criticism) 이 지배적이었기에 지혜는 무시되어 왔다. 즉, 역사적, 신학적으로 지혜는 율법, 구속사, 또는 언약에 종속된다는 가정을 하였을 뿐이고, 19-20세기 까지만 하여도 지혜는 이스라엘의 전승에 대하여 이질적이며, 포로후기에 이르러서야 편집된 것으로 알려졌다. 지혜는 이스라엘의 구속사, 제의 또는 언약에 대한 언급은 하지 않고, 구약 가운데 주변적인 주제처럼 여겨졌다.

이와 같은 경향들은 1920년부터 변화가 시작되어, 지혜가 이스라엘 전승 안에 뿌리를 가지고 있고, 고유의 특별한 신학적인 정체성을 가진 것으로 인식되기 시작하였다. 첫째로, 지혜전승은 구약의 전승들 가운데 고립된 것이 아니라, 구약의 많은 문헌들과 영향을 주고받았음이 밝혀졌다. 폰 라드는 역사와 무관한 지혜전승의 통전성을 찾으려는 시도를 하였다. 그는 지혜가 창조와 관련 있음을 보여줌으로써, 경험을 통하여 실재(實在)에 접근하는 지혜의 독특성에 대하여 연구하였다. 나아가서 최근에는 지혜전승과 다른 이스라엘의 전승들의 관계가 연구되었다: 창조와 타락에의 영향(창 2-3장), 요셉 이야기(창 37-50장), 신명기, 왕위 계승사, 아모스와 이사야, 에스더, 그리고 시편 등. 비록 예언 전승이나 역사적인 전승이 지혜문헌에는 별로 영향을 미치지 못한 것으로 알려지고 있지만, 지혜는 구약문헌의 다른 학파로부터 분리된 고유의 특성을 가지고 있다고 여겨지기 시작하였다.

둘째로, 지혜전승과 구약성서의 창조론은 상호 관계가 있음이 밝혀졌다. 창세기만이 아니라, 제2이사야서와 다른 여러 부분에서도 창조가 강조된다. 창조(cosmos)는 혼돈(chaos)으로부터 질서를 창조한다. 창조주 하나님은 한 분이시지만, 그분은 이원론(二元論)적인 실재를 전제하면서 혼돈을 질서로 변화시키신다. 창조는 하나님이 만드신 세계를 긍정하며, 하나님의 질서대로 사는 자에게는 행복이 주어지며, 하나님이 만드신 한계의 질서를 거부하는 자에게는 심판이 선포된다. 이는 지혜전승도 유사한데 지혜전승 역시도 의인과 악인이라는 이원론적인 구조에서 의인의 길에 설 것을 촉구하면서 세상을 긍정적으로 인식하며, 세상에 담긴 하나님의 법칙대로 사는 자들에게 형통이 약속됨을 이야기하고 있다.

셋째로, 지혜전승은 인간의 이성(理性)과 경험의 중요성을 강조한다. 지금까지 이스라엘은 토라와 예언서를 통하여 이스라엘의 선택과 구속사의 중요성을 강조하고, 구별된 이스라엘의 독특성을 드러내었다. 그러나 지혜전승을 통하여 이스라엘의 구속사에 종속되지 않은 인간의 보편적인 이성과 세계 속의 경험이 강조되면서 이스라엘 종교의 우주적인 특성을 보여주게 되었다. 그러면서 이스라엘의 지혜자들은 비이스라엘적인(보편적인) 지혜가 타당성이 있고, 권위가 있음을 지적하였다. 이는 하나님이 창조를 통하여 모든 백성들(이스라엘만이 아니라 이방인들까지)에게 말하며, 지혜를 이해하도록 돕는 보편적인 신(神)이라는 것을 의미한다. 따라서 지혜문헌들은 믿음에 대한 분석과 비판에 있어서 인간의 이성과 경험의 역할의 중요성을 확증하고 있다.

넷째로, 지혜전승은 생태학적인 주제에 대한 눈을 열어준다. 이러한 관심은 성경에 대한 편향적인 시야를 균형있게 만든다. 그동안 신학은 인간을 이 세상의 중심으로 파악함으로 인식론적으로 인식의 주체자인 인간을 강조하면서 인간의 감정과 상관없이 항상 존재하시는 절대 타자이신 하나님, 그리고 인간의 생명의 터전인 땅에 대한 관심이 약하였다. 욥기에서 하나님은 "사람 없는 땅에, 사람 없는 광야에 비를 내리시는 분"(욥 40:26)이라고 표현됨으로 땅은 더 이상 인간의 이익만을 위해 존재하지 않고 살아 계신 하나님의 현존을 드러내고 생태의 생명을 보존하는 공간이 됨을 알 수 있다. 인간은 땅을 다스리지만, 피조물로서 땅을 거룩하게 보존해야 할 운명 공동체이다.

다섯째, 지혜전승은 신약성서의 전승을 구약전승의 연속성 상에서 이해하도록 돕는다. 지혜를 인간의 산물로 여겼던 초기를 지나서, 지혜의 기원이 바로 하나님임을 직시하고, 하나님의 초월성과 내재성을 매개하는 여성지혜에 대한 묵상을 통하여서 지혜 자체가 바로 하나님임을 깨닫게 된다. 신약에서 예수의 정체성에 대한 이해가 지혜의 파송자이며(눅 7:35, 마 11:19), 마침내 지혜 자신으로 이해됨으로 기독론적인 이해를 위하여 지혜전승이 필수적인 범주가 되었다.

2장

정경으로 읽는 잠언, 전도서, 그리고 욥기

듣는 마음을 종에게 주사 주의 백성을 재판하여 선악을 분별하게 하
옵소서(왕상 3:9)

잠언만을 이상적인 책으로 보고 전도서와 욥기는 특별한 지혜서로 본다면
지혜문헌 전체를 파악하기 어렵다. 과연 어떻게 잠언, 전도서, 욥기를 통일성
있게 보며, 정경적으로 읽을 수 있는지를 살펴보기로 한다.

솔로몬: 지혜의 기원

역사적으로는 지혜가 가족, 왕궁, 학파 등의 삶의 자리에서 발생하였지만,
성경은 지혜의 권위를 솔로몬에게 돌린다. 솔로몬의 지혜가 실제로 뛰어났다고
하는 역사적인 사실은 성경의 진술에서 엿볼 수 있다.

하나님이 솔로몬에게 지혜와 총명을 심히 많이 주시고 또 넓은 마음

을 주시되 바닷가의 모래 같이 하시니 솔로몬의 지혜가 동쪽 모든 사람의 지혜와 애굽의 모든 지혜보다 뛰어난지라 그는 모든 사람보다 지혜로워서 예스라 사람 에단과 마홀의 아들 헤만과 갈골과 다르다보다 나으므로 그의 이름이 사방 모든 나라에 들렸더라. 그가 잠언 삼천 가지를 말하였고 그의 노래는 천다섯 편이며 그가 또 초목에 대하여 말하되 레바논의 백향목으로부터 담에 나는 우슬초까지 하고 그가 또 짐승과 새와 기어다니는 것과 물고기에 대하여 말한지라 사람들이 솔로몬의 지혜를 들으러 왔으니 이는 그의 지혜의 소문을 들은 천하 모든 왕들이 보낸 자들이더라(왕상 4:29-34)

이 진술에 의하면 솔로몬의 지혜가 근동지방으로부터 온 것이 아니라, 이스라엘의 고유한 것으로 근동지방의 지혜에 못지않은 것임을 말한다. 그러나 성경의 지혜를 솔로몬에게 돌리는 것은 솔로몬의 지혜가 상대적으로 뛰어나다는 것 정도만을 의미하지 않는다. 성경에서 지혜의 기원을 솔로몬에게 돌린다는 것은 역사적인 것이 아니라, 신학적인 것이다.

지혜를 솔로몬에게 돌리는 신학적 출발점은 솔로몬이 받은 지혜의 기원을 설명하는 열왕기상 3장이다. 열왕기상 1장부터 시작된 솔로몬의 쿠테타는 승리로 끝났고, 이제 하나님으로부터 재가를 받는 시간이다. 하나님이 꿈에 나타나서 솔로몬의 왕권을 인정하는 장면이 3장에 나타난다. 한글 개역개정판은 왕상 3장 4절을 다음과 같이 번역하고 있다.

이에 왕이 제사하러 기브온으로 가니 거기는 산당이 큼이라 솔로몬이
그 제단에 일천 번제를 드렸더니(왕상 3:4)

그러나 뒷부분은 히브리어의 미완료 형태로 반복적 습관을 강조하는 형식으로 번역하여야 한다: "그곳은 솔로몬이 일천 번제를 드리곤 하던 곳이었더라." 즉, 백성을 대표하여 왕으로서 정성을 보이기 위하여 일천번제를 습관적

으로 드렸던 것이다. 하나님이 솔로몬에게 다가오셔서 소원을 말하라고 하신 이유는 소원을 얻으려고 계획적인 일천번제를 드려서가 아니라, 반복된 일천번 제를 통하여 하나님을 향한 정성을 보임으로 하나님이 소원을 듣기로 결심하신 것이다. 솔로몬이 원했던 지혜는 무엇인가? 백과사전적인 지혜가 아니라 자신 이 서 있는 삶의 자리에 필요한 지혜이다. 솔로몬은 왕으로서의 직책을 잘 수행 하기 위하여 하나님의 지혜를 간구하였는데, 이 지혜는 공부하여 획득하는 것 이 아니라 하나님이 주시는 것이다. 당시에 왕의 가장 큰 직책은 재판을 잘하는 것이다. 오늘날에는 사법 제도가 잘 되어 있어 문제가 없지만, 당시에는 왕에게 재판업무는 가장 큰일인데, 그것은 바로 선악을 분별하는 것이다. 무엇이 선인 지 무엇이 악인지 분별하는 일을 왕이 담당한 것이다. 그 일을 잘 수행하기 위 하여 솔로몬에게 필요한 지혜는 무엇일까?

> 누가 주의 이 많은 백성을 재판할 수 있사오리이까? 듣는 마음(레브
> 쇼메아/לֵב שֹׁמֵעַ)을 종에게 주사 주의 백성을 재판하여 선악을 분별
> 하게 하옵소서(왕상 3:9)

솔로몬이 받은 지혜는 "듣는 마음"이라고 표현되었다. 그리고 이러한 듣는 마음이란 왕의 직책을 수행하는데 필요한 기능이다. 어째서 듣는 마음이 지혜 로운 마음일까? 솔로몬이 왕으로서 지혜로운 왕이 되려고 할 때 중요한 것은 선악을 분별하는 지혜를 하나님에게 구하는 것이다. 하나님으로부터 오는 음성 을 잘 듣고 분별하는 것이다. 선한 왕은 선악을 아는 지혜를 하나님으로부터 구 하기 위하여 듣고, 악한 왕은 선악을 아는 지혜를 자신이 결정하기에 하나님으 로부터 듣지 않는다. 선한 왕은 선악을 아는 지혜를 스스로 구하지 아니하고 하 나님으로부터 구한다. 솔로몬은 이 지혜를 배워서 얻은 것이 아니라, 하나님으 로부터 구하였다. 지혜의 기원은 전적으로 신적인 것이며, 하나님의 선물이다. 하나님은 솔로몬이 가장 중요한 송사를 들을 수 있는 지혜를 요구하였을 때, 덤 으로 부귀와 영광도 주신다(왕상 3:12-13). 그리고는 이와 같이 지혜의 한계를

정하신다.

> 네가 만일 네 아버지 다윗이 행함 같이 내 길로 행하며 내 법도와 명령
> 을 지키면 내가 또 네 날을 길게 하리라(왕상 3:14)

솔로몬의 지혜는 토라를 지킬 때만 가능하다. 하나님으로부터 지혜를 얻
을 수 있는 한계가 바로 토라인 것이다. 토라를 지키는 것이 바로 여호와를 경
외한다는 증거이다. 이와 같이 지혜와 토라의 관계는 신명기 신학의 의도를 보
여준다. 지혜는 솔로몬에게 주어졌지만 이 지혜는 토라에 순종할 때만이 계속
된다고 명시함으로써, 지혜를 토라에 종속시키는 결과를 만들어 내었다. 여호
와를 경외하는 마음을 갖지 않으면 지혜는 주어지지 않는다. 즉, 열왕기상 3장
에서 나타난 솔로몬의 지혜전승은 성경의 주요 전승인 토라와 지혜의 관계를
보여주는 신학적인 출발점이라고 볼 수 있다.

솔로몬이 쓴 잠언과 전도서

성경에서 솔로몬을 지혜의 기원으로 묘사하는 것은 역사적인 사실 뿐만 아
니라 정경이 부여하는 권위로 인한 것이다. 열왕기상 3장에서 확인되는 지혜의
모형으로서의 솔로몬의 권위는 잠언과 전도서의 진술을 통하여 확립된다. 우선
잠언은 솔로몬이 쓴 지혜임을 명백히 한다.

> 다윗의 아들 이스라엘 왕 솔로몬의 잠언이라(잠 1:1)
> 솔로몬의 잠언이라(잠 10:1)

위의 표제에서 잠언에 쓰인 지혜들의 일부가 솔로몬에 의하여 쓰인 것은
확실하지만 솔로몬만이 잠언서의 저자가 아니라는 증거들이 성경에 나타난다.

너는 귀를 기울여 **지혜 있는 자의 말씀**을 들으며 내 지식에 마음을 둘 지어다(잠 22:17)

이것도 **지혜로운 자들의 말씀**이라(잠 24:23)

이것도 솔로몬의 잠언이요 유다 왕 히스기야의 신하들이 편집한 것이 니라(잠 25:1)

이 말씀은 야게의 아들 **아굴의 잠언**이니(잠 30:1)

르무엘 왕이 말씀한 바 곧 **그의 어머니가 그를 훈계한 잠언**이라(잠 31:1)

명백히 솔로몬이 아닌 저자의 이름이 명시된다. 아굴(잠 30:1)과 르무엘 왕의 어머니(잠 31:1) 등의 저자가 솔로몬의 잠언이라는 표제 아래 제시된다. 그뿐 아니라, 자세히 읽어보면, 지혜 있는 자의 말씀(잠 22:17)과 지혜로운 자들의 말씀(잠 24:23)이라고 말할 때에도 저자의 이름이 명기되지는 않았지만, 이는 무명의 다른 저자가 있음을 짐작하게 한다. 잠언 25장 1절에는 솔로몬의 잠언이라고 말하면서도 유다 왕 히스기야의 신하들이 편집한 것임을 밝히고 있다. 솔로몬이 쓴 것이 확실하게 여겨지는 잠언들은 일찍부터 솔로몬의 잠언의 묶음으로 전해 내려왔다. 그렇다면 히스기야의 신하들이 편집한 것은 무엇일까? 일차적으로는 솔로몬이 쓴 것으로 인정되는 잠언들이 그 진정성(authenticity)을 인정받아서 잠언에 포함되었을 것이다. 그러나 또 다른 가능성을 생각해 볼 수 있다. 솔로몬이 쓰지는 않았지만 솔로몬이 쓴 것으로 인정되는 경우이다. 결과적으로 잠언을 솔로몬이 썼다고 할 때 다음과 같은 세 가지 경우가 나타난다. 솔로몬 자신이 쓴 것, 다른 저자가 솔로몬의 이름으로 쓰고 권위를 인정받은 것, 그리고 다른 저자가 자신의 이름으로 잠언을 쓰고 권위를 인정받은 경우이다.

이러한 증거들은 잠언의 지혜가 주로 솔로몬에 의하여 쓰인 것을 전제하기는 하지만 솔로몬 이외의 저자에 의하여 쓰인 지혜들이 있다는 것에 대하여 성경이 부정하지 않음을 보여준다. 그럼에도 불구하고 성경은 잠언을 솔로몬의 잠언이라고 말한다. 우리가 생각해야 할 것은 잠언의 권위를 솔로몬에게 돌린다는 말은 솔로몬이 썼다는 역사성(historicity)을 넘어서서, 잠언을 솔로몬에게 돌림으로 그에게 신학적인 권위(authority)를 부여하고 있는 것이다. 즉, 잠언의 지혜에 대한 권위를 솔로몬에게 돌린다는 말이다. 이 말은 율법서의 권위를 모세에게 돌리고, 시편을 쓴 다윗 이외의 저자가 있다 할지라도 시편을 다윗에게 돌리는 것과 유사하다. 앞에서 본 것처럼 열왕기상 3장은 지혜의 기원을 솔로몬에게 돌리는 권위의 출발점이다. 솔로몬 이전에도 하나님의 백성들이 하나님으로부터 지혜를 받았겠지만, 솔로몬은 하나님께 구함으로 지혜를 받는 이상적인 방법을 통해 지혜를 획득함으로 앞으로 쓰이는 모든 잠언은 이 권위 아래 놓이게 된다.

그렇다면 솔로몬이 아닌 다른 저자들이 쓴 잠언이나, 솔로몬의 이름으로 쓴 잠언들은 어떻게 평가해야 할까? 히스기야 시대의 편집자들이 잠언을 솔로몬의 잠언에 포함할 것인가 말 것인가를 결정할 때 어떠한 기준을 세웠을까? 어떤 지혜를 솔로몬의 지혜로 편입하고 어떤 지혜를 솔로몬의 지혜에 넣지 않을 것인가? 바로 이러한 물음 앞에서 솔로몬의 권위가 작용하는 것이다. 솔로몬이 열왕기상 3장에서 처음 지혜를 받을 때의 정신이 어떤 지혜를 솔로몬의 권위 아래 둘 것인가를 결정하는 시금석이 된다. 이 지혜는 자신의 삶의 자리에서 하나님의 지혜를 간구할 때, 그리고 하나님이 주시지만 토라를 지킴으로 여호와를 경외함이 인정될 경우에만 솔로몬의 지혜로 편입되게 된다. 즉, 비록 다른 저자가 쓴 지혜라 할지라도 이 정신에 부합된다면 솔로몬에게 권위를 돌림으로, 잠언을 읽는 독자들은 그것의 권위를 솔로몬에게 돌리고 솔로몬의 지혜로 읽는 것이다.

전도서에서는 좀 더 복잡해진다. 전도서에서 보여주는 시대적인 상황은 포로기 이후에 사회정의가 존재하지 않고, 염세주의가 편만한 시대이다. 그러나 정경적으로 전도서는 솔로몬의 인생 후기로 둘 수 있다. 솔로몬이 이스라엘의 전성기 한복판에서 여호와를 경외함이 절정인 시대에 잠언을 썼다고 한다면, 전도서는 그의 인생 황혼기에 여호와를 경외하지 않음으로 나타난 염세주의 가운데 씌어졌다고 볼 수 있다. 포로에서 돌아온 사람들은 솔로몬이 인생 말기에 느꼈던 염세주의를 더 절실하게 느낀 것으로 보인다. 그런 면에서 전도서의 권위는 인생의 염세주의를 말할 수 있는 권위를 지닌 솔로몬에게 돌릴 수 있는 것이다.

정경적으로 지혜전승을 솔로몬에게 돌리는 방법은 다음과 같이 볼 수 있다. 잠언의 해석학적인 위치는 이스라엘 역사상 가장 전성기라고 부를 수 있는 **솔로몬 1기**에 둘 수 있다. 다윗은 남북을 통일하고 성전건축을 준비하고, 마침내 솔로몬 시대에 성전이 완성되고 왕권이 안정되었다. 개인과 정치가들이 모두 여호와를 경외함으로 열심히 일하는 자들이 수고의 열매를 취할 수 있는 나라가 된 것이다. 이와 같은 상황에서 잠언은 여호와를 경외하는 자들에게 하나님이 주시는 지혜의 내용이 무엇인지를 보여주고 있다. 한편, 전도서의 위치는 **솔로몬 2기**라고 볼 수 있다. 솔로몬이 전성기를 벗어나 이방 여인들 때문에 우상숭배의 빌미를 주고, 마침내 인생의 말기에 여호와를 경외하지 않음으로 위기를 경험하면서 전도서를 쓰게 되는 것이다. 전도서에서는 잠언과 같이 여호와를 경외하는 것이 지혜의 근본이라는 사상은 변함이 없다. 그러나 개인과 사회가 여호와를 경외하지 않음으로 초래한 회의주의를 극복하기 위하여 두 가지 방법을 역설적으로 취한다. 여호와를 경외하지 않음이 바로 회의주의의 원인이요, 여호와를 경외하는 것이 회의주의를 극복하는 방법임을 천명하는 것이다. 그러나 잠언이나 전도서는 모두 여호와를 경외하는 것을 지혜의 출발점으로 본다는 면에서 유사하다.

이와 같이 정경적으로 잠언과 전도서는 솔로몬 1기와 솔로몬 2기에 둘 수 있지만 이 책들은 또한 오고 오는 시대에 잠언과 같은 상황과 전도서 같은 상황에 솔로몬의 권위를 가지고 적용할 수 있는 문헌들이다. 잠언 같은 상황이란 누구든지 정직하고 성실하면 복을 누릴 수 있는 사회를 전제한다. 이러한 전제를 위해서는 왕권이 모든 불의를 제거하는 역할을 수행하여야 한다. 형통하는 자는 성실하게 일한 자요, 형통하지 못하는 자는 성실하게 일하지 않은 것임이 판명될 정도로 사회는 이상적이고 안정되어 있다. 잠언의 메시지는 처음 시작하는 공동체와 인생을 출발하는 젊은이에게 적용될 수 있다. 반면에 전도서는 인생을 처음 시작하는 개인이나 공동체보다는 신앙생활 하다가 원치 않는 일로 좌절된 사람들, 마음에 욕심으로 인하여 다른 길로 간 사람들, 사회의 구조적인 악으로 인하여 좌절된 사람들 등에게 적용된다. 이들은 신앙을 시작하라는 메시지로는 마음이 움직이지 않는다. 사회에 만연된 악과 불의가 개인의 성실한 노력을 좌절시킴으로 개인에게 더 이상 희망이 없고, 하나님도 더 이상 세상을 다스리지 않는 것으로 보인다. 이는 개인과 사회에 만연된 여호와를 경외하지 않음으로 인한 회의주의 때문이며, 전도서는 이러한 회의주의에 대한 공격을 통한 회복을 시도한다.

잠언, 전도서, 욥기를 정경적으로 읽기

지혜의 요소: 신론과 인간론

세 권의 지혜서인 잠언, 전도서, 욥기를 정경적 관점으로 통일성 있게 파악하기 위해서는 이 책들에서 지혜의 요소인 인간론과 신론이 어떤 관계를 맺고 있는지를 살피면 된다. 지혜의 핵심은 하늘로부터 오는 계시를 인간이 파악하는 것이다. 그러므로 지혜를 논하기 위해서는 계시를 주시는 하나님(신론)과 계시를 받는 인간(인간론)을 논해야 한다. 지혜의 인간론에는 낙관적인 인간론과 염세적인 인간론이 있다. 낙관적 인간론이란 인간의 능력에 대하여 신뢰하는 것이고, 염세적인 인간론이란 인간의 능력에 대하여 회의적인 것이다. 잠언에서는 낙관적인 인간론이 나타나고, 전도서와 욥기에는 염세적인 인간론이 나타난다.

신론에 대해서는 잠언 전도서에서는 내재적인 하나님이 나타나고, 욥기에서는 초월적인 하나님이 나타난다. 내재적인 하나님이란 세상에 뿌려진 법칙을 통하여 만나는 하나님의 모습이다. 여호와를 경외하며 이성을 사용하면 자신에게 주어진 경험 안에 담긴 계시를 통하여 내재된 하나님을 만나게 된다. 전도서에서도 마찬가지로 잠언과 같이 하나님의 내재성이 전제된다. 그러나 잠언에서는 이성을 통하여 하나님에게 이르지만 전도서에서는 하나님에 이르는 길이 막힌다. 하나님을 경외하지 않음으로 하나님을 파악하는 인간의 능력에 한계가 생겼기 때문이다. 잠언과 전도서는 모두 인간과 하나님의 차이를 강조하지만 잠언은 이 차이점이 인간에게 드러난 여성지혜를 통하여 연결됨을 강조하는데 반하여, 전도서는 더 이상 인간은 자신에게 주어진 지혜를 통하여 하나님에게 이를 수 없음을 알게 된다. 인간의 능력을 더 이상 믿을 수 없기 때문이다. 반면 욥기에서는 하나님의 초월성이 나타난다. 잠언에서는 인간의 이성을 통하여 하나님에게 이르고 전도서에서는 이성을 통하여 하나님께 이르는 길이 막혔다면, 욥기에서는 막힌 길을 하나님이 인간에게 다가오심으로 연결한다. 욥기에서 욥이 하나님에게 내려오라고 외치는 이유는 인간 한복판에서 발생한 고난의 문제에 대한 인간의 무능함을 깨달았기 때문이다. 그리고 하나님이 직접 인간에게 내려오심으로 인간의 한계를 극복하도록 촉구하여 획득하는 지혜 전승으로부터 주어지는 지혜 전승으로의 전환을 보여준다. 욥기에서 보여주는 초월성은 초월하신 하나님이 직접 인간에게 내려오심으로 인간의 한계를 극복하도록 돕는 형태의 초월성이다.

잠언: 낙관적인 인간론과 그 위기

잠언에서 나타나는 인간론은 낙관적인 인간론이다.[10] 잠언은 다음의 세 가

---

10) "신명기서는 잠언과 고대 근동의 지혜문헌에 나타나는 고대 지혜전승의 이념에 의하여 영향을 받았다고 전제하는 것이 더 바람직하다. 그리고 하나님에 대한 경외, 인본주의, 교훈주의, 그리고 응보교리 등 유사한 신학적인 이해를 가지고 있다". Moshe Weinfeld, *Deuteronomy and the Deuteronomic School* (Oxford, Clarendon Press, 1972), 297. 신명기 사가들은 지혜를 적절한 행동과 도덕률에 대한 지식과 동일시하고 있다. 위의 책, 255. 크렌쇼는 지혜와 신명기 전승사이의 차이에 주목하면서 범-신명기주의를 경고하고 있다. 그렇게 범위를 넓히는 것은 지혜를 회복할 수 없을 정도로 왜곡시킨다고 주장한다. James L. Crenshaw, *Old Testament Wisdom: An Intro-*

지 기본적인 신학적인 전제를 가지고 있다. 1) 이 세상은 창조자이신 여호와께서 통치하시는 질서 있는 세계이다. 2) 하늘로부터 오는 지혜에 대하여 개방적인 사람들이 이 질서에 대한 지식을 가질 수 있다. 3) 하나님의 질서대로 사는 현자들은 선한 것을 경험하는 반면에, 어리석은 자들은 그들의 어리석음 때문에 고통당한다.[11]

브루그만(W. Brueggemann)은 낙관적인 인간론을 다음과 같이 전개하고 있다.[12] 첫째로, 지혜문헌에서는 인간 존재의 목적과 의미가 인간의 삶 그 자체이다. 즉, 우리는 생의 대가를 기다리는 것이 아니라 생을 향유하는 것이 목표가 되어야 한다는 것이다. 둘째, 지혜는 생(生)의 권위를 우리의 일상생활 체험 속에서 찾아낼 수 있다고 주장한다. 이런 면에서 지혜는 매우 실용적이다. 셋째, 인간은 자기 운명에 대하여 최종적인 책임이 있다. 믿음이라는 이름으로 자기의 책임을 다하지 않는 소극적인 자세가 아니다. 자기에게 주어진 기회를 최대한 선용하라는 권고인 것이다. 인간은 매순간 인간의 낙관적인 능력을 발휘하여 자기 운명을 개척하는 주체적인 존재이다. 넷째, 지혜문헌은 세상에서 인간이 피조물의 왕임을 선포한다. 인간은 죄인이지만, 다시 구속을 받은 이후에는 청지기로서 살아갈 수 있는 능력이 있다. 하지만 브루그만의 낙관적 인간론은 자칫 하나님 없는 계몽주의적인 인간론으로 갈 위험이 있다. 그러나 이러한 인간의 능력에 대한 낙관주의는 하나님 없이 스스로 존재하는 인간을 절대화하려는 시도는 아니다. 지혜는 인간의 선함이나 인간의 이성의 절대적인 능력에서 오는 것이 아니며[13] 인간의 낙관적인 능력 이면에는 여호와를 경외해야 한

---

duction. Revised and enlarged (Louisville, Ky.: Westminster John Knox Press, 1998), 30. 크렌쇼는 신정론이 근동 지방에 지배적인 것이기 때문에, 지혜문헌과 신명기에 있는 신정론이 관련되지 않을 수 없다고 강조 한다: "이 개념이 폭 넓게 알려져 있기 때문에, 아무리 이 개념에 저항하려 해도 (예를 들어, 욥기) 이 영향을 벗어날 수 없었다." J. L. Crenshaw, "The Deuteronomist and the Writings," in *Those Elusive Deuteronomists: The Phenomenon of Pan-Deuteronomism*, eds. Linda S. Schearing and Steven L. McKenzie, JSOTSup 268 (Sheffield: Sheffield Academic Press, 1999), 152.

11) Alan W. Jenks, "Theological Presuppositions of Israel's Wisdom Literature," *HBT* 7 (1985): 44-50.

12) W. Brueggemann, *In Man We Trust.* (Richmond: John Knox Press, 1972), 14-25

다는 전제가 요구되는 것이다.

잠언에서는 인간의 이성으로 획득할 수 있는 지혜의 내용에 대하여 서술한다. 인간은 계시를 파악할 수 있는 능력이 있다. 보는 것, 듣는 것, 경험하는 것들을 통하여 인간은 계시에 접근한다. 하나님을 찾기 위하여 하늘에 올라갈 필요가 없다. 세상의 사건들과 우주 안에 드러난 계시를 파악함을 통하여 계시에 이르는 것이다. 인간이 하나님의 법칙을 발견함을 통하여 하나님의 인식에 접근한다고 할 때, 하나님은 이 세상에 내재하시는 분으로 이해된다. 하나님은 이 세상을 다스리는 원리를 이 땅과 우주, 자연, 인간관계 등에 이미 계시해 놓으셨다는 것이다. 하나님은 이 땅에 진리를 계시하셨고, 그러한 원리를 발견하고 우주와 조화를 이루며 사는 법을 배우는 것이 인간의 행복이다. 이러한 낙관적인 인간론은 특히 인간의 이성적 가능성을 받아들이는 것으로서, 이미 구약성서 내에서 계속 이어져 온 것이다. 인간은 하나님의 대행인으로 세상을 다스리며(창 1:27-28; 2:8, 15; 시편 8편), 세상 속에 계신 하나님의 질서와 원리를 발견한다 (시편 19편). 인간에게 주어진 지혜를 파악하고 그대로 따를 때, 지혜는 인간을 생명으로 인도한다(잠 3:18; 4:22-23).

그러나 잠언의 인간론은 인간을 하나님으로부터 독립된 존재가 아니라 하나님에게 의존된 존재로 보는 낙관론이다. 하나님에게 의존된 존재라는 말에서 인간의 염세성이 존재하긴 하지만, 그러한 인간의 한계로 인해 그 한계를 넘어갈 경우 죽음에 이른다는 제한된 낙관적인 인간론이다. 잠언에서의 인간론은 낙관적이지만 인간의 한계에 대한 인식이 이미 존재하였다. 잠언 기자가 보기에 세계는 때때로 무질서하고 불합리하다(잠 30:11-14; 21-23). 하나님의 방식은 자주 신비롭기도 하다(잠 30:2-4). 겸손한 것들과 경험들도 때로는 너무 이해하기 놀라운 것들이다(잠 30:18-19). 그리고 정의의 방식은 인간의 악과 폭력에 의하여 왜곡 되기도 한다(잠 28:14). 그러나 본격적인 문제인식은 전도서와 욥기에서 드러난다. 이 위기는 경험적이고 인과적인 방법론으로는 이 세상의 신비를 알 수 없으며, 인과응보의 원리가 이 세상의 모든 일들에 적용되지

---

13) E. A. Janzen, *Job* (Interpretation; Atlanta: John Knox, 1985), 3.

않는다는 위기의 인식에서 시작된다. 이때 인간의 이성은 우주적, 사회적 질서를 설명하지 못하고, 하나님의 정의에 대한 의문이 대두되면서 염세적인 인간론이 전면에 나타나게 되었다. 이 위기에 대하여 전도서는 획득하는 지혜에 대한 비판을 통하여, 욥기는 주어지는 지혜를 통하여 문제해결을 시도하고 있다.

전도서

전도서는 잠언의 인간이해에 대하여 비판적이다. 잠언에서 보여주는 낙관적인 인간론 안에는 하나님을 경외하는 마음이 전제되었다. 그러나 전도서에서는 개인과 공동체가 여호와를 경외하지 않기에 더 이상 인간의 이성을 믿을 수 없고, 인간의 이성은 더 이상 낙관적이지 못하다. 그래서 지혜전승은 더 이상 세상의 신비를 다루지 못하게 된다. 인간이 측량할 수 없는 하나님의 신비와 그에 대비되는 인간의 한계가 급진적으로 대비된다. 따라서 하나님은 하나님을 파악할 수 있는 인간의 능력을 부정함으로 인간에게 모습을 드러내시기를 거부하는 분이시며, 우주의 하나님이시지 인본주의적인 사고에 머물러 계신 분이 아니시다. 하나님은 하늘에 계시고 인간은 땅 위에 있다(전 5:2). 하나님의 영광과 절대성이 강조되며, 인간론은 염세적이다.

전도서는 낙관적인 인간론이 남용된 실패의 경험을 전제하면서 동시에 전통적인 지혜의 방법을 비판한다. 전도서에서의 회의주의는 하나님의 존재에 대한 염세주의에서 오는 것이 아니라, 그것을 인식하는 사람의 능력에 대한 회의로부터 나타나는 것으로 하나님의 정의, 지식, 그리고 우주적인 질서가 인간의 인식을 벗어나 있는 것임을 간파하고 있다. 전도서는 염세적인 인간론의 그늘 아래 생을 잡으라는 수정된 지혜를 제시하고 있다. 전도서는 모든 미해결된 질문들을 하나님의 신비로 돌림으로 죽음의 그늘 아래 있는 인간과 무한하고 전능한 하나님과의 불연속을 드러내고 있다. 또한 전도서는 지혜전승의 기초인 하나님에 대한 경외에서 시작한 지혜전승이 이 기초를 잃어 버렸을 때 어떤 결과를 초래하는지를 급진적으로 드러낸다. 그러나 전도서는 여전히 주어지는 지혜를 기다리지는 않는다. 오히려 지혜의 출발점인 하나님에 대한 경외에서 지혜가 다시 시작하도록 돕는다(전 3:14; 7:18; 8:12; 12:13). 하나님은 하늘로 올라가 버리고 더 이상 자신을 인간이 예측할 수 있는 방법으로 세상에 계시하지 않는다. 급진적인 인간론 때문에, 이제 인간이 예측 가능한 부분은 오직 현재의 순간에 머문다.

욥기

욥기는 전도서와는 달리 지혜전승과는 이질적인 신현현 전승을 도입함으로 지혜전승의 위기를 돌파한다. 욥기가 직면한 위기는 전통적인 지혜에 충실했던 영웅 욥에게 보장된 복이 사라지는 대신 고난이 닥침으로 나타난다. 이 공격은 하나님을 신정론과 일치시키려는 남용을 자초한 전통적인 신명기 신학과 지혜문학의 인과응보에 대한 비판이다. 욥은 숨겨진 하나님 앞에서 인과응보의 원리에 맞지 않는 경험을 안고 탄식에 들어서게 된다. 욥과 친구들과의 대화는 그동안 인간이 확신했던 지혜가 한계에 도달했음을 보여줄 뿐이다. 신정론에서의 위기 해결은 인간의 이성을 통해서가 아니라 하나님이 주어지는 지혜의 형태로 다가오시는 신현현 경험을 통해 이루어진다. 즉, 욥기는 위기 앞에서 지혜는 주어지는 것이라는 전통적인 지혜전승 바깥에서 해법을 찾았지만, 욥기의 서론과 본론은 여전히 인과응보의 틀을 취함으로(욥 42:10-17), 획득하는 지혜가 주어지는 지혜의 비판을 수용하는 형식으로 최종 본문이 이루어진다. 욥기에서 하나님의 다가오심은 잠언에서 말하는 인과응보의 구조를 그대로 견지하고, 하나님의 현현은 전통적인 지혜의 구조를 파괴하는 것이 아니라 비판적으로 재구성하게 되는 것이다. 전체적으로 잠언과 전도서는 획득하는 지혜에 대한 긍정적인 면과 부정적인 면을 다룬다고 생각할 수 있고, 욥기는 주어지는 지혜를 통하여 전통적인 지혜의 한계를 돌파하는 것이라고 볼 수 있다. 이러한 이해는 다음과 같은 표로 정리해 볼 수 있다.

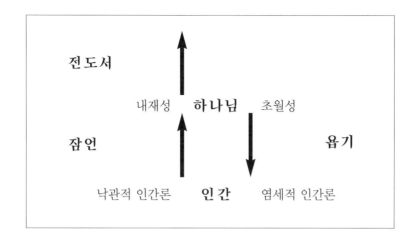

이 표는 지혜의 특성을 잘 드러낸다. 왼쪽에 나타나는 하나님의 내재성과 낙관적 인간론은 잠언에서 하나님을 경외하는 인간에게 드러나는 지혜의 특성을 보여준다. 하나님을 경외하는 인간은 이성을 통해 우주에 나타나는 하나님의 원리들을 발견함으로 하나님을 예측할 수 있음으로 하나님은 내재적이라고 말한다. 인간이 이성을 통하여 하나님을 만난다는 의미에서 화살표를 인간으로부터 하나님에게로 향하였다. 이에 비하여 전도서는 잠언과 같은 전제를 가지고 있지만 인간이 여호와를 경외하지 않기에 더 이상 하나님을 파악할 수 없으며 이는 마치 하나님이 하늘로 올라간 것처럼 보인다. 그래서 화살표를 하나님으로부터 인간에게 내려오지 않고 위로 향하게 만들었다. 하나님을 경외하지 않는 인간에게 하나님은 더 이상 예측 가능하지 않고, 인간의 이성은 더 이상 낙관적인 것이 아니라 미래를 예측할 수 없고 인간의 행동은 무익한 모습으로 나타난다. 이제 매 순간 순간마다 하나님에 대한 경외를 확인하여야 하는 염세적인 인간론이 대두된다. 잠언과 전도서는 서로 짝을 이룬다. 즉, 전도서는 인간의 이성과 경험에 기초한 지혜전승의 방법론을 여전히 견지한다는 면에서 전통적인 지혜전승의 내적인 비판으로 자리 잡는다. 욥기에서는 약간 다른 모습이다. 인간은 더 이상 지혜를 획득할 수 있는 능력이 없음을 고백하고 하나님께 내려오라고 외치고 하나님은 이에 응답하신다. 그래서 화살표를 하나님으로부터 인간을 향하였다. 지혜의 깨달음은 전적으로 하나님의 은혜와 내려오심이다. 인간이 이 은혜를 접촉할 수 있는 방법은 오직 여호와를 경외함이다(욥 28:28). 욥기는 이성의 힘을 빌리지 않고 하나님이 현현하여 문제를 해결하여 지혜가 전적으로 주어지는 것임을 보여준다.

요약: 지혜문헌과 여호와에 대한 경외

잠   언: 여호와를 경외하는 자는 어떤 지혜를 얻을 수 있는가?
　　　1) 1-9장: 지혜의 기초는 여호와를 경외하는 것이다.
　　　2) 10-31장: 여호와를 경외하는 자는 어떤 지혜를 얻게 되는가?

전도서: 여호와를 경외함을 회복하는 자는 어떤 수정된 지혜를 얻을 수 있는가?
　　　1) 여호와를 경외하지 않는 자가 직면하는 염세주의
　　　2) 여호와를 경외함을 회복하는 자가 얻는 수정된 지혜

욥   기: 인간은 까닭 없이 여호와를 경외할 수 있는가?
　　　1) 고난에는 인과응보를 뛰어넘는 하나님의 주권과 자유가 있다.
　　　2) 고난은 인간으로 하여금 여호와를 경외하는 자리로 인도한다.
　　　3) 여호와를 경외함이야말로 곧 주어지는 지혜로 들어가는 길이다.

II부

잠 언

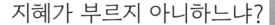

3장

지혜가 부르지 아니하느냐?

지혜가 부르지 아니하느냐? 명철이 소리를 높이지 아니하느냐?

(잠 8:1)

3장에서는 잠언의 전체적인 통일성을 보여주기 위하여 개관을 서술하려고 한다. 1-9장과 10-31장의 관계를 살피고, 1-9장의 중요한 주제들을 서술할 것이다.

잠언의 목적(잠 1:1-7)

잠언의 목적은 서론에 나타난다. 1절에서는 잠언을 솔로몬의 권위 아래에서 읽기를 요청한다: "다윗의 아들 이스라엘의 왕 솔로몬의 잠언이라" 비록 다른 저자들이 잠언 안에 있다 할지라도, 지혜의 권위는 솔로몬에게 돌려진다. 잠언에 나타난 지혜는 하나님으로부터 온다. 인간의 이성은 하나님에 의하여 이미 주어진 지혜를 얻는 것에 지나지 않는다. 이미 하나님이 부여하셨다고 해서 모든 사람들이 지혜를 얻을 수 있는 것은 아니다. 여호와를 경외하는 자만이 지혜를 차지할 수 있다(잠 1:7). 여호와를 경외함이 지식의 근본이라고 말할 때, 여호와를 경외하는 것 자체가 지식의 내용은 아니다. 오히려 여호와를 경외할 때 우리의 날마다의 삶에 필요한 지혜의 내용들을 얻을 수 있는 출발점에 비로소 서게 될 것이다. 그렇기 때문에 여호와를 경외하는 신앙인들에게 이 모든 잠언이 의미가 있고, 그들이 생명을 향하여 가게 만드는 다양한 지혜를 얻을 수 있게 되는 것이다.

본문에는(1:2-6) 지혜를 가리키는 다양한 단어들이 눈에 뜨인다: 지혜, 훈계, 명철의 말씀, 지식, 근신함, 지략 등. 이 모든 단어들은 일상생활 속에서 모든 삶의 지표가 되는 원칙들을 표현하는 단어들이다. 잠언은 어리석은 자들이 지혜의 길에 들어서서 지혜의 음성을 따라 사는 법을 배우게 되고, 이제 인생을 시작하는 젊은이들에게는 조상들이 미리 겪은 하나님의 지혜를 통하여 실수를 최소화하고 능숙하게 일을 처리하며 가능성을 극대화하게 하는 역할을 한다. 그리고 이미 지혜의 길에 들어선 자들에게는 그들의 삶의 자리에 걸맞는 모략을 얻도록 돕는다.

잠언에서 1-9장과 10-31장의 관계

문학적 구조를 살필 때 우리는 잠언을 크게 둘로 나눌 수 있음을 알 수 있다.

Ⅰ. 지혜의 기초로서의 신앙: 지혜가 부른다(잠 1-9장)
Ⅱ. 신앙의 전제아래 지혜: 획득한 지혜들(잠 10-31장)

당장 그 형식을 보더라도 10-31장은 개별적인 짧은 잠언을 포함하고 있는 반면에, 1-9장은 긴 연설을 모아 놓고 있다. 우리는 두 부분의 차이를 주목하면서 잠언을 읽어야 한다. 1-9장에서는 지혜를 얻기 위하여 "여호와를 경외해야 하는" 전제를 보여주고, 10-31장에서는 여호와를 경외하면 어떠한 지혜를 얻게 되는지 지혜의 내용을 보여준다. 그러므로 1-9장을 읽을 때는 지혜에 대한 신학적인 이해에 유념하고, 10-31장에서는 지혜의 내용 자체를 주제적으로 연구하는 것이 좋을 것이다.

학자들 중에는 오래된 지혜인 10-31장이 원래 세속적이며 비신학적인 지혜의 모음이었는데, 포로기 이후에 이르러 1-9장의 편집을 통하여 종교적인 의미를 가지게 되었다고 주장하는 사람들이 있다. 즉, 옛 지혜는 신앙과는 무관한 세속적인 특성을 가지며, 후기에 이르러 비로소 신앙적인 의미를 가지게 되었다는 것이다. 그러나 1-9장이 원래 10-31장에 없던 새로운 신학이 첨가된 것은 아니다. 10-31장은 원래 세속적인 지혜의 모음이 아니라 처음부터 신학화된 것이다. 잠언 1-9장에서 제시하는 신앙의 핵심은 여호와를 경외하는 것이 모든 지혜 인식의 출발이라는것으로, 잠언 1-9장의 처음과 마지막인 1:7과 9:10에 이 중요한 원칙을 천명하고 있다.

> 여호와를 경외하는 것이 지식의 근본이거늘 미련한 자는 지혜와 훈계를 멸시하느니라(잠 1:7)
> 여호와를 경외하는 것이 지혜의 근본이요 거룩하신 자를 아는 것이 명철이니라(잠 9:10)

1-9장의 처음과 마지막에 같은 주제를 제시함으로써 1-9장의 핵심을 보여주고, 나아가서 잠언 10-31장을 어떻게 읽을 것인가를 보여준다. 그러나 여호와를 경외하라는 내용이 1-9장에만 있고 10-31장에는 없는 것이 아니다. 이미 잠언 10-31장에도 "여호와를 경외하라"는 주제가 나타나며, 이것이 모든 지혜의 전제임을 보여준다. 이는 일부 학자들의 주장처럼 10-31장이 1-9장의 편집을 통해 나중에 신앙적인 의미가 부여된 것이 아니라, 이미 그안에 여호와를 경외하라는 신앙적인 원리가 전제되고 있었다는 것을 보여준다. 이 원리는 계속 되는 지혜문헌에서 거듭 확인하는 원리이다(욥 28:28; 전 3:14). 이 신앙의

원리가 이미 잠언의 인식부분에 여기저기 존재한다는 것은(잠 10:27; 15:33; 16:6; 22:4; 31:30), 세속적인 지혜가 후기에 신학화 되면서 신앙의 원리가 덧입혀졌다고 볼 수 없게 만든다. 차라리 이미 획득한 지혜들(창 10-31장) 가운데 중요한 원리로 자연스럽게 주어졌던 신앙의 원리의 중요성이 부각되고, 이원리가 최종 편집의 주요 신학적인 입장으로 채택된 것으로 볼 수 있다. 이와같이 이스라엘 전승가운데에서 이미 신앙과 지혜는 함께 존재해 왔다. 나아가서 여호와를 경외하는 것을 잊어버린 지혜의 위험성이 주지된다. 즉, 여호와를 경외하지 않는 지혜는 곧 죽음으로 인도되는 것이다(잠 2:17-19; 5:3-6; 7:26). 잠언에서 인식되는 하나님은 이 세상의 원리 가운데 내재하시는 하나님이시며, 이러한 신론은 하나님을 경외하는 신앙의 원리 아래 있는 낙관적인 인간론에 기초하고 있는 것이다.

문학적 구조로 보는 잠언

잠언에는 표제어가 붙어 있는데, 이것들을 중심으로 전체적인 구조를 확인할 수 있다. 겉으로 보면 표제어는 다음과 같이 나타난다.

1:1 　"다윗의 아들 이스라엘 왕 솔로몬의 잠언이라."

10:1 　"솔로몬의 잠언이라."

22:17 　"너는 귀를 기울여 지혜 있는 자의 말씀을 들으며 내 지식에 마음을 둘지어다."

24:23 　"이것도 지혜로운 자들의 말씀이라."

25:1 　"이것도 솔로몬의 잠언이요 유다 왕 히스기야의 신하들이 편집한 것이니라."

30:1 　"이 말씀은 야게의 아들 아굴의 잠언이니."

31:10 　"누가 현숙한 여인을 찾아 얻겠느냐 그의 값은 진주보다 더 하니라."

이 글들을 문학적 장르로 살펴본다면 다음과 같다.

1:7-9:18 긴 강화(講話)

10:1-22:16 두 줄로 이루어진 잠언

22:17-24:22 네 줄 형식(애굽의 아메네모프(Amenemope)의 잠언과 유
사함.)

24:23-34 긴 강화, 두 줄 잠언과 네 줄 잠언이 혼재 됨.

25:1-29:27 반제(反題)와 비교형식이 주를 이루는 두 줄 잠언의 형식.

30:1-33 두 줄 잠언, 네 줄 잠언, 그리고 숫자 잠언을 포함함.

31:1-9 두 줄과 네 줄 잠언

31:10-31 알파벳 순서대로 이루어진 시(alphabetic acrostic poem)[1]

표제어와 장르를 종합하여 판단한다면 위에서 본대로 표제어가 인도하는 잠언들은 각각 독립된 잠언들이지만 몇 단위로 편집되었음을 알 수 있다. 1:1은 표제어를 통하여 1장부터 9장까지를 한 단위로 하고 있음을 알 수 있다. 22:17-24:22은 아메네모프의 잠언으로서 이곳에 포함되었고, 저자의 이름을 익명으로 지혜 있는 자라고 명하고 있다. 또한 24:23-34도 지혜로운 자들의 말씀이라고 표현하지만, 두 가지 종류의 잠언은 모두 10:1에 나타나는 대로 솔로몬의 지혜로 간주된다. 그리하여 10:1-24:34은 솔로몬의 지혜로 여겨졌다. 25:1은 명백히 히스기야 시대에 새롭게 잠언의 묶음이 잠언 안으로 들어왔음을 보여준다. 후기 편집자들인 히스기야의 신하들이 잠언의 묶음을 자신들의 이름이 아니라 솔로몬의 권위 아래 둔 것이다. 이는 과거에 솔로몬 또는 솔로몬 시대에 쓰인 잠언이 재발견될 가능성도 있지만 솔로몬 시대 후에 새로운 잠언을 솔로몬의 권위 아래 합법적으로 제시했다고 볼 수도 있다. 30:1-31:31도 솔로몬이 아닌 저자의 작품으로 나타난다. 30:1-33은 명백하게 솔로몬이 아닌 아굴을

---

1) C. Hassell Bullock, "The Book of Proverbs," In *Learning from the Sages*. ed. Roy B. Zuck (Grand Rapids, Michigan: BakerBooks, 1995), 32-33.

저자로 소개하고, 31:1-9는 어머니의 교훈을 전한 르무엘 왕의 잠언으로 소개된다. 31:11-31은 저자가 표시되지 않았지만, 르무엘의 잠언의 연속으로 보기보다는 잠언 전체의 최종 편집과 관련되는 것으로 보여진다.

위의 관찰을 근거로 잠언의 문학적 구조는 다음과 같이 볼 수 있다.

I. 지혜의 기초로서의 신앙: 지혜가 부른다 (잠언 1-9장)
   1) 표제어: 솔로몬의 잠언 (1:1)
   2) 서론: 잠언의 목적 (1:2-6)
   3) 지혜에 대한 묵상: 어떻게 지혜를 얻을 것인가? (1:7-9:18)
II. 신앙의 전제아래 지혜: 획득한 지혜들 (잠언 10-31장)
   1) 솔로몬의 잠언 1 (10:1-24:34)
     a. 솔로몬의 잠언 (10:1-22:16)
     b. 지혜자의 말씀 1: 아메네모프의 잠언 (22:17-24:22)
     c. 지혜자의 말씀 2 (24:23-34)
   2) 솔로몬의 잠언 2: 히스기야의 신하들의 편집 (25:1-29:27)
   3) 아굴의 잠언 (30:1-33)
   4) 르무엘의 잠언 (31:1-9)
   5) 현숙한 여인의 노래 (31:10-31)

첫 번째 수집물인 1-9장은 형식이나 내용에 있어서 10-31장과 다르다. 1-9 장의 전체적인 주제는 "여호와를 경외하라"이다. 이를 표현하기 위하여 간음의 문제, 여성 지혜를 가르칠 뿐 아니라 예언자처럼 음녀를 거부하고 여성지혜를 선택하라는 강력한 촉구를 행한다.

두 번째 수집물은 솔로몬의 표제 아래 있지만 구별된다. 솔로몬의 잠언 1에서 첫 번째 모음인 10:1-22:16은 일관된 배열 주제는 없고, 폭넓은 일상사를 취급하고 있다. 뇌물, 가난한 자에 대한 사회적인 무관심, 교만, 게으름, 정욕, 속임수, 험담 등의 어리석음을 예리하게 통찰한다. 또한 관대함, 신실함, 자기

억제, 근면함, 검소함 등의 바람직한 덕목을 권한다. 두 번째 모음인 22:17-24:22은 이집트의 영향(아메네모프)을 받은 것으로 보이는데, 2인칭 화법을 즐겨 쓰고, 이스라엘의 현자들이 쓰는 다양한 평행법은 사용하지 않고 있다. 첫번째 모음보다는 더 발전된 단계의 시적인 상상력을 드러낸다고 본다. 세 번째 모음인 24:23-34도 평행법을 사용하지 않고 권고와 훈계만을 행한다.

솔로몬의 잠언 2(25-29장)는 반의적인 평행법을 사용한다는 면에서 10:1-22:16과 유사하며, 비교진술을 많이 하고 있다. 특히 이 모음집에서는 왕의 주제를 다루고 있다. 아굴의 잠언(30:1-9)은 회의주의자와 신자 사이의 대화로 이루어지고, 아굴이라는 저자에게 붙어 있는 모음(30:10-33)은 숫자 격언들과 서로 관련된 현상들의 목록으로 이루어져 있다. 르무엘의 잠언(31:1-9)은 왕후가 자기 아들을 위하여 주는 교훈으로 고대 근동에서 발견되는 개념들과 유사하다. 마지막으로 현숙한 여인의 노래는 잠언서의 결론의 자리에 있으며 여성 지혜를 찬미하고 있다.

지혜의 윤리적인 이원론과 지혜의 속성(잠언 1-9장)

이제 잠언 1-9장의 내용을 살펴보려고 한다. 앞에서 본대로 잠언 1-9장은 10-31장을 어떻게 읽을 것인지 지침을 제공하는 신학적인 것이다.[2] 1-9장에서 중요한 주제는 잠언의 목적을 제시하는 서론을 제외하면 크게 윤리적인 이원론과 여성지혜이다. 서론에서 잠언의 목적을 서술한 후에 전체적으로 두 가지 내용이 반복적으로 나타나고 있는데, 첫째로, 윤리적인 이원론을 제시하

---

2) 화이브레이는 잠언 1-9장에서 세 단계의 편집이 있다고 주장한다. 이집트의 영향을 받은 첫 번째 단계에, 이스라엘은 열 단계의 가르침을 발전시키는 장르를 채용한다. 이 단계는 인본주의적이고, 하나님은 다소 모호한 분으로 인식되었는데 이러한 관점은 후에 주전 8세기나 6세기 예언자의 전통과 긴장을 이룬다. 세속적인 지혜가 야훼 신앙을 취하는 다음 단계에는 네 개의 특징을 보여준다: (1) 여호와가 지혜의 근원이다; (2) 여호와의 경외와 지혜가 일치되었다; (3) 야훼는 세상의 질서와 인간의 운명의 조절과 구분된다; (4) 하나님에 대한 신뢰를 강조한다. 세 번째의 편집은 신학

면서 예언자처럼 사람들에게 선택을 요구하게 한다. 둘째로, 지혜자체가 무엇인가 하는 지혜의 속성을 여성 지혜로 표시하는데 이는 잠언 8장에서 절정을 이룬다.

윤리적인 이원론: 의인의 길과 악인의 길

잠언은 윤리적인 이원론을 전제하고 우리의 선택을 요구한다. 의인의 길과 악인의 길을 구분하고 각 길을 상세하게 설명한 후에 우리에게 선택을 요구한다.

악한 자와의 교제를 피하라(잠 1:8-19)

지혜를 찾는 사람들의 행동은 그 말씀을 멀리하게 만드는 힘들로부터 저항하는 것으로 시작한다. 즉, 지혜문헌에서 하나님은 한분이시지만 인간들은 늘 윤리적인 이원론 가운데 서 있는 것이다. 본문에서 잠언의 형식은 부모(아비와 어미)와 아들의 관계로 표현함으로, 최초의 잠언의 삶의 자리는 가정임을 보여준다. 본문에서는 악의 위협이 얼마나 위험한가를 사실감 있게 보여준다. 두 부분 모두 "아들아!"라는 호칭과 악으로부터 멀리 하라는 간청으로 이어진다. 이어서 악한 자들의 유혹의 내용이 나타난다. 유혹의 내용은 보화와 재물에 대한 욕심이다. 재물을 위하여 사람을 죽인다. "제비를 뽑고, 전대 하나를 둔다"는 말은 얻은 재물을 정당하게 나눈다는 약속을 의미한다.[3] 욕심으로 인하여 사람의 피를 흘리는 죄악을 행하자는 유혹을 물리쳐야 한다.

후반부의 내용은 "아들아!"라는 호칭으로부터 시작하면서 이러한 자들이

적인 단계로서 야훼와 지혜의 관계를 다룬다. R. Norman Whybray, *The Composition of the Proverbs* (JSOTSup 168; Sheffield: JSOT Press, 1994); Michael V. Fox, "Aspects of the Religion of the Book of Proverbs", *HUCA* 39 (1968), 56-69. 이 글에서는 편집을 신학적으로 비판하면서 최종본문을 염두에 두고 연구하려고 한다.

3) Waltke, "Wisdom Literature," 192.

겪게 될 필연적인 위험이 제시된다. 15-18절은 두 부분으로 나눌 수 있다. 15-16절은 "네 발"과 "그 발"을 구분하면서 그들의 범죄에 동참하지 말 것을 간청한다. 17-18절에서는 새가 그물 치는 것을 보면 그물 치는 것이 헛일임을 예로 들어서 숨어서 남의 피를 흘리는 자들은 결국 자기의 생명을 잃을 것을 알면서도 죄를 짓는 어리석은 자의 운명임을 언급한다. 마지막 19절에서는 결론적인 언급을 하고 있다. 남의 생명을 탐하는 자의 결국은 죽음이라는 것이다. 이러한 인과응보라는 원리를 염두에 둔다면 남의 피를 흘리면서 일시적으로 재물을 모은다 할지라도 필경은 죽음으로 가는 것이기에 그러한 악한 길에 동참하지 말 것을 강조하는 것이다.

지혜를 구하라(잠 2:1-22)

2장은 지혜를 추구하는 자에게 주어지는 복을 설명한다. 지혜는 윤리적인 이원론을 제시하기 때문에 인간은 하나님으로부터 오는 지혜를 추구해야 한다. 지혜를 추구할 경우 받는 복을 나열하면서 지혜를 추구하기를 요청한다. 1절부터 4절까지는 "네가 만일 … 하면"이라는 조건절의 전제를 제시한다.

> 내 아들아!
> **네가 만일**
> 나의 말을 받으며 나의 계명을 네게 **간직하며**
> 네 귀를 지혜에 기울이며 네 마음을 명철에 **두며**
> 지식을 불러 구하며 명철을 얻으려고 소리를 **높이며**
> 은을 구하는 것 같이 그것을 **구하며**
> 감추어진 보배를 찾는 것 같이 그것을 **찾으면**

조건은 같은 내용을 반복한다. 계명과 지혜와 명철은 동의어로서 하나님으로부터 오는 것으로 이해된다. 그리고 이 지혜를 찾고 마음에 두는 것을 조건으로 여긴다. 지혜와 지혜 아닌 것 가운데 선택할 수 있는 기로에서 지혜를 선택할 경우 어떤 복이 임할 것인지를 언급한다.

> 하나님을 바르게 알게 될 것이다(5-8절)
> 지혜와 명철로 인하여 보호될 것이다(9-11절)
> 악한 길에서 지켜질 것이다(12-15절)
> 음녀로부터 지켜질 것이다(16-19절)
> 땅에 남아 있을 것이다(20-22절)

복의 내용 중 두 개는 하나님을 잘 이해하며 지혜와 명철을 얻는 것이며, 다른 두 가지는 악한 길과 음녀로부터 지켜질 것을 약속하는 것이다. 마지막으로 결과는 땅에서 뽑히는 악인들과는 대조적으로 의인으로서 땅에 남아 있게 된다는 인과응보의 원리이다. 윤리적인 이원론의 최종적인 결과는 의인이 선택되고 악인이 멸망한다는 것이다. 이것은 시편 1편 6절과 유사하다.

> 대저 정직한 자는 땅에 거하며 완전한 자는 땅에 남아 있으리라 그러나 악인은 땅에서 끊어지겠고 간사한 자는 땅에서 뽑히리라(잠 2:21-22)

> 무릇 의인들의 길은 여호와께서 인정하시나 악인들의 길은 망하리로다(시 1:6)

토라 시편과 지혜문헌에서 의인과 악인에 대한 이원론적인 견해는 동일하다. 의인들에게는 땅의 약속이 주어지고 악인들에게는 멸망이 선포된다. 그것은 의인과 악인의 운명을 말하는 인과응보의 표현이다.

하나님의 약속과 아들의 의무(잠 3:1-12)

3:1-12은 서두에 아들을 부르면서 전형적인 부모/자녀 또는 교사/학생의 관계를 드러낸다. 그리고 2장에 이어서 조건과 결과를 제시하고 있다. 조건은 명령으로 나타나고, 결과는 "그리하면"이라는 용어와 함께 제시되면서(2, 4, 5b, 10절), 여섯 개의 조건과 결과의 형태로 나타난다. 이 조건과 결과는 잠언의 전형적인 형태로 인과응보의 개념을 드러낸다. 즉, 말씀 또는 지혜에 순종하면 그로 인하여 형통이 나타난다는 것이다. 순종하는 것과 복의 내용으로서 형통을 다양한 형태로 보여준다. 첫 번째는, 계명을 지키면, 장수와 평강이 주어진다(1-2절). 둘째, 인자와 진리를 떠나지 않으면, 하나님과 사람에게 귀중히 여김을 받는다(2-4절). 셋째, 하나님을 신뢰하면 하나님이 길을 인도하신다(5-6절). 넷째, 여호와를 경외하면 육체의 건강이 온다(7-8절). 다섯째, 소산물로 여호와를 공경하면, 물질적인 풍요로움이 오리라(9-10절). 여섯째, 징계를 거절하지 않으면, 하나님의 사랑을 깨달을 것이다(11-12절). 모든 조건과 결과는 인과응보의 원리의 적용에 해당한다. 계명과 지혜를 지키는 것은 곧 하나님을 최고의 주님으로 섬기는 것이며, 그분은 마음과 육체와 재물 등 모든 영역에서 당신의 자녀들에게 복을 내리실 것이다. 다시 여섯 개의 조건과 결과는 서론(1-4절), 본론(5-10절), 결론(11-12절)으로 이루어져 있다.

	조건	결과
서론	1절: 계명을 지키라	2절: 장수와 평강
	3절: 인자와 진리를 떠나지 말라	4절: 하나님과 사람에게 귀중히 여김을 받는다.
본론	5절: 하나님을 신뢰하라	6절: 하나님이 길을 인도하신다.
	7절: 여호와를 경외하라	8절: 육체의 건강
	9절: 소산물로 여호와를 공경하라	10절: 물질적인 풍요로움
결론	11절: 징계를 거절하지 말라.	12절: 하나님의 사랑을 깨닫는다.

서론의 네 절은 하나님의 계명으로부터 떠나지 말 것을 명령하고, 본론은 윤리적인 가르침과 하나님을 신뢰하는 것을 연결함으로 경건을 강조한다. 마지막으로 결론은 하나님이 징계하실 때 아들을 훈련시키려는 하나님의 뜻이 있음을 알고 받아들이는 것이 필요하다는 것이다. 특별히 본문에서는 아들이 하나님의 말씀을 어김으로 받는 징벌 가운데 찾아오는 고난을 말하고 있다. 잠언에서도 징벌을 통하여 어리석은 자를 교육시키는 교훈들이 나타난다(잠언 22:15; 23:13). 고난은 인간으로 하여금 하나님의 신실함과 인과응보를 의심하게 만드는데, 고난을 통하여 연단시키시는 하나님의 마음을 읽을 때 신앙의 절정에 이르게 된다(참조 욥 5:17-19; 히 12:5-6; 계 3:19). 본문은 잠언이 강조하는 인과응보를 자세히 보여주고 있다. 하나님은 인과응보의 원리에 종속되지 않지만, 일반적으로 이 원리를 통하여 인간을 통치하신다. 계명을 지키는 자에게 주어지는 장수와 평강, 물질과 육체적인 건강 등의 형통이라는 축복을 받는다고 표현한다.

지혜의 속성: 내재성과 초월성의 만남으로서의 여성지혜

잠언에서는 여성 지혜에 관한 네 개의 교훈적인 시들(잠 1:20-33; 3:13-20; 8:1-36; 그리고 9:1-18)을 통해 여성지혜는 하나님이 땅을 창조한 도구이며, 하나님이 기뻐하시는 딸이며, 지혜를 통하여 인간에게 생명을 전하는 자임을 나타내고 있다. 또한 여성 지혜는 하나님의 목소리로 하나님의 성품, 창조와 가르침의 의지를 드러내기도 한다. 이스라엘에서 발전된 유일신은 포로기에 처음으로 표현되었다(사 40-55장). 유일신의 표현은 초기 남성 언어로 이루어졌기에 여성적인 요소를 어떻게 담는가 하는 문제가 제기되었다. 이방 종교는 남성과 여성으로 이루어진 신의 양성(兩性)으로 이 문제를 해결하였다. 이스라엘은 이스라엘과 예루살렘을 여성(아내, 딸)으로 의인화하고, 현자들이 하나님의 지혜를 여성 또는 딸, 그리고 하나님의 신부로 표현하는 등 다양한 방식으로 이 어려움을 전달하기를 선택하였다. 이러한 지혜의 여성화는 지혜의 신적인 속성과 역할이 담긴 지혜 전승에서 절정에 이른다(집회서 24장; 솔로몬의 지혜서 7-9장 그리고 10-19장). 잠언 8:22-31에서 지혜는 첫 번째 피조물이며 하나님이 기뻐하시는 하나님의 사랑받는 딸이다. 이뿐 아니라 잠언의 결론(31장)에서 현숙한 여인은 여성지혜의 성육화(incarnation)를 드러낸다.[4]

여성지혜의 부름에 응답하라(잠 1:20-33)

앞 구절에서 악한 자의 유혹에 저항하라고 선포했다면, 이 구절들에서는 지혜의 음성을 들을 것을 선포한다. 지혜를 표현할 때 남성 명사가 아니라 여성 명사를 사용함으로 지혜가 하나님의 사역 중에서 치유하고, 듣고, 보살피는 사역과 관련 있음을 보여준다. 지혜가 외치는 현주소는 길거리와 광장과 길머리와 성문 어귀, 그리고 성중이다. 모두 청중들이 매일 접하는 구체적인 삶의 자리이다. 지혜는 삶의 자리와 단절된 수도원이나 이론만 존재하는 학교에 존재하는 것이 아니라 하루 종일 우리가 살아가는 현장에서 들려온다. 본문에서는 지혜의 외침이 마치 예언자와 같은 어조로 나타난다. 백성들은 선택할 수 있는 중립의 위치에 있지 않고 이미 여성지혜의 음성을 거절하고 음녀의 유혹에 빠진 자임을 암시한다. 그래서 여성지혜를 선택하라는 어조보다는 음녀의 유혹 가운데 존재하는 청중들을 돌이키라고 하며 회개를 촉구하는 예언자의 음성으로 들린다. 청중들은 어리석은 자, 거만한 자, 미련한 자라고 표현되고 있으며, 그들의 어리석음, 거만을 질책한다.

1:20-33에서 예언자의 역할을 감당하는 지혜의 역할은 몇 단계로 진행된다. 첫 단계는 지혜의 부름이다. 지혜는 부르고 손을 펼친다(1:24). 둘째 단계는 청중들이 듣지 않고, 교훈을 멸시하는 것이다(1:24-25). 셋째, 심판의 선포

---

4) Perdue, 『잠언』, 78-84.

이다(1:26). 재앙이 찾아오고, 두려움이 임한다. 넷째, 그때 사람들은 뒤늦게 지혜 곧 하나님을 부르짖을 것이며(1:28a), 마지막으로 지혜는 구원하지 않고 심판 가운데 내 버려둘 것이다(1:28b). 이 모든 단계가 의미하는 것은 현재 지혜의 음성을 듣지 않는 자를 향하여 장래 심판이 임할 것을 외치며, 현재의 선택을 요구하는 것이다. 결론은 여전히 윤리적인 이원론이다: "오직 나를 듣는 자는 안연히 살며, 재앙의 두려움이 없이 평안하리라"(잠 1:33).

이제 지혜가 어떻게 하나님의 내재성과 초월성을 매개하는지를 살펴보기로 하자. 일차적으로 지혜는 묵상을 통하여 얻을 수 있는 것으로 보이는데, 그때 지혜는 무엇인가? 마치 세상에서 얻는 정보 중의 하나로 손에 넣을 수 있는 대상으로 보인다. 그런데 이스라엘 사람들은 그 지혜가 물건이 아니라 바로 하나님 자신임을 알게 된다. 이러한 발견이 있기까지 깊은 신학적인 묵상이 있었고 그것이 잠언에 나타난다. 이러한 지혜의 이해를 위하여 우리는 내재적인 하나님과 초월적인 하나님을 이해해야 한다. 내재적인 하나님이란 어느 날 문제 해결을 위하여 고민하다가 지혜를 얻었는데, 그 지혜가 바로 삶의 현장에서 우리 곁에 나타나신 하나님 자신이라는 것이다. 하나님의 모습이 보이지는 않지만, 지혜안에 이미 하나님이 계심으로 우리는 지혜안에 성육화 된 하나님을 만나는 것이다. 처음 지혜를 정보나 물건 정도로 생각할 때로부터 지혜가 하나님 자신임으로 알 때까지 하나님 이해에 대한 진전이 있다. 하나님이 이 세상의 현상 안에서 나타남으로 마치 세상과 하나님이 연속적인 것처럼 보이는 그러한 하나님을 우리는 내재적인 하나님이라고 부른다. 그리고 하나님이 이 세상과 구별되고 세상을 초월하셔서 하늘의 성전에 계시는 그러한 하나님을 초월적인 하나님이라고 부른다. 하나님 자신은 변함이 없지만 인간의 인식 능력의 한계로 인하여 이러한 하나님 이해의 단계를 상정하는 것이다. 지혜의 속성은 내재적인 하나님 이해로부터 초월적인 하나님 이해로의 폭넓은 속성을 가지고 있다. 이때 우리는 여성지혜를 내재적인 하나님으로부터 초월적인 하나님에게 이르게 하는 매개자로 이해하게 된다. 초월적인 하나님을 만나는 방법은 바로 우리의 삶의 현장에 와 계시는 내재적인 하나님으로부터 지혜를 통하여 이르게 되는 것이다.

잠언 1-8장에서 우리는 내재적인 하나님과 이신론적인 하나님의 차이를 구별하여야 한다. 내재적인 하나님에 대한 이해를 세상에 갇히고, 세상과 일치되는 것에 제한해서는 안된다. 획득하는 지혜와 관련하여 우리는 잠언에서 보여주는 내재하시는 하나님과 만들어 놓고 간섭하지 않는 가설적인 이신론과는 구별하여야 한다. 내재하시는 하나님은 세상의 창조를 설명하려는 원인으로만 하나님을 인식하려는 이해와는 차이가 있는 것이다. 르네상스와 계몽주의 이후로 과학주의의 대두와 함께 변형된 신관은 바로 하나님은 이 세상을 만들어 놓고 간섭하지 않는다는 이신론이다. 이 신관에 의하면 신은 작업가설로만 필요할 뿐이다. 세상은 저절로 잘 돌아가는데 과학자들은 이 우주의 존재의 기원 자체에 대한 설명이 궁색하기에 그 기원론적인 신관을 인정해 주되, 그 신은 자기완결적인 이 세상에 관여하지 않는 것으로 규정하고 있다. 그리하여 이러한 신은 작업가설(working hypothesis)로의 신이다. 이신론은 바로 계몽주의와 세속화를 옹호해주는 신관이다. 이 신관은 신과 이 세계를 철저히 분리시켜 이 세상은 하나님의 기적으로부터 닫힌 존재로 이해되었다. 잠언 10-31장이 원래 세속적이다 라고 할 이론은 바로 이 세속화의 신학을 옹호하는 역할을 맡게 되었기 때문이다.

그러나 잠언 10-31장은 이미 신학화 된 본문으로 세속화의 산물이 아니라 이미 여호와를 경외하는 지혜의 근본이 전제된 지혜 전승이라고 볼 수 있다. 이 본문은 이신론을 옹호하는 본문이 아니라 하나님이 이 세상에 내재성을 통하여 역사하지만 여전히 하나님의 초월적인 활동에 대하여 열려진 세계임을 인정하고 있다는 면에서 이신론과는 다르다고 볼 수 있다.

내재적인 하나님과 초월적인 하나님을 연결하는 지혜의 역할은 잠언 8장에서 절정에 이른다. 잠언에서 지혜에 대한 이해는 점차로 발전하여 마침내 잠언 8장에서 신학적인 지혜로 표현되는데 이 과정은 다음과 같다. 잠언 10-31장에서 지혜는 획득되는 것으로 인식된다. 지혜의 중요성은 실제적인 것으로 삶의 경험을 통해 가치가 드러나는 것이며 아직 의인화되지는 않았다. 이 단계는 지혜가 인간의 삶 안에 내면화된 단계이다. 이 지혜는 잠언 1-9장을 통하여 점점 의인화되어간다. 지혜는 일상생활 구석구석에서 나타난다(잠 1:20; 8:1-3). 그러나 이제 지혜는 인간을 떠나 인간을 초청하는 자로 묘사된다. 잠언 1:20-33에서 잠언의 목소리는 예언자를 방불한다. 이 부름에 대하여 인간은 응답하여 순종해야 하며, 그렇지 않을 경우에 멸망한다. 잠언 1-9장 곳곳에서 이 여성지혜는 음녀와 대조적이다. 여성지혜는 인간 편에서 발생한 것이 아니라, 하나님으로부터 와서 인간에게 들음을 요구한다. 하나님을 찾는 것과 여성지혜를 듣는 것이 동일화된다. 인간에게는 지혜를 찾으려는 애씀이 요구된다. 여성지혜를 찾는 자에게는 생명이 대가로 주어지고, 여성지혜를 찾지 않는 자는 음녀를 향하여 죽음의 길로 나아간다. 인간에게 이 두 가지 이외에는 다른 길이 없다.

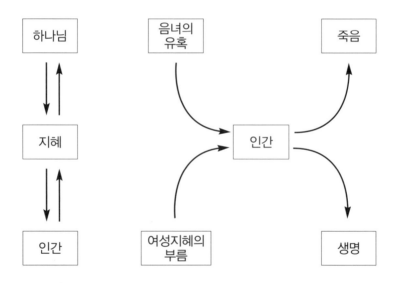

잠언 8장에 의하면, 지혜는 어디에서 발견되는가? 지혜는 삶의 현장에서 우리를 향하여 초청하는 존재이다(잠 8:2-3). 길가의 높은 곳과 사거리, 성문

곁과 문어귀, 여러 출입하는 문에서 지혜가 존재한다. 곧 사람들이 가장 관심 있고, 가장 시간을 보내며 마음을 두는 곳에 지혜가 존재한다. 우리는 지혜를 찾기 위하여 사람 사는 곳을 벗어나 특별한 곳을 찾아갈 필요가 없다. 우리가 마음을 주고, 사랑하며 애쓰는 삶의 현장에서 지혜가 목소리를 높인다. 지혜는 삶과 무관한 실재가 아니다. 가장 현실적인 곳에서 하나님은 지혜의 모습으로 우리에게 다가온다. 지혜는 예언자처럼 사람을 초청한다(잠 1:20; 8:1, 4-5). 이 음성은 사람들이 서 있는 길가에서 들리기 때문에 누구나 들을 수 있다.

지혜의 초청을 들을 때 인간은 두 가지 중에서 선택을 할 수 있다. 지혜의 소리에 응답할 것인가, 아니면 불응하고 음녀의 소리를 들을 것인가 하는 선택 이다. 하나님으로부터 들려오는 여성지혜를 향할 것인지, 아니면 죽음을 향하 는 음녀를 향할 것인지 인간의 결단에 달려 있다. 그것은 우리의 마음을 어디에 둘 것인가 하는 문제이다(잠 4:23). 음녀를 선택하였을 때 다가올 죽음에 대하 여는 잠언의 여러 곳에서 서술하고 있다(잠 5:20-23; 6:20-35; 7:1-23). 인 간은 이 여성지혜에 대하여 긍정적으로 응답함으로 생명에 이르게 된다(잠 2:1-22; 3:13-18; 8:18-21). 지혜가 도달하는 곳은 형통하게 되는데, 형통의 현주소는 자신의 삶의 자리이다. 솔로몬이 지혜를 구한 곳은 바로 왕이라는 삶 의 자리이다(왕상 3장). 왕들에게는 치리하는 지혜로, 방백들에게는 공의로 나 타난다(잠 8:15). 지혜를 통하여 부귀와 재물과 의가 나타나며, 생명나무로 나 타난다.

여기까지는 지혜가 정보나 도구로 여겨질 수 있다. 사람들은 한때 지혜를 손에 잡히는 획득의 대상으로 여겼다. 그러나 점차적으로 신학적인 묵상을 통 하여 그 지혜가 물건이나 정보의 형태를 취하긴 하지만, 그것은 지혜의 일시적 인 양태일 뿐 본질이 아님을 알게 된다. 그리하여 8장에서는 지혜의 양태뿐 아 니라 지혜의 본질을 보여준다. 8:22-31은 지혜의 속성에 대한 가장 발전된 형 태를 보여주면서, 하나님의 피조물에 지나지 않던 지혜가 바로 하나님 자신으 로부터 왔을 뿐 아니라, 하나님 자신임을 보여준다. 그리고는 지혜의 속성을 서 술한다. 지혜는 선재하며 태초에 하나님과 함께 창조에 동참하였다가, 마침내 하나님 자신이 되어 버린다. 결국 인간의 손에 주어진 지혜의 양태는 인간의 상황에 필요한 정보이지만, 사실상 지혜는 하나님 자신이 내려온 결과 얻어진 것이다. 이러한 일련의 지혜 획득의 과정에서 여성지혜의 역할이 드러난다. 하나님은 본질적으로 초월해 계시고, 인간이 도달하기 쉽지 않은 분이다. 우리는 우리의 현실의 구체적인 상황에서 내재하신 하나님의 모습을 경험한다. 여성지혜의 역할은 초월적인 하나님과 내재적인 하나님을 연결하는 것이다. 인간은 자신의 현실 안에 내재한 하나님을 통하여 초월적인 하나님에게 이르게 되는데, 이때 지혜전승이 강조하는 것이 바로 여호와를 경외하는 것이다. 여호와를 경외함으로 여성지혜에 응답하고, 이로 인하여 초월된 하나님을 경험하게 된다.

잠언 8:22-31은 예수님의 선재를 강조하거나, 예수님의 피조성을 강조하려는 주장의 자료로 사용되었다. 그러나 이 본문은 지혜가 한 가지 특성만을 지혜의 유일한 특성임을 보이려는 것이 아니고, 오히려 지혜의 특성이 폭넓은 범위(스펙트럼)를 가지고 있음을 보여준다. 예수 그리스도가 누구이신가 하는 것은 지혜 사상으로 설명될 수 있다. 즉, 우리 곁에 아기 예수로 오신 예수는 인간의 몸을 입고 있지만, 그것이 예수님의 본질은 아니다. 사람들은 처음부터 예수께서 하나님이심을 고백하지 못했다. 마가 공동체는 예수께서 세례받으실 때 하나님의 아들임을 고백한다(막 1:11). 마태와 누가는 예수님이 태어날 때부터 하나님의 아들이라고 고백하고, 마지막에 요한복음은 예수님이 선재하심으로부터 하나님의 아들이며, 마침내 아들인 동시에 하나님 자신이라고 고백한다. 이러한 예수님의 이해에 대한 발전은 지혜의 속성을 이해할 때 더 잘 설명할 수 있다. 지혜전승에 익숙했던 유대-그리스도인들은 아기 예수가 하나님 자신임을 이해할 수 있었던 것이다.

여성지혜에 관한 고찰은 다시 욥기 28장에 나타난다. 욥기 역시 전통적으로 이해된 획득하는 지혜에 근거한 지혜의 위기에 직면하여 욥기 28장을 통해 전통적인 지혜의 한계를 드러낸다. 욥의 고난을 설명하려던 친구들과 욥은 고난의 신비를 더 이상 설명하지 못하고 한계에 부딪힌다. 그들이 그동안 가지고 있던 신학은 아무 도움이 되지 못한다. 이제 아무도 자신이 지혜를 가졌다고 주장할 수 없다. 한계 안에서 지혜를 얻는 방법은 하나님으로부터 지혜가 오기를 기다리는 것이다. 욥기 28:28은 다시금 지혜문학의 핵심은 여호와를 경외하는 것이 지혜라고 말한다. 그리하여 인간이 직면한 지혜의 한계를 여호와를 경외함으로 돌파한다. 여호와를 경외하는 것은 하나님으로부터 주어지는 지혜를 기다릴 수 있는 방법인 것이다. 욥기 28장의 결론은 전통적인 지혜전승이 발견한 지혜의 한계 가운데, 지혜의 마지막을 단지 오는 지혜를 기다리는 것으로 이해하고 있다. 그리하여 마침내 욥기 38-42장에서 하나님의 현현을 통하여 지혜의 위기를 해결하게 된다. 이에 비해 전도서는 획득하는 지혜의 한계를 인식하면서도, 욥기와 같은 해법을 찾지 아니하고, 인간이 순간적으로 획득할 수 있는 잠정적인 지혜를 제시함으로 극복하려고 시도하면서 획득하는 지혜전승의 마지막 시도를 보여주는 것이다.

4장

지혜는 생명나무라

지혜는 그 얻은 자에게 생명나무라 지혜를 가진 자는 복되도다

(잠 3:18)

잠언 1-9장이 지혜를 얻기 위한 전제라면, 10-31장은 지혜의 내용이다. 즉, 잠언 10-31장은 여호와를 경외하는 사람들에게 하나님이 보여주시는 지혜의 내용을 다양하게 보여준다. 이 지혜의 주제는 크게 보면 하나님, 인간, 세계와 관련된 주제들이다. 그 다음으로 언어, 재물, 개인, 가정, 사회, 하나님 등으로 구분할 수 있다. 이 장에서 이러한 주제를 다루되, 재물과 가정에 관한 주제는 장을 달리해서 다루기로 한다.

잠언의 주제들

A. 언어

  1) 의인의 말과 악인의 말(10:11; 10:31-32; 12:6; 12:19; 12:22)

2) 선한 말의 위력(12:25; 15:1; 16;13; 16:24; 25:12; 27:21)

3) 때에 맞는 말(15:23; 25:11)

4) 미혹과 소문(14:15; 26:2)

5) 입술을 제어하는 유익(10:19; 11:13; 13:3; 17:28; 18:8; 25:9-10)

6) 언어에 조급한 사람(18:13; 29:20)

B. 재물

1) 재물의 능력(10:15; 13:8; 18:11)

2) 게으름과 근면(6:6-11; 10:4-5; 12:24; 12:27; 13:4; 19:24; 20:13; 24:30-34; 26:15)

3) 의인과 악인(10:3; 10:6; 10:16; 10:24-25; 11:5; 11:30; 12:3)

4) 정직/불의(10:2; 11:1; 12:12; 15:19; 16:8; 19:22; 20:10; 20:17; 21:6)

5) 뇌물(15:27; 17:8; 17:23; 21:14; 28:21; 29:4).

6) 구제(11:24-26; 28:27)

7) 인과응보(11:31; 13:21; 14:11; 21:12; 24:1; 24:19-20)

C. 개인

1) 분노(12:16; 15:18; 16:32; 18:19; 19:11; 22:24; 25:28; 29:11)

2) 마음(4:23; 15:13; 17:22; 18:14; 20:5; 20:27; 23:7)

3) 자족(27:20; 30:7-9; 30:15-16)

4) 듣는 지혜(12:15; 13:10; 15:12; 15:31; 17:10; 21:13; 25:12)

5) 겸손(11:2; 15:33; 16:19; 18:12; 21:4; 22:4; 26:12; 27:2; 29:21; 30:21-23)

6) 쾌락(20:1; 21:17; 23:20-21; 23:29-35)

7) 일군(사명(25:13); 성실(22:29); 훈련(17:3; 25:4))

8) 근심과 평안(10:10; 10:22; 11:14; 14:13; 31:6)

D. 가정

1) 교육(13:24; 22:6; 22:15; 13:1; 15:20; 20:11; 22:15; 29:15; 29:17)

2) 아내를 얻음(18:22; 19:14; 30:10-31)

3) 여성(11:16; 11:22; 12:4; 19:13; 21:19; 25:24; 27:15-16)

4) 성(5:15-19; 6:24-35; 7:6-23; 9:13-18)

5) 화목(15:7; 15:16-17; 17:1; 18:19)

6) 훈계를 들음(13:1; 13:18; 15:5; 15:32; 19:20)

E. 사회

1) 덮어줌(10:12; 17:9; 19:11)

2) 지혜의 유익(11:14; 15:22; 20:18; 24:6; 29:18)

3) 노인/부모를 공경하라(10:1; 17:6; 19:26; 20:20, 23:24)

4) 장수(3:16; 10:27; 16:31; 28:16)

5) 이웃을 긍휼히 여김(14:21; 14:31; 19:17; 22:2; 22:16; 22:22; 25:21-22; 27:10; 29:13)

6) 신앙공동체(정직한 자의 기도(15:8); 15:29; 가증한 기도(28:9); 제사와 윤리(21:3); 율법을 지키는 자(28:4))

7) 왕(14:28; 14:35; 16:10-15; 19:12; 20:2; 20:8; 20:26; 20:28; 21:1; 24:21; 25:1-3; 25:5-6; 29:4; 29:14; 31:3-7)

F. 하나님

1) 인간의 길의 한계(14:12; 19:21; 20:24; 21:2; 21:30-31; 27:1)

2) 여호와를 경외함(1:7; 9:10; 10:27; 14:2; 14:26; 14:27; 16:6; 19:23; 22:4; 23:17; 28:14; 31:30)

3) 하나님의 인도하심(16:1; 16:3; 16:9; 16:33)

4) 여호와를 의지하라(3:5; 3:26; 16:20; 18:10; 29:25; 30:5)

언어

어려움을 이기고 성공한 사람들은 부정적인 말을 거의 하지 않으며 긍정적이고 적극적이며 사람을 살리는 말을 한다. 같은 환경에 살았음에도 불구하고 패배한 사람들의 공통적인 특징은 그들이 사용하는 말이 부정적이고 비판적이며 소극적이고 사람의 마음을 아프게 한다는 것이다. 말은 그 사람의 인격을 나타내는 것으로 말 그 자체가 그 사람의 됨됨이를 표현한다. "말에는 씨가 있다. 말은 사람을 변화시키는 능력이 있다" 지금 내가 살고 있는 삶은 이 세상 출생 후 자랄 때부터 지금까지 나의 부모와 내가 심어놓은 '말의 씨앗'의 열매인 것이다.

잠언은 인간의 언어가 생명의 샘이 되기도 하지만 독을 품을 수 있는 실재임을 명시한다. 같은 입에서 말이 나오지만 그 말을 품어내는 인간의 인격에 따라 다른 결과를 만들어내는 것이다. 언어 자체는 중립적인 것인데 언어를 사용하는 인간의 인격에 따라 다르게 나타나는 것이다. 그런데 인간이 언어를 선택할 때 윤리적인 이원론에 직면한다. 하나님으로부터 오는 여성지혜의 음성을 듣고 마음을 지키는 자는 언어를 통하여 생명의 샘을 만들어내고, 마음을 빼앗겨 음녀의 소리를 듣는 자는 죽음을 만들어 낸다. 잠언은 언어를 만들어 내는 인간가운데 의인과 악인이라는 두 가지 유형을 발견한다. 여호와를 경외하는 인간은 생명의 샘을 만드는 언어를 만들고, 여호와를 경외하지 않는 자는 죽음을 만들어낸다. 이것은 한 번에 끝나는 것이 아니라 언어를 만들어내는 순간순간 선택해야 할 문제이다.

먼저 언어를 만드는 사람을 이원론적으로 분류하여 의인과 악인을 언급한다.

의인의 입은 생명의 샘이라도 악인의 입은 독을 머금었느니라(잠 10:11)
의인의 입술은 기쁘게 할 것을 알거늘 악인의 입은 패역을 말하느니라 (잠 10:32)

그러므로 언어의 사용을 위해서 조심하는 것보다 선한 말을 만드는 의인이 되기 위해 노력하고, 악한 말을 쏟아내는 악인이 되지 않도록 노력해야 할 것이다. 그리고는 의인의 말이 어떻게 생명을 만들어 내는지 구체적인 상황 가운데 설명한다.

> 유순한 대답은 분노를 쉬게 하여도 과격한 말은 노를 격동하느니라 (잠 15:1)
> 근심이 사람의 마음에 있으면 그것으로 번뇌하게 되나 선한 말은 그것을 즐겁게 하느니라(잠 12:25)
> 선한 말은 꿀송이 같아서 마음에 달고 뼈에 양약이 되느니라(잠 16:24)
> 도가니로 은을 풀무로 금을 칭찬으로 사람을 단련하느니라(잠 27:21)

의인의 말은 유순한 대답을 하게 하는데 사람들이 화가 났을 때 사람의 마음을 부드럽게 하고 노를 달랠 수 있는 위력이 있다(15:11). 그러나 악인은 과격한 말을 선택함으로 자신의 내면의 악을 담는다. 과격한 말을 선택할 때 우리는 상대방에 대한 불만, 자신의 이기심, 복수하고 싶은 마음을 담아서 마침내 상대방의 마음을 공격하여 그를 격동하게 만드는 것이다. 한편으로 사람의 마음에 근심이 있을 때 의인의 선한 말은 근심으로 인한 상처를 치유하고, 악한 것을 제거함으로 마음을 소생시켜 즐겁게 만든다(12:25). 상대방을 사랑하기에 행하는 말들은 마음을 치유할 뿐 아니라 뼈에 양약이 됨으로 영육 간에 강건하게 만든다(16:24). 마지막으로 칭찬하는 말을 사용할 때 우리는 사람을 변화시킬 수 있다. 사람을 변화시키는 것은 강요하고 억압하는 말이 아니라, 칭찬하고 설득하고 격려하는 마음이라는 지혜를 제공한다. 이러한 지혜들은 의인으로 존재할 때 주어지는 능력이라는 것을 알 수 있다. 언어를 사용하는 인격을 통해 능력 있는 말들이 만들어진다.

잠언은 이러한 능력이 때에 알맞은 언어로 나타난다고 주장한다.

사람은 그 입의 대답으로 말미암아 기쁨을 얻나니 때에 맞는 말이 얼

마나 아름다운고(잠 15:23)
경우에 합당한 말은 아로새긴 은 쟁반에 금 사과니라(잠 25:11)

때에 맞는 언어가 얼마나 어려운가! 우리는 말을 잘못하여 실수를 하고나면 다시는 말하지 않겠다고 결심하곤 한다. 그러나 말을 하는 것과 하지 않는 결심이 중요한 것이 아니라, 필요할 때 말을 하고 필요하지 않을 때 말을 삼가는 것이 중요하다. 위기 가운데 있는 사람이 가장 어려울 때 한마디의 위로가 필요하다. 자살 직전의 사람이 만난 복음은 생명을 만들어낸다. 누구나 인생의 위기를 만나게 되는데, 위기 때에 그를 이해하고, 격려하는 사람의 말에는 사랑이 담겨 있고, 그의 영혼을 소생케 하는 것이다. 이렇게 생명을 살리는 언어, 경우에 합당한 언어의 중요성은 계속하여 강조된다.

지혜 있는 자의 교훈은 생명의 샘이니 사망의 그물에서 벗어나게 하느니라(잠 13:14)
악인은 입으로 그의 이웃을 망하게 하여도 의인은 그의 지식으로 말미암아 구원을 얻느니라(잠 11:9)

말의 위력은 말 자체에 있지 않고, 말을 만들어 내는 자의 인격과 관계되기에 여호와를 경외하는 의인의 자리에 서는 것이 중요하다. 의인이냐 악인이냐 하는 선택에는 우리의 마음을 지키는 것이 관계된다. 그런데 이제는 의인의 역할 가운데 하나가 악한 자의 길에 빠지지 않도록 돕는 것이다. 지혜자의 말은 사망의 그늘에서 사람을 돕는다. 악한 자의 입에서 나오는 말로 인하여 사람이 죽음에 이르기도 하고, 의인에 말에 의하여 악에 빠질 뻔한 자들을 구원하기도 하는 것이다.
언어의 특성을 간파한다면 우리는 필요 없이 미혹되거나 소문으로 인하여 마음 상해하지 말아야 한다.

어리석은 자는 온갖 말을 믿으나 슬기로운 자는 자기의 행동을 삼가
느니라(잠 14:15)
까닭 없는 저주는 참새의 떠도는 것과 제비의 날아가는 것 같이 이루
어지지 아니하느니라(잠 26:2)

본문에서 까닭 없는 저주를 심각하게 생각지 말라고 한다. 참새가 시끄럽
게 떠들어봤자 중요하지 않고, 제비가 쏜살같이 날아가고 나면 언제 있었나 싶
을 정도로, 까닭없는 음모나 저주는 심각해 보이지만 금방 사라진다는 것이다.
누구나 까닭 없는 저주를 들을 때가 있는데, 성경은 하나님이 마지막 때 모든
것을 아시니 성급하게 판단하거나 실수하지 말고 하나님께 맡기라고 말한다.
　어리석은 자는 들려오는 말들과 유혹하는 말들을 아전인수 격으로 생각하
여 마음대로 행동을 결정하는데 반하여 지혜로운 자는 쉽게 미혹되지 않고 마
음을 지킨다. 특히나 들려오는 소문으로 인하여 마음을 빼앗기지 않는다. 나에
관한 잘못된 소문을 들으면 모든 사람이 그렇게 믿는 것으로 생각하지만 그것
은 주관적인 것일 가능성이 많다. 그러므로 소문으로부터 마음을 지키고, 소문
으로 인하여 마음이 무너지지 않고, 한결같은 신실함을 견지함으로 승리할 수
있다.
　마지막으로 잠언은 의인의 자리는 한번으로 끝나는 것이 아니라 계속적인
선택이기에, 우리의 노력을 필요로 하는 것임을 보여준다. 그중에서 주목할 만
한 말은 우리의 입술을 제어하는 것이다.

남의 말하기를 좋아하는 자의 말은 별식과 같아서 뱃속 깊은 데로 내
려가느니라(잠 18:8)
말이 많으면 허물을 면하기 어려우나 그 입술을 제어하는 자는 지혜
가 있느니라(잠 10:19)
두루 다니며 한담하는 자는 남의 비밀을 누설하나 마음이 신실한 자
는 그런 것을 숨기느니라(잠 11:13)

너는 이웃과 다투거든 변론만 하고 남의 은밀한 일은 누설하지 말라
듣는 자가 너를 꾸짖을 터이요 또 네게 대한 악평이 네게서 떠나지 아
니할까 두려우니라(잠 25:9~10)

사람들이 만나서 대화를 하게 되면 스트레스를 해소할 수 있다. 대화를 통
해 마음에 담긴 부정적인 에너지를 소진할 수 있다. 그러나 이러한 긍정적인 효
과에도 불구하고 남의 말을 지나치게 할 위험이 있다. 사람들이 남의 말을 할
때 스스로 판단자가 된 기분이고(18:8), 남을 마음대로 요리하는 듯한 쾌감을
느낀다(11:13). 그리고 특히나 비밀스러운 일들을 털어놓는 것을 즐거워한다.
털어놓는 순간 그것은 쾌감을 주지만 한계를 넘어갈 때 악에 타협하는 결과가
된다. 비밀을 털어놓음으로 남의 자존심을 상하게 하고, 사람들 간에 오해를 불
러일으킨다(25:9). 나로부터 시작된 소문은 사람을 돌고 돌아 마침내 당사자가
직접 진위를 확인하게 되고, 소문을 퍼뜨리는 비인격적인 존재로 낙인찍히게
된다(25:10). 그리하여 정도를 넘어선 말을 털어놓지 않고 숨기는 것이야말로
생명을 지키는 일이 되는 것이다. 그러기 위하여 우리의 입술을 지켜야 한다.
마음의 이기심과 쾌락을 위해 남의 말을 늘어놓을 때 입술을 제어해야 한다. 마
음이 신실한 자는 비밀을 숨기고 입술을 제어한다(11:13; 10:10). 그것은 입술
의 문제가 아니라 마음을 지키는 일을 통하여 성취되는 일이다. 언어를 통하여
생명을 지키기 위하여 의인이 되어야 하며, 의인은 매 순간 마음을 지켜야 한
다.

분노와 마음(잠 12:16; 15:18)

잠언에서는 또한 한 개인의 다양한 성품을 설명하고 있다. 제일 먼저 분노
를 절제하는 훈련을 강조한다. 분노란 자기가 옳다는 것을 다른 사람들에게 표
현하는 방법인데 분이 나는 것은 당연한 감정이지만 그 분으로 인하여 죄를 짓
지 않고 어떻게 승화시키는가가 문제이다. 첫 번째로 중요한 것은 안에서 생기

는 분을 그대로 드러내지 않고 참는 것이다.

미련한 자는 당장 분노를 나타내거니와 슬기로운 자는 수욕을 참느니
라(잠 12:16)
분을 쉽게 내는 자는 다툼을 일으켜도 노하기를 더디 하는 자는 시비
를 그치게 하느니라(잠 15:18)

미련한 자와 지혜로운 자를 구별하는 것은 화를 어떻게 처리하는가이다.
미련한 자는 느끼는 대로 분을 표현하고 자기가 화가 났음을 드러내지만, 지혜
로운 자는 참는다. 분을 내는 자는 그로 인하여 또 다른 갈등과 싸움을 만들어
내지만, 노하기를 더디 하는 자는 새로운 싸움을 초래하지 않을 뿐 아니라, 이
미 주어진 갈등을 해결시키는 역할을 한다. 내 속에 생긴 분을 공동체의 덕을
위하여 어떻게 승화시키는가가 관건이다. 그런데 이러한 분의 조절은 마음과
깊은 관계가 있다.

노하기를 더디 하는 자는 용사보다 낫고 자기의 마음을 다스리는 자
는 성을 빼앗는 자보다 나으니라(잠 16:32)
자기의 마음을 제어하지 아니하는 자는 성읍이 무너지고 성벽이 없는
것과 같으니라(잠 25:28)

노하기를 더디 하여 제어하는 능력은 곧 마음을 다스리는 것과 관련이 된
다. 전쟁에서 이기는 것보다 마음을 제어하는 것이 더 어렵다. 마음을 제어하지
않는 사람은 전쟁에서 패하는 것과 같다. 모든 싸움은 마음에서 시작되기 때문
이다. 그러므로 분노의 문제는 잠언의 전제인 마음을 지키는 것과 관련된다.
잠언은 이원론적인 윤리를 전제로 하고 모든 인간이 마음을 지키는 것을
핵심으로 본다.

모든 지킬 만한 것 중에 더욱 네 마음을 지키라 생명의 근원이 이에서 남이니라(잠 4:23)

의로운 입술은 왕들이 기뻐하는 것이요 정직하게 말하는 자는 그들의 사랑을 입느니라(잠 16:13)

마음의 즐거움은 양약이라도 심령의 근심은 뼈를 마르게 하느니라(잠 17:22)

마음은 신체의 일부라기보다는 인간의 전인적인 중심이 있는 곳이다. 마음은 인간의 행동을 결정하기 때문에 마음을 지킨다는 것은 전인으로서 자신의 전체를 지키는 것이다. 그러므로 마음이 상처를 받으면 전인적으로 영향을 받는다. 마음의 근심은 신체의 일부가 아니라 전인적인 질병이 된다. 마음이 근심하면 심령을 상하게 하며, 뼈를 마르게 한다. 마음이 한순간의 유익으로 인하여 미혹되지 않도록 노력하여야 한다.

물질에 있어서 인간의 행복을 다함이 없는 많은 물질에 두지 않는다. 끝없는 물질을 쌓아 올리려는 것 자체가 죄악이다. 물질이 인간의 성실성을 측정하는 도구는 되지만 인간이 물질의 노예가 되는 것을 철저하게 경계한다. 그리하여 끝없는 물질에 대한 욕심의 사슬을 끊는 것을 행복의 출발로 여긴다.

스올과 아바돈은 만족함이 없고 사람의 눈도 만족함이 없느니라(잠 27:20)

거머리에게는 두 딸이 있어 다오 다오 하느니라 족한 줄을 알지 못하여 족하다 하지 아니하는 것 서넛이 있나니 곧 스올과 아이 배지 못하는 태와 물로 채울 수 없는 땅과 족하다 하지 아니하는 불이니라(잠 30:15-16)

사람이 죄악에 마음을 빼앗기면 눈이 만족할 줄 모른다. 그리고 끝없이 더 많은 물질을 요구한다. 시편에서와 같이 여호와를 나의 주인으로 모시는 것은 바로 이 사슬을 끊고, 현재를 하나님이 만족하게 하시는 때로 알고 자족하며 우리의 욕심과 물질에 대한 목마름을 여호와께 돌리는 행복을 찾는 것이다.

쾌락(잠 25:16; 23:29-35)

잠언은 쾌락을 미워한다. 쾌락의 내용으로는 술과 고기를 좋아하는 것, 연락하는 것, 그리고 잠자기를 좋아하거나 음식을 탐하는 것 등을 들고 있다. 특히나 술을 먹고 의식을 잃는 것의 문제를 제기한다. 쾌락의 문제는 일상생활 속에서 온전한 지정의를 가지고 성실하게 맡겨진 일에 최선을 다하도록 만들지 못한다는 것이다. 내면이 억압되고, 닫혀 있는 사람들은 술의 힘을 빌어서 말하기를 시도하고, 평소와 달리 거만해지거나 떠들다가(20:1), 정상적인 삶으로 돌아오면 다시 억압 안에 갇힌다. 쾌락은 지, 정, 의로 이루어진 인간 능력을 무력하게 만들고 외적인 힘을 의지하며 현실을 도피하게 만든다. 놀기를 좋아하고, 사치를 탐하며, 먹고 취하는 것을 좋아하는 자들은 충실한 삶의 결과인 재물에 이르지 못한다고 표현한다(21:17). 잠언은 술의 힘으로 현실을 잊고 도피하여 살아가려는 위험성을 적나라하게 표현한다(23:29-35).

잠언은 쾌락과 꿀을 비교한다:

너는 꿀을 보거든 족하리만큼 먹으라 과식함으로 토할까 두려우니라
(잠 25:16)
꿀을 많이 먹는 것이 좋지 못하고 자기의 영예를 구하는 것이 헛되니
라(잠 25:27)

앞의 본문을 처음 대할 때는 꿀을 족하리만큼 먹으라고 해서 마음대로 먹으라는 말인줄 알았는데 사실은 적당히 먹고, 많이 먹지 말라는 말이다. 꿀을 과식하면 토하기 마련이다. 뒤 구절에서는 많이 먹는 것 자체를 금하고 있다. 제사를 지낼 때 꿀은 부패하기 쉬우므로 금하게 되어 있다(레 2:11). 꿀이 입에

달다는 것은 인정된다. 입에 달지만 그것이 천국의 기쁨처럼 마냥 좋은 것만은 아니고, 한계가 있다. 일시적인 기쁨을 준다는 면에서 인정하지만 많으면 오히려 해가 되는 것이다.

두 번째 구절에서 꿀을 좋아하는 것과 자기의 영예를 구하는 것을 동의어로 본 것은 어째서일까? 자기의 영예를 구하는 것이 그 순간에는 좋아 보이지만 허망하다는 것을 꿀을 통하여 보여준다. 자기 욕심에 맞추어 마음껏 취하는 것이 만족을 줄 수 있지만 그것의 한계를 아는 것이 필요하다는 것이다. 자기만 생각하고 자기의 욕심을 채우는 것이 이로운 듯 보이지만 사실은 자기를 패망하게 만드는 것이라는 진리를 아는 사람이 몇이나 될까?

그러나 성경은 자기를 죽이는 것이 결국 자기를 위하는 것임을 말한다. 죽음으로 사는 것이 기독교의 진리이다. 아마도 이 구절은 쾌락과도 상통할 것이다. 쾌락의 특징은 순간적인 즐거움이지만 그 순간이 지나면 사라지는 것이다. 그 쾌락에 몰두하면 영혼이 썩어 들어간다. 그래서 잠언은 말한다: "술 취하고 탐식하는 자는 가난하여질 것이요 잠자기를 즐겨 하는 자는 해어진 옷을 입을 것임이니라"(잠 23:21).

문제는 쾌락 자체가 죽음임을 인식하지 못하고 숨어서 즐기는 것이다. 쾌락 자체가 자신의 영혼에 독이 됨을 알아야 하는데 은밀한 곳에서 즐거움이 된다고 생각하고, 독이 됨을 깨닫지 못한다면 그것은 아직 신앙인으로서 덜 성숙됨을 의미할 것이다. 쾌락이나 꿀이 진정한 행복이 아님을 체질적으로 느끼고, 무의식 속에서 알아차려야 신앙의 기쁨을 누릴 수 있겠지만 젊은이들은 이러한 진리를 많은 시간이 걸려야 깨닫기 마련이다. 눈과 입에 좋은 꿀을 적당히 즐기고 한계를 알며, 참된 영혼의 본래적인 즐거움을 찾는 것이 성숙한 신앙인의 모습이다.

듣는 지혜와 겸손

의인과 악인을 구별하는 또 하나의 기준은 남의 이야기를 귀담아듣는 것이다(잠 12:15; 13:10; 15:12; 15:31). 어리석은 자는 자신만 옳은 줄 알고, 지시하고 말하기만 좋아하며, 남의 말을 듣지 않는다. 그러나 지혜로운 자는 겸손하게 남의 말을 듣고 자신을 돌아본다. 어리석은 자들은 사람들의 모임에서 쓸데없이 자기의 이야기만 쏟아 놓지만, 지혜로운 자는 들으려고 노력한다.

들음의 지혜는 또한 겸손으로 연결된다. 자신을 낮추고 남을 낮게 보며 항상 처음을 생각하며 겸손한 자를 하나님이 들어 쓰신다(잠 11:3; 16:18; 18:12). 잠언에 의하면 겸손하지 않은 것 자체가 죄라고 정의한다: "눈이 높은 것과 마음이 교만한 것과 악인이 형통한 것은 다 죄니라"(잠 21:4). 스스로 지혜롭다고 여기는 것은 미련의 증거이다: "네가 스스로 지혜롭게 여기는 자를 보느냐 그보다 미련한 자에게 오히려 희망이 있느니라"(잠 26:12). 사람들 앞에서는 스스로 자신의 자랑을 하지 않아야 한다: "타인이 너를 칭찬하게 하고 네 입으로는 하지 말며 외인이 너를 칭찬하게 하고 네 입술로는 하지 말지니라"(잠 27:2).

교만(잠 16:18)

잠언 16:18 "교만은 패망의 선봉이요 거만한 마음은 넘어짐의 앞잡이니라".

항상 잠언이 그렇듯이 두 구절은 동의어 반복이다. 교만과 거만한 마음이 동의어이며, 패망과 넘어짐이 동의어이다. 겸손하지 않는 자들이 넘어진다는 진리를 표현하고 있는 것이다. 아주 쉬운 말이면서도 지키기 쉽지 않은 진리이다. 처음 신앙의 길에 들어설 때 우리는 하나님과 인간의 질적인 차이를 알게 된다. 그것을 신학적으로 "전적 타자"되시는 하나님경험이라고 한다. 그분 앞에서 우리는 누미노제와 같은 두려움을 느낀다. 그 두려움은 무서움이 아니라 경외심을 유발하는 것이다. 하나님은 창조주이시고 인간은 한계를 지닌 피조물임을 깨닫는 것이다.

그러나 과연 신앙의 길에 처음 들어선 사람만이 이 진리가 필요할까? 이 진리는 신앙의 여정에 들어선 처음부터 마지막까지 필요한 것이다. 신앙인의 넘어짐은 여기에서 비롯된다. 겸손해지지 않는 이유는 무엇일까? 인간이 환상에 젖기 때문이다. 자신이 부족하지 않고 완전하다는 착각을 한다. 오랜 신앙생활과 기독교 문화에 익숙해지는 것 등이 그런 환상을 부추기게 한다. 신앙생활을 오래 할수록 오히려 인간의 악함과 연약함에 민감해지며, 오히려 인간에 대하여 절망해야 하는데, 전적 타자이신 하나님에 대한 두려움이 없이 반복된 신앙생활이 하나님을 그저 편안한 분으로 만들어 버린다. 전도서는 그래서 강조한다: "하나님은 하늘에 계시고 인간은 땅에 있다."

그리하여 넘어지면 한동안 쌓아 두었던 신앙을 상실하게 된다. 그래서 성경은 겸손을 성경을 많이 아는 것 이상으로 인간의 본질로 언급한다. 오늘도 우리는 신앙의 익숙함으로 나의 교만을 은폐하는 것이 아니라 전적타자 되시는 하나님 앞에 고개 숙이면서 한걸음을 내딛어야 한다.

직업과 근면(잠 25:13)

모든 사람들이 직업을 갖고 살게 되는데, 근면과 성실의 가장 이상적인 사람으로 요셉을 꼽을 수 있다: "네가 자기의 일에 능숙한 사람을 보았느냐 이러한 사람은 왕 앞에 설 것이요 천한 자 앞에 서지 아니하리라"(잠 22:29). 요셉은 자신에게 맡겨진 일에 성실한 사람으로 청지기로서의 직분을 잘 수행하는 자였다. 그는 맡겨진 일에 충실하여 다윗과 솔로몬 시대에 지혜롭고 이상적인 행정관의 모델로 여겨졌다. 많은 것을 잘하는 팔방미인이 아니라 작은 일이라도 맡은 일에 성실하고 유능한 사람을 통하여 하나님은 일하기 원하신다. 이렇게 청지기 직분을 잘 감당하는 사람들은 맡은 일을 하는 것에 멈추지 않고, 주인의 마음을 헤아려서 그 마음을 시원하게 행하려고 한다.

충성된 사자는 그를 보낸 이에게 마치 추수하는 날에 얼음냉수 같아
서 능히 그 주인의 마음을 시원하게 하느니라(잠 25:13).

주인의 마음을 시원하게 하려는 결심을 한 사람이라면 사람의 눈치를 보지 않고 순간적으로 부당하고 섭섭한 일을 당한다 할지라도, 견디며 주인의 칭찬을 기대하면서 극복할 것이다. 이러한 하나님의 일군을 하나님은 여러 가지 모양으로 훈련시킨다.

도가니는 은을, 풀무는 금을 연단하거니와 여호와는 마음을 연단하시느니라(잠 17:3)
은에서 찌꺼기를 제하라 그리하면 장색의 쓸 만한 그릇이 나올 것이요 (잠 25:4)

하나님의 인도(잠 16:1)

잠언 16:1 "마음의 경영은 사람에게 있어도 말의 응답은 여호와께로부터 나오느니라."

일을 계획하고 경영하는 것은 사람의 책임이다. 사람이 생각하고 결정한다는 것을 인정하는 것이 인본주의는 아니다. 성경은 인간의 가능성을 인정하고 있다. 일을 결정하는 중심에는 마음이 있다. 마음은 곧 생각의 주체이다. 마음(레바브)이란 인간의 어느 한 부분이 아니라 전인적인 인간을 말한다. 행동의 주체는 전적으로 인간이며, 인간의 마음이 지배를 한다.

그런데 이상한 것은 어째서 그 결과가 마음의 경영하는 대로 이루어지지 않을까 하는 것이다. 본문에서 인간이 마음으로 경영한 후에 그 결과는 어떻게 나타날까 설명한다. 이 구절에서 앞의 문장과 뒤의 문장은 대조를 이룬다. 앞에서 "사람에게 있어도"는 "여호와께로 말미암느니라"와 대조를 이룬다. 행동의 주체는 인간이요 결과는 하나님임을 대비한다. 마음의 경영과 말의 응답도 대조를 이루는 것이다.

마음의 경영이 일을 계획하는 단계를 말한다면, 말의 응답이란 그 행동으로 인하여 이루어진 결과를 의미한다. 마음으로 어떤 일을 계획하는 것이 인간의 일이라면, 그 일이 이루어지는 것은 곧 하나님으로 인함인데 일이 이루어진다는 말을 말의 응답으로 말한다. 응답이란 마음의 경영에 대한 결과를 표현한다고 볼 수 있다.

결론적으로 이 구절은 계획은 인간이 하는데 결과는 계획대로 실천하는 인간에 의하여 기계론적으로 이루어지는 것이 아니라, 하나님에 의하여 이루어진다는 것이다. 이것은 논리적인 것이라기보다는 오랜 삶속에서 깨닫는 진리이다. 진화론과 과학주의 사상에 물들어 사는 사람들에게는 낯선 것으로 보인다. 하나님의 신비를 받아들일 만한 자리가 없기 때문이다. 인간의 인과응보를 뛰어넘는 곳에서 하나님이 간섭하시는 차원이 있다는 것을 인정하여야 한다.

마음의 경영은 그저 인간이 할 바를 하는 것이고 다음은 그 결과를 고대하는 것이 아니라 하나님의 인도를 기다려야 한다. 그것이 바로 신앙의 출발이다. 이스라엘 사람들은 구체적인 삶 속에서 인간의 계획을 뛰어넘는 영역이 있기에 거기 계신 하나님의 자리를 준비함으로 복된 삶이 시작됨을 알게 되었다. 이 신비의 차원이 바로 여호와를 경외한다는 표현으로 나타난다. 그곳은 바로 하나님이 창조주가 되시고 인간이 피조물이 되는 존재론적인 자리이다.

신앙과 하나님

잠언이 인간의 능력을 낙관적인 것이라고 믿는 이유는 여호와를 경외하기 때문이라고 전제한다. 여호와를 경외하지 않는다면 언제든지 낙관적인 능력을 상실할 수 있다. 이 주제는 잠언 10-31장에 이미 나타나고(14:2; 14:27; 16:6; 19:23; 22:4; 23:17), 잠언을 편집함으로 이루어진 전체적인 구조를 형성한다(1:7; 9:10; 31:30).

잠언이 낙관적인 인간을 강조하기는 하지만, 그것이 인간을 한계 없는 무한히 능력 있는 존재로 규정하는 것을 의미하는 것은 아니다. 인간의 능력을 벗어난 일들은 많이 있다. 사람의 눈에 바른 길이 망하는 길이 된다(14:12; 21:2). 인간이 아무리 많은 계획을 세워도 하나님의 뜻대로 이루어지며(19:21; 20:24), 겉으로 정직하게 보인다 할지라도, 진정으로 정직한 자는 여호와만이 아신다 (21:2). 전쟁 중에도 인간은 인간의 지혜를 사용하고 마병을 의지하지만, 진정한 승리는 여호와의 손에 있다(21:30-31; 삼상 17:47). 낙관적인 인간은 미래가 자신의 손 안에 있다고 착각할 수 있지만, 인간의 미래는 하나님의 손 안에 있음을 알게 된다(27:1; 참조 눅 12:16-21; 약 4:13-14): "너는 내일 일을 자랑하지 말라 하루 동안에 무슨 일이 일어날는지 네가 알 수 없음이니라"(잠언 27:1).

그러므로 잠언은 인간의 능력을 무한한 것으로 이해하지 않고, 인간의 한계를 넘어선 곳에 하나님이 계심을 전제한다. 그것은 하나님이 존재한다고 인정하는 차원이 아니라 합리적인 차원을 넘어서는 초 합리적인 차원에서 하나님이 역사하시는 것을 받아들이며 삶을 출발하는 것이다. 그리하여 신앙의 출발은 하나님을 의지하는 것이다(3:5; 3:23-26; 16:20; 18:10; 29:25). 그리할 때 하나님의 인도하심을 깨달을 수 있다(16:1; 16:3; 16:9; 16:33).

가증한 기도(잠 28:9)

잠언 28:9 "사람이 귀를 돌이키고 율법을 듣지 아니하면 그의 기도도 가증하니라".

이 구절은 처음에는 잘못 읽기 쉽다. 귀를 돌이켜서 율법이 말하는 것을 듣지 아니하면 그가 드리는 기도가 가증한 것이 된다는 말이다. 기도는 만능이 아닌가? 하나님께 기도한다는 것은 어떤 경우에도 긍정되는 것이 아닌가? 언제 하나님께 드리는 기도가 가증한 것이 될 것인가? 결국 무엇인가 기도하기 이전에 가져야 할 것을 말하는 것이 아닐까? 여기에서 율법이란 개신교에서의 말씀으로, 말씀을 듣지 않는다면 기도가 가증한 것이 된다는 것이다.

언제 기도가 문제가 될까? 기도를 통하여 하나님의 뜻을 더 알고, 그분 안에서 자신의 모습을 알지 못한다면 문제가 될 것이다. 기도를 통하여 자기 자신이 변화되도록 내어 놓지 않는다면 이 기도는 자신을 합리화하는 데 이용될 것이기 때문이다. 그래서 신앙의 출발은 가난한 마음이다. 하나님 앞에 무전제로 서서 그분의 음성을 듣는 데서 출발한다. 말씀은 곧 그분의 실재에 관한 내용을 보여준다. 그 안에 하나님의 활동이 있고, 그분의 뜻이 있다. 그것에 귀를 기울일 때 우리는 자신을 보고 하나님을 알게 된다.

그래서 먼저 말씀을 듣고 말씀이 자신을 해석하도록 내어 놓는 것으로 출발해야 한다. 말씀 앞에 자신을 열어 놓을 때 기도가 하나님의 뜻을 따르게 된다. 물론 이 말이 기도하지 않는 사람들에게 "거봐라. 기도할 필요 없잖아."라고 자신감을 주려는 것은 아니다. 말씀과 기도는 균형을 이루어야 하기 때문이다. 기도하지 않는 말씀은 또 다른 측면에서 신앙의 내재적인 측면만을 강조하게 되고, 그러므로 이 본문은 말씀과 기도의 균형이라는 측면에서 읽어야 하는 것이다.

5장

그녀의 품을 항상 족하게 여기라

네가 젊어서 취한 아내를 즐거워하라 그는 사랑스러운 암사슴 같고 아
름다운 암노루 같으니 너는 그의 품을 항상 족하게 여기며 그 사랑을
항상 연모하라(잠 5:18-19)

부부의 사랑을 강조하는 이 구절이 잠언에 등장한다는 것이 놀랍다. 젊어
서 취한 아내의 품을 항상 족하게 여기는 것이 바로 건강한 가정의 신호탄이다.
이 장에서 다룰 주제들은 행복한 가정과 그것을 위협하는 간음이다. 남편과 아
내의 특성과 가정, 그리고 가정을 지키기 위하여 주의해야 할 간음에 대하여 다
루기로 한다.

남편과 아내

잠언에는 남편과 아내의 관계를 다루는 구절들이 있다.

유덕한 여자는 존영을 얻고 근면한 남자는 재물을 얻느니라(잠 11:16)

아름다운 여인이 삼가지 아니하는 것은 마치 돼지 코에 금 고리 같으니라(잠 11:22)

어진 여인은 그 지아비의 면류관이나 욕을 끼치는 여인은 그 지아비의 뼈가 썩음 같게 하느니라(잠 12:4)

첫 구절에서 여자에게 있어 중요한 것을 덕으로 삼았고, 남자는 근면함의 상징으로서 재물을 언급함으로 덕 있는 여자와 근면한 남자에게 높은 가치를 부여하고 있다. 두 번째 구절에서는 외모가 아름다우면서도 자신을 절제하지 않고 마음대로 행하는 여자의 추함을 드러낸다. 여호와를 경외함으로 지혜롭게 처신하는 여자에게 외모의 아름다움보다 더 높은 가치를 부여한다. 마지막으로 어진(현숙한) 여인과 욕을 끼치는 여인을 비교하고 있는데, 어진 여인은 잠언 31장에서 나오는 것처럼 남편을 존귀하게 만들지만, 어리석은 여인은 남편의 뼈를 썩게 한다. 성공적인 결혼생활을 위하여 필요한 것은 남녀의 차이를 인식하는 것이다. 남자는 일반적으로 강하고, 외적이며, 조직적이고, 계획적이며, 독립적이다. 이에 반해 여성은 부드럽고, 관계 지향적이며, 치유하고, 내적이며, 섬기는 특성을 가지고 있다. 전형적인 남자는 독립적이므로 관계에 성공하면 인생에 성공하고, 전형적인 여자는 관계 지향적이므로 독립에 성공하면 인생에 성공한다. 원만한 부부관계 문제의 70-80% 정도는 남녀의 차이를 인식하지 못함으로 나타나게 된다. 특히나 남성들은 여성의 섬세함과 감정의 기복이 심함을 깨달아야 남녀의 차이에서 오는 위기를 차단할 수 있다.

또 하나 인식해야 할 것은 융의 이론에 따르면 사람은 한평생 양 에너지와 음 에너지를 골고루 사용하다가 세상을 떠난다. 양 에너지란 에너지를 바깥으로 소진하는 것으로 외향적이며, 조직적이고, 과시하기를 좋아하는 경향이며, 음 에너지란 에너지를 안으로 쏟는 것으로 묵상하고, 포용하고, 받아들이는 경향과 관계된다. 30대 이전까지 남성들은 주로 양 에너지를 사용하고, 여성들은 음 에너지를 사용한다. 30대 후반까지 양 에너지를 사용하던 남성들은 30대 후반을 지나면서 음 에너지를 사용함으로 이 시기가 되면 바깥보다는 집에 거하기를 좋아하고, 자신의 내면을 드려다 보고 묵상하기를 좋아한다. 그런가 하면 여성들은 30대 후반 이전까지는 음에너지를 사용하다가, 30대 후반에 이르면 바깥에서 왕성한 활동을 시작한다. 어렸을 때 활동을 하지 않고 조용했던 사람일수록 후반기에는 적극적으로 에너지를 바깥으로 쏟으며 호랑이 같은 여성이 된다. 가정의 일은 결혼 초기에는 남자가 주도적이지만, 점차로 여성이 주도하며, 40대 이후에는 남성의 주도권이 여성에게 넘어가서 여성들이 주도적으로 가정을 인도하게 된다. 교회에서도 40대 이상의 여성들을 위하여 이러한 에너지를 소진할 수 있도록 도와야 한다. 40대 이상의 여성은 양 에너지가 넘친다는 면에서 사춘기의 청년들과 유사하다. 이들의 에너지가 흘러가는 곳에 그들의 마음도 흘러가게 된다. 목회는 양 에너지로 가득 찬 40대 이상의 여성의 마음을 읽는 것이라고 해도 과언이 아니다.

기도하는 여성의 상이 더욱 필요한 것은 바로 이러한 인생의 시점과 관련 있다. 중년기 여성을 변화시키는 것은 오직 하나님이다. 기도가 자기의 내면을 살피고, 충만한 에너지를 부정적으로 사용하지 않도록 돕는다. 40대가 넘어가면 가정의 주도권은 여성에게 넘어가고 여성은 자신의 권력을 임의로 사용할 수 있는 위치에 이른다. 기도하는 여성만이 자신의 마음을 조절 할 수 있는 것이다. 이때 여성의 경우 에너지가 잘못 사용되면 통제할 수 없는 상황으로까지 나아갈 수 있다. 지혜로운 여성은 자신에게 집중되는 힘을 남편과 자식을 위하여 사용할 것이다. 일반적으로 남편은 큰소리를 치고, 잘난 체를 잘하며, 으스대기를 좋아한다. 외부에서 뛰어난 남편의 경우도 아내 앞에서는 상대적으로 이러한 모습을 드러내는 것이 남성의 특징이다. 이러한 남성들의 특징들을 잘 다루면 여성은 남편을 잘 다룰 수 있다. 그러나 꼼꼼하고 완벽한 여성들이 남성의 이러한 실수를 용납하지 않고 비난하면 남성들은 침울하고 에너지를 상실한다. 40대 이후에 이러한 남성의 약점을 여성이 어떻게 다루는가에 따라 가정의 행복이 좌우된다. 지혜로운 여성은 남편에게 부여된 권위를 존중하고 명분을 주며, 실리를 취한다. 자신의 부족함에도 불구하고, 아내로부터 존중히 여김을 받는 남성은 그 아내를 위하여 목숨을 걸고 일한다. 그러나 아내로부터 약점에 대하여 비판받고, 용납받지 못하며, 명분도 받지 못하면 남편은 가정에 들어오기를 즐기지 않고 거리를 배회한다. 바람난 남편이 누구를 만나는지 달려가 보니 자기보다 뛰어난 여성이 아닌 평범한 여성임을 알고 배신감에 우는 여인들이 있다. 그러나 그것은 당연한 것이다. 남편은 뛰어난 여성을 원하지 않는다. 자기를 받아주고 인정하는 여자라면 마음을 주기 때문이다. 가뜩이나 아내로 인하여 뻥 뚫린 가슴이라면 더욱 그러하다. 완벽을 추구하고 덮어주지 않는 아내의 품을 떠나 자신을 왕으로 모시는 그 누군가를 향하여 배회한다. 가정에서 부부가 서로를 받아들이는 행위를 우리는 성적 에너지로 설명할 수 있다. 남편의 성적인 에너지가 아내에게 소진되지 않고 보상을 위하여 아내 아닌 그 누군가를 그리며 방황할 때 가정은 위기를 맞이한다. 여성에게 주어진 이러한 힘과 에너지가 절제되지 않고, 자의적으로 사용된다면 필경 그 에너지는 남편의 뼈를 썩게 만들 것이다.

현숙한 여인(잠 31:10–31)

현숙한 여인의 이야기는 음녀의 상대적인 존재를 상징하기에 간음의 주제와 연결하는 것이 좋겠다. 잠언의 마지막은 현숙한 여인의 노래로 마치고 있다(잠 31:10–31). 학자들은 이 본문이 여호와를 경외하는 것을(잠 31:30) 강조할 뿐 아니라, 주어지는 지혜에 대한 강조를 들어서 잠언을 편집할 때 마지막 단계일 것이라고 말한다. 현숙(하일/חִיל)이라는 말은 조용하고 다소곳하다는 말이 아니라, 유능한 여인을 뜻한다. 이 단어의 뜻처럼 본문에서 현숙한 여인은 가정을 이끄는 능력 있는 여인으로 나타난다. 그녀는 가부장적인 농경사회에서 피해자로서 일에 찌든 노예 같은 존재가 아니라 가정의 중심인 마님으로서 역할을 수행하고 있다. 새벽부터 열심히 일할 뿐 아니라 일을 종들에게 지혜롭게 나누어 주는 존재이다.

그는 양털과 삼을 구하여 부지런히 손으로 일하며 상인의 배와 같아서 먼 데서 양식을 가져오며 밤이 새기 전에 일어나서 자기 집안사람들에게 음식을 나누어 주며 여종들에게 일을 정하여 맡기며 밭을 살펴보고 사며 자기의 손으로 번 것을 가지고 포도원을 일구며 힘 있게 허리를 묶으며 자기의 팔을 강하게 하며 자기의 장사가 잘 되는 줄을 깨닫고 밤에 등불을 끄지 아니하며 손으로 솜뭉치를 들고 손가락으로 가락을 잡으며(잠 31:13-19)

그녀의 일은 개인적인 욕심에 머무는 것이 아니라 그녀에게 속한 사람들을 이롭게 한다. 곤고한 자와 궁핍한 자들을 위하여 구제를 펴며(20절), 그 집에 속한 사람들이 존귀하게 된다(21절). 그녀는 품위를 유지하고(22절), 남편이 마을에서 권위를 갖도록 돕는다(23절). 그녀는 부지런히 일하는 자로서 일하여 얻은 양식을 취하며, 가정을 영예롭게 하며, 남편과 자식들에게 칭찬을 듣는 자이다. 그녀를 통하여 여자는 곱고 아름다운 것보다 여호와를 경외하는 것이 더 중요함을 깨닫게 된다(30절).

이 시가 주는 교훈은 두 가지이다. 첫째는, 실제적으로 현숙한 여인은 가정에서 여호와를 경외하며 부지런히 일하고 지혜를 사용하여 가정의 남편과 자식과 일군들을 행복하게 만드는 존재가 되는 그런 배우자의 가치를 강조하고 있다. 그러나 이러한 배우자는 노력으로 말미암는 것이 아니라, 하나님이 그러한 배우자를 주셔야 얻을 수 있다. 이미 결혼한 사람들에게는 나의 배우자에게 그러한 배우자가 되도록 강요하는 것이 아니라, 하나님이 그러한 배우자로 만들어 주시도록 기도하는 것을 요구한다. 그리하여 잠언 31:10-31을 어떻게 해석할 것인가에 대하여는 다음의 구절에서 제시하고 있다.

아내를 얻는 자는 복을 얻고 여호와께 은총을 받는 자니라(잠 18:22)
집과 재물은 조상에게서 상속하거니와 슬기로운 아내는 여호와께로

서 말미암느니라(잠 19:14)

즉, 배우자는 하나님의 선물이며 하나님이 주셔야 가능하다는 것이다. 집과 재물은 근면하게 노력하거나 조상으로부터 상속받음으로 가능할 수 있지만, 배우자는 전적으로 하나님으로부터 온다는 것을 가르쳐주고 있다.

한편으로 현숙한 여인의 비유는 잠언에서 계속적으로 지혜에 대한 상징으로써 지혜가 우리의 구체적인 삶속에서 끼치는 영향을 상고하게 하고 그러한 지혜는 하나님께로부터 오는 것이기에 하나님께 지혜를 구하는 기도를 드리도록 격려하고 있다. 즉, 지혜는 삶속에서 획득할 수 있는 것처럼 보이지만, 사실상 하나님으로부터 오며 그분이 주실 때만이 얻을 수 있는 것임을 강조함으로써 지혜의 신적인 속성과, 인간은 하나님이 지혜를 주시기를 기다리는 존재임을 가르치고 있다.

간음: 가정의 위기

잠언에서 간음은 일차적으로 하나님을 섬기지 못하게 만드는 행위이며, 이차적으로 가정을 파괴하는 성적인 힘 자체를 말한다. 실제로 이스라엘 역사에서 간음이 어떻게 가정을 파괴하는지를 서술하면서 간음으로부터 어떻게 가정을 지킬 것인지를 설명한다. 가정을 위협하는 음녀는 잠언 전체에서 등장한다. 늘 인간 곁에는 하나님으로부터 오는 여성지혜와 인간을 파멸로 이끄는 음녀의 대결이 있다. 음녀의 특성에 대하여는 다음과 같이 묘사하고 있다.

대저 음녀의 입술은 꿀을 떨어뜨리며 그 입은 기름보다 미끄러우나 나중은 쑥 같이 쓰고 두 날 가진 칼 같이 날카로우며 그 발은 사지로 내려가며 그 걸음은 스올로 나아가나니(잠 5:3-5)

네 마음에 그의 아름다움을 탐하지 말며 그 눈꺼풀에 홀리지 말라 음

녀로 말미암아 사람이 한 조각 떡만 남게 됨이며 음란한 여인은 귀한
생명을 사냥함이니라(잠 6:25-26)

음녀는 두 가지 얼굴을 가지고 있다. 겉보기에는 꿀과 같이 달지만, 나중
에는 칼과 같이 사람을 죽이고, 인간을 스올로 인도하고 있다(잠 5:2-5). 사람
들은 그의 아름다움과 눈꺼풀에 홀리지만, 그로 인하여 마음을 빼앗기면 귀한
생명을 사냥하는 음녀로 인하여 생명을 잃게 된다는 것이다. 음녀의 유혹에 빠
지는 자는 그 남편의 복수를 피할 수 없을 것이다(잠 6:27-35). 7장에서는 또
다시 간음의 위험성을 서술하고 있는데, 기생의 옷을 입고 있지만 사실은 부유
한 장사군의 아내가 소년을 유혹하고, 유혹에 마음을 빼앗기는 자는 결국 비참
하게 된다는 것이다.

젊은이가 곧 그를 따랐으니 소가 도수장으로 가는 것 같고 미련한 자
가 벌을 받으려고 쇠사슬에 매이러 가는 것과 같도다 필경은 화살이
그 간을 뚫게 되리라 새가 빨리 그물로 들어가되 그의 생명을 잃어버
릴 줄을 알지 못함과 같으니라(잠 7:22-23)

마지막으로 음녀의 유혹은 도발적이며, 음녀는 끊임없이 사람을 유혹하는
존재이다.

미련한 여인이 떠들며 어리석어서 아무 것도 알지 못하고 자기 집 문에
앉으며 성읍 높은 곳에 있는 자리에 앉아서 자기 길을 바로 가는 행인
을 불러 이르되 어리석은 자는 이리로 돌이키라 또 지혜 없는 자에게
이르기를 도적질한 물이 달고 몰래 먹는 떡이 맛이 있다 하는도다(잠
9:13-17)

유혹당한 자의 파멸이 확실함에도 불구하고 유혹에 넘어가는 자들은 계속

나타난다. 현대에 이르러서도 성인영화 중 많은 부분을 차지하는 내용이 "도둑질한 물이 달다."고 하면서 성적인 유혹에 넘어가 비극적 결말을 초래한다는 주제가 많지 않은가 말이다.

특히나 어렸을 때 성적인 상처는 치명적이다. 어려서 부모나, 친척으로부터 성적인 학대를 받은 사람들, 원치 않는 강간, 이성만이 아니라 동성의 경우에도 부적절한 관계 속에서 상처를 받을 경우 차후에 인간관계나 부부생활을 온전히 할 수 없다. 또한 애완동물과의 접촉 및 교접을 통한 소울타이(Soul-tie) 등도 심각한 영향을 준다. 성적인 상처가 있는 사람들은 배우자의 성적인 욕구를 제대로 받아 주지 못한다. 부부 중 어느 한 쪽이 음란한 생각에 사로잡히면 외도하게 하고, 음란한 죄를 지을 수 있다. 또한 이러한 가정에서 자라나는 자녀들이 정서적으로 건강하게 자랄 수 없다. 이러한 상처의 치유를 위해서 여러 가지 방법이 시도된다. 예수를 주님으로 모셨지만, 우리 안에 남아 있는 더러운 영을 그리스도의 보혈의 능력 앞에 가지고 나와서 치유를 해야 한다. 상처의 현장으로 돌아가 직면하고, 주님 앞에서 무의식의 창고 속에 있는 그 부정적인 감정을 토해내야 한다.

건강한 가정을 위한 해법

성적인 유혹으로부터 자신과 가정을 지키기 위하여 잠언은 성적인 유혹의 출발점에서 해법을 제시한다. 성적인 유혹은 성적인 에너지를 다루고 있다. 남녀가 옷을 벗는 정도는 인간의 체면과 윤리로 막을 수 있지만, 인간의 무의식에 담긴 성적인 에너지를 다루게 되면 인간이 무너져 내릴 수 있는 것이다. 성경은 다음과 같은 해법을 제시한다.

너는 네 우물에서 물을 마시며 네 샘에서 흐르는 물을 마시라 어찌하여 네 샘물을 집 밖으로 넘치게 하며 네 도랑물을 거리로 흘러가게 하겠느냐 그 물로 네게만 있게 하고 타인과 더불어 그것을 나누지 말라

네 샘으로 복되게 하라 네가 젊어서 취한 아내를 즐거워하라 그는 사
랑스러운 암사슴 같고 아름다운 암노루 같으니 너는 그의 품을 항상
족하게 여기며 그 사랑을 항상 연모하라(잠 5:15-19)

본문은 부부의 관계를 성적인 측면에서 서술하면서 간음으로 인한 가정의
파괴를 막는 해법을 제시한다. 우물물과 샘물은 남성의 정자를 상징하며, 이것
을 아내에게만 사용하며 혼외정사에 사용하지 말기를 강조하는 것이다. 반대로
아내에게 소홀하여 아내가 다른 남자와 관계를 취하는 의미로 이해할 수도 있
음으로 모두 부부간에 정조를 지키는 것을 권면 한다. 이는 부부관계의 시작일
뿐 아니라 중심이다. 사람에게는 무의식에 잠재된 성적인 에너지가 있는데, 이
것은 단순히 성적인 관계만이 아니라 함께 살면서 모든 몸과 마음으로 표현되
는 것이다. 부부를 있는 그대로 사랑함으로 이 에너지를 충분히 사용하지 않는
다면 남은 성적인 에너지를 "집 밖으로 넘치게 함으로써" 간음을 행하게 된다.
간음을 막는 길은 각자의 성적인 에너지를 배우자에게 소진하는 것이다. 가정
안에서 이 에너지를 소진하지 않는 사람들은 가정 바깥에서 에너지를 사용하기
위하여 마음을 빼앗길 것이며, 가정의 파괴는 시간문제일 것이다. 각종 폭력이
난무하여 파괴되기 직전의 가정을 지키기만 하면 되는 것이 아니라, 진정으로
각자의 성적인 에너지를 부부를 통해 소진하는 가정을 이룰 때만이 가정이 지
켜지고 세상의 악으로부터 가정을 보호할 것이다.

역사적으로 성적인 유혹은 항상 문제가 되어 왔지만, 성이 상품화되고, 도
발적이며, 음란을 강요하는 현대 문화에서 성에 대한 인식은 중요하다고 볼 수
있다. 성(性)으로 인하여 초래되는 문제를 어떻게 다루는가에 따라 신앙의 성숙
성을 측정할 수 있다. 우리 안에 왜곡된 성 이미지를 가지고 있을 때 마음 깊숙
한 곳에서 성적인 행위나 성에 관련된 문화적인 접촉을 요구한다. 사람들은 한
편으로는 죄책감을 느끼면서도, 한편으로는 그 죄책감을 즐기는 두 가지 얼굴
을 갖게 된다. 비정상적인 성적인 욕구가 드러날 때 우리는 죄책감을 느끼며 그
것을 억제하지만 갑자기 충동적인 단계에 돌입함으로 비이성적인 자신의 모습

에 직면하여 실망하고, 다시 성적인 충동을 억제하려고 애쓰지만, 그러한 방법으로는 무의식 가운데 존재하는 이 충동을 다룰 수 없다. 간음의 형태로 다가오는 죄의 실체를 적절히 파악해야 한다. 과거에는 이성을 접하는 현실에서만 이러한 충동의 발산이 가능했지만, 이제는 인터넷의 발달로 인하여 아무도 모르는 동굴 깊은 곳에서조차 한 번의 클릭으로 음란의 충동을 해결하는 시대이므로 근본적인 치유가 필요하다.

성적인 욕구가 강한 사람들조차도 실제로 성적인 욕구를 가장 깊은 소원으로 삼는 사람은 사실상 없다. 단지 우리의 마음이 왜곡된 이미지에 종속되어 있기 때문에 그러한 결과가 초래될 뿐이다. 성적인 욕구는 친밀감에 대한 욕구에서부터 시작된다. 인간은 공동체 안에서조차도 수시로 인간적인 고독감을 느끼기 때문에 이러한 내적인 고독의 해법으로 섹스를 이용해야 한다고 착각을 하게 된다. 또한 내면 깊숙한 곳에서 하나님과의 친밀감을 원하는 욕구도 우리는 섹스가 해법이라고 착각을 하게 된다. 사람이나 하나님과의 친밀감에 대한 갈증은 누구나에게 일어나는 것이지만, 이에 대한 해법으로 섹스에 대한 욕구를 찾는 것은 친밀감에 대한 왜곡이요, 해법이 아님을 알아야 한다. 철저하게 율법적인 사람이 어느 날 포르노의 노예가 된다. 건실한 가정생활을 하는 남녀가 어느 날 자기도 알지 못하는 친밀감의 왜곡된 회복을 위해 죽기 살기로 왜곡된 성관계에 돌입한다. 우리는 성적인 욕구가 모든 친밀감에 대한 욕망을 해결하리라는 환상을 갖게 만든 문화에 살고 있다. 실제로 성이란 책임을 동반하고, 그렇게 환상적이지만은 않은 삶의 일부이지만, 삶과 유리된 성적인 환상은 언제나 우리의 모든 문제를 해결할 것처럼 다가와서 사람들을 파멸로 인도한다. 결혼하기 전에는 성관계가 제한되며 문화로 인하여 왜곡된 성 지식을 습득하고, 결혼 후에는 부부간의 성 관계를 만족시키지 못하게 만드는 왜곡된 정보에 마음을 빼앗긴다. 부부간에 성 관계를 갖고도 포르노를 감상해야 하는 왜곡된 현실 가운데 있다. 성은 철저하게 한계 안에서 한 가정에 부부간에 친밀함을 회복하는 사랑의 표현으로 자리를 잡아야 하는 것이다. 왜곡된 성으로 유혹되는 사람은 자신의 내면 깊숙한 욕구를 살펴야 한다. 신앙생활이 단순한 법칙만은 아니었는지 돌아보아야 한다. 의무를 넘어서는 신앙이 아닐 때 갈증이 깊어진다. 신앙의 기쁨으로 보이는 것들이 나를 충분히 감싸는 것이 아니라, 여전히 마음 깊숙한 곳을 만지지 못하는 것일 수 있다. 부부관계는 역시 마음을 담지 못하는 형식이요 의무일 수도 있다. 성적인 에너지를 충분히 소진하지 못하는 부부관계라면 언제든지 왜곡된 성관계로 위기를 맞이할 수 있다. 자신의 내면을 직면하고 그 음성을 들으면서 왜곡된 성이 그동안 우리 안에 거짓된 자아를 조장하고 우리의 삶을 조금씩 파멸해갔음을 깨달아야 한다.

회복을 위한 몇 가지 제안

왜곡된 성으로부터의 회복을 위해 몇 가지 제안들이 제시된다. 먼저 자신 안에 숨겨진 생각은 이미 내 삶의 일부임을 알고, 무조건 억압하지 말고 정직하게 직면해야 한다. 우연은 없다. 이미 내 마음이 그러한 왜곡된 친밀감을 진짜로 알고 극복하려고 한다. 자신의 왜곡된 모습을 예수님께 가지고 와야 한다. 율법적으로 억압하지 말고 주님께로 가지고 와서 그분께서 그 악을 다루어 주시기를 간구해야 한다. 가장 큰 문제는 이 왜곡된 성을 우리가 즐기고 있다는 것이다. 악을 즐기고 싶은 욕망을 정직하게 직면하고 그 마음을 치유해 달라고 기도해야 한다. 그것이 친밀감에 대한 왜곡된 표현임을 알고, 적절한 사람과의 친밀함, 적절한 하나님과의 친밀감을 회복하는 방법을 찾아야 한다. 부부간에 부족한 부분을 적극적으로 해결해야 한다. 치유는 한 번에 일어나지 않는다. 그러나 일단 내 안에 무엇이 일어나는지를 깨닫는다면 치유가 시작된다. 그러한 욕망이 떠오를 때마다 그것을 하나씩 하나님께 드리고 다루어 주시기를 간구해야 한다. 왜곡된 성적인 욕망이 이웃과의 관계, 부부의 관계나, 하나님과의 관계를 악화시키고, 자신을 더 큰 죄책감으로 인도함을 깨달아야 한다. 악으로부터 철저히 단절되기를 간구하며, 상한 심령으로 악한 생각들을 하나님께 드려야 한다. 악을 이기는 방법은 하나님을 가까이하는 것이다. 하나님과 동행하면 할수록 치유가 이루어진다. 악을 너무 깊이 분석하는 것은 오히려 악에게 자리를 내어줄 뿐이다. 하나님과 동행하고 악이 틈타지 못하도록 하라. 특히나 악한 습성을 형성했던 나쁜 기억들이 살아난다면 죄책감을 갖지 말고 그것이 나의 일부가 되어 있음을 받아들이고 서서히 하나님께서 치유하시기를 간구하라. 이 모든 상처는 내 안에서 악한 것으로 남아 있기 때문에 그리스도의 보혈의 능력으로 씻음을 받고, 새로운 출발을 해야 한다.

가정의 성 문제를 다루기 위하여 우리는 다윗의 상처에서 배울 수 있다. 현대 심리학은 인간의 행동의 원인을 분석한다. 인간이 겪은 경험들이 후에 행동의 중요한 동기로 나타난다는 것이다. 그래서 이상 행동을 보일 경우에 반드시 깊은 상처와 관련을 짓게 만든다. 다윗이 우리아의 아내와 범한 죄를 통해 정상에 오른 다윗의 마음이 빼앗겼음을 알 수 있다. 그러면 그 이유를 다윗의 일생의 경험에서 찾을 수 있을까? 수많은 여인을 거느릴 수 있음에도 불구하고 밧세바와의 운명을 계속하려고 무리수를 택한 이유는 무엇일까? 다윗이 하나님의 기름부음을 받을 때 아버지는 그를 아들 축에 두지도 않았다. 막내는 형들보다 힘이 부족하고 늘 어린 아이 같기에 유약하게 크기 마련이다. 그가 약함을 극복하기 위해 자신의 컴플렉스를 극복하려고 노력하였을 것이다. 그것은 평생동안 그를 지켜온 힘이었다.

다윗은 골리앗과의 싸움에서 승리한 이래 끝없이 쫓기는 자였다. 어느 한 순간도 마음을 놓을 수 없었다. 자신은 자신이 지켜야 했다. 모든 것에 대하여 책임을 져야 했다. 약한 모습을 보여줄 수 없었다. 그는 늘 완벽한 자였으며 선한 자였다. 적어도 그의 부하들에게 그는 완전한 모범이었다. 그가 왕이라는 지위에서 여유를 갖기 전까지 그는 허점을 드러내지 않았을 것이다. 왕위에 오르면서 다윗은 자기를 지켜왔던 방패를 풀기 시작한다. 그의 생애 동안 부족한 것이 있다면 "어린이"적인 요소이다. 우리 안에 잠재된 에너지를 발산하는 것이 필요한데 일찍부터 어른 행세를 하려면 이러한 본능적인 욕구가 쌓이기 마련이다. 다윗의 삶에서 이러한 에너지를 소진할 수 있었을까? 불행히도 그는 미갈과의 결혼이 행복하지 못하였다. 사울의 딸이기에 정략적인 것이 작용을 하였을 것이다. 미갈이 비록 위험을 무릅쓰고 다윗을 도와주었지만, 언약궤를 다윗성에 들여오는 사건을 보면, 미갈은 공주가 양치기를 대하듯이 다윗을 대했고 다윗의 감성을 받아 주지 못했던 것 같다. 다윗을 있는 그대로 사랑하지 못한 미갈은 다윗의 사랑을 받지 못한 채 나머지 생을 보내고, 다윗의 가정생활은 실패하는 듯했다.

가정이란 무엇인가? 어린아이처럼 있는 그대로 용납되는 곳이다. 어리광도 부리고, 장난도 치고, 무의식에 남아 있는 에너지를 발산하는 곳이다. 하루 종일 세상에서 묻어온 스트레스를 날리고 모든 직위를 떨쳐 버리고 한 인간으로 가치를 인정받는 곳이다. 가정에서 이런 용납의 경험을 하지 못하는 사람은 늘 가정 바깥으로 돌기 마련이다. 자신을 왕이나 왕비로 섬겨주는 누구에게 론가 마음을 빼앗기기 마련이다. 다윗이 밧세바를 만났을 때 다윗은 비로소 평생 잊고 있었던 사랑을 확인하였을 것이다. 다윗의 눈을 멀게 한 이 정욕은 단지 일반적인 욕정으로 설명하기에는 부족하다. 평생 동안 채워지지 않은 다윗의 마음을 헤아릴 때 가능하다. 아마도 밧세바는 미갈과 달리 감성적이고, 다윗을 왕이라는 직위로서가 아니라 한 인간으로 받아 주었을 것이다. 다윗은 무의식 속에 숨겨진 에너지를 발산하는 것을 경험하였을 것이다. 왕의 직책과 하나님에 대한 신앙까지도 걸고 밧세바를 얻으려고 할 만큼 다윗은 늦게 발견한 이 사랑에 눈이 멀었다.

한 큰 교회의 목사님이 여 집사와 스캔들이 있었다. 목사님은 외국에서 박사학위를 하신 학자이시면서 목회자였다. 그런데 이 목사님은 어려서부터 가장으로 살아왔다. 아버지가 일찍 돌아가신 집의 가장으로 집안을 혼자 일으켰다. 늘 앞으로만 줄달음쳐 공부하고, 교수를 하다가 마침내 목회를 시작하여 천신만고 끝에 어느 정도 큰 교회를 만들었다. 그러다가 만난 한 여 집사님은 다윗의 밧세바 같은 존재였다. 이성으로 막을 수 없는 무의식 속의 격정이 살아나고, 한 번의 실수가 아닌 계속적인 관계가 유지되었다. 목사님은 자신도 모르는 사이에 깊숙한 문제에 직면하게 되었다. 여 집사의 가정은 깨어지고, 교회와 목사님 가정이 흔들거렸다.

이 문제를 접하면서 다윗과 유사하다는 생각을 하게 되었다. 특히나 오랫동안 혼자 힘겹게 살아온 사람이라면 어느 정도 안정되기 시작하여 마음을 빼앗기게 된다. 눈에 드러나는 상처가 아니라 홀로 서기 위해 몸부림치다가 길들여진 뻥 뚫린 마음의 상처가 문제이다. 이것이 치유되지 않는다면 어느 날 찾아온 열정적인 감정을 이기지 못하는 단계에 이르는 것이다. 자신도 알지 못하는 격정에 사로잡혀 그동안 쌓아온 모든 것을 잃고 난 후에 깨달으면 모든 것이 파괴된 후이다. 가정도, 교회도, 모든 인간관계를 잃게 되는 것이다. 그러기에 늘 자신의 내면을 살피며 기도할 일이다. 자신의 인생 여정에 남겨진 상처들을 생각하면서 내 마음에 해결되지 않은 상처가 있다면 그것이 폭발하기 전에 치유받고, 승화시켜야 할 것이다. 끊임없는 기도를 통하여 자신을 살피고, 자신의 역할과 자기의 실체를 혼돈하지 말고 자신의 내면을 살필 일이다. 그래서 신앙의 성숙은 인격의 성숙을 동반한다. 한두 번의 행사성 일이 아니라 언제나 한결같은 자신의 인격을 다지기 위하여 성령의 능력에 의지하여 상처를 치유 받아야 할 것이다.

6장

근면한 자에게 주시는 하나님의 선물

손을 게으르게 놀리는 자는 가난하게 되고 손이 부지런한 자는 부하
게 되느니라(잠 10:4)

재물을 어떻게 볼 것인가에 대한 견해는 잠언과 전도서가 서로 다르다. 잠
언에서는 여호와를 경외하는 개인과 사회를 전제하기 때문에 강력한 왕권아래
공의가 보장되고 모든 사람이 공정하게 경쟁할 수 있는 여건이 형성된 사회이
다. 이러한 사회는 의인이 복을 받고, 악인이 벌을 받음으로 인과응보가 이루어
지는 사회이다.

대저 정직한 자는 땅에 거하며 완전한 자는 땅에 남아 있으리라 그러
나 악인은 땅에서 끊어지겠고 간사한 자는 땅에서 뽑히리라(잠 2:21-
22)
재앙은 죄인을 따르고 선한 보응은 의인에게 이르느니라(잠 13:21)
악한 자의 집은 망하겠고 정직한 자의 장막은 흥하리라(잠 14:11)

너는 행악자들로 말미암아 분을 품지 말며 악인의 형통함을 부러워하
지 말라 대저 행악자는 장래가 없겠고 악인의 등불은 꺼지리라(잠
24:19-20)

왕의 책임은 이와 같은 공의가 숨 쉬는 나라를 만드는 것이다. 잠언에서
공의가 주어지고 경쟁이 보장된다는 말은 수고하는 사람은 누구나 대가를 받을
수 있다는 말이다. 그러므로 근면이 가장 큰 덕목이 된다. 잠언은 근면한 자에
게 주어지는 재물을 높이 평가한다. 가난은 게으름의 결과요, 재물은 근면의 결
과이다.

손을 게으르게 놀리는 자는 가난하게 되고 손이 부지런한 자는 부하
게 되느니라(잠 10:4)
부지런한 자의 손은 사람을 다스리게 되어도 게으른 자는 부림을 받
느니라(잠 12:24)
부자의 재물은 그의 견고한 성이요 가난한 자의 궁핍은 그의 멸망이니
라(잠 10:15)

일반적으로 땀 흘려 수고하여야 재물을 얻고, 땀을 흘리고 힘쓰는 것은 기
본적인 것이다. 잠언은 성실하게 일하는 것을 덕으로 여긴다. 왕이 모든 혼란을
제거한 나라는 하나님과 사람의 관계가 정상적이고 인간의 악이 차단되기에, 공
정한 경쟁이 보장되고, 성실은 중요한 덕목으로 여겨진다. 그러나 재물이 근면
의 결과이기는 하지만, 재물이 하나님 대신 의지할 수 있는 것이라고 보지는 않
았으며, 재물이 쾌락을 위하여 사용되지도 않았다.

자기의 재물을 의지하는 자는 패망하려니와 의인은 푸른 잎사귀 같아
서 번성하리라(잠 11:28)
흩어 구제하여도 더욱 부하게 되는 일이 있나니 과도히 아껴도 가난하

게 될 뿐이니라. 구제를 좋아하는 자는 풍족하여질 것이요 남을 윤택
하게 하는 자는 자기도 윤택하여지리라(잠 11:24-25)
술 취하고 음식을 탐하는 자는 가난하여질 것이요 잠자기를 즐겨 하
는 자는 해어진 옷을 입을 것임이니라(잠 23:21)

그들은 이렇게 재물을 얻음에 있어서 악한 방법으로 얻는 것을 정죄하고,
정직하게 얻기를 간구한다. 재물은 근면의 결과이지만, 또한 불의하게 얻는 재
물은 오래가지 못한다는 것도 언급한다. 재물을 얻는 과정에서의 정직을 중요
한 덕목으로 여기고 있는 것이다.

불의의 재물은 무익하여도 공의는 죽음에서 건지느니라(잠 10:2)
속이는 저울은 여호와께서 미워하시나 공평한 추는 그가 기뻐하시느
니라(잠 11:1)
망령되이 얻은 재물은 줄어가고 손으로 모은 것은 늘어 가느니라(잠
13:11)
적은 소득이 공의를 겸하면 많은 소득이 불의를 겸한 것보다 나으니
라(잠 16:8)
속이는 말로 재물을 모으는 것은 죽음을 구하는 것이라 곧 불려 다니
는 안개니라(잠 21:6)

아직 불의가 판칠 정도로 사회가 무질서하지 않지만, 개인적인 욕심으로
인하여 재물을 구하는 경우가 나타난다. 하지만, 사회는 그 악을 허용하지 않
고, 악을 행하는 것도 어리석다는 것을 인정하고 있다. 모든 사람들이 불의의
위험을 다 알 정도로 사회는 안정되어 있고 예외적인 경우에 불의를 행하지만,
불의한 재물이 무익함을 경험을 통하여 깨닫는다.
잠언에서는 개인과 공동체의 악이 억제되고, 여호와를 경외하는 전제를 놓
치지 않는 사회이다. 그렇지만 이 악이 누적되어 사회가 악의 힘에 지배되고,

개인과 사회가 모두 여호와를 경외하지 않는 사회가 될 때 사회는 질서의 위기에 직면한다. 잠언에서 인정하던 근면이 언제 문제가 되는가? 부를 축적하는 과정에서의 근면 자체를 부정하는 것이 아니다. 재물을 모으는 과정에서 악이 증가되고, 축적된 재물이 탐욕과 연결된 죄악을 범한다든지 부 자체가 인간의 도구가 아니라 스스로 하나님을 대신하는 위기 상황이 되었을 때를 문제 삼고 있는 것이다. 즉 잠언에서는 재물만 가지고도 사람을 평가할 수 있을 정도로 안정된 사회이지만, 인간의 악이 누적되어 여호와를 경외하는 사회에 틈이 생기면, 마침내 다양한 면에서 기현상이 나타난다. 그러므로 전도서에서는 재물을 잠언의 눈으로 평가하는 것이 아니라, 동기와 결과에 이르는 총체적인 과정에 대하여 평가하기에 이른다. 재물이 많고 적음으로는 평가할 수 없는 다른 요소를 통하여 평가해야 하는 단계가 된 것이다.

> 어떤 사람은 그 지혜와 지식과 재주를 다하여 수고하였어도 그가 얻은 것을 수고하지 아니한 자에게 그의 몫으로 넘겨주리니 이것도 헛된 것이며 큰 악이로다(전 2:21)

전도서에는 재물에 관하여 잠언과는 다른 관점이 나타난다. 수고하여 얻었다는 면에서 잠언에서 말하는 근면이라는 덕이 존재한다. 그런데 이제 그의 문제는 근면하지 않았다는 것이 아니라, 근면하였음에도 불구하고 그 결과를 수고하지 아니한 자에게 넘겨주는 것이다. 즉, 근면하였어도, 정당한 재물의 보상이 주어지지 않는 감추어진 사회악으로 인하여 불행하다고 평가되는 사람이 있다. 개인적인 근면이 사회적인 악에 의하여 좌절되는 경우이다.

> 두 손에 가득하고 수고하며 바람을 잡는 것보다 한 손에만 가득하고 평온함이 더 나으니라(전 4:6)

잠언에서와 같이 두 사람이 모두 수고하여 각자의 재물을 모았다. 정상적인 잠언의 원리가 지배하는 사회라면 다른 요소를 평가하지 않고 오직 두 손에 가득 찼느냐, 아니면 한 손에 가득 찼느냐 하는 재물의 양으로만 평가할 것이고, 당연히 두 손에 가득 찬 재물이 상위의 가치를 지닐 것이다. 그러나 한 손과 두 손의 관계를 역전시키는 요소가 나타나는데, 한 손에 가득 찬 재물에는 평온함이 있고, 두 손에 가득 찬 재물에는 바람을 잡으려는 헛된 수고가 있다. 여호와를 경외한다면 당연히 평온이 전제되기 때문에 한 손인가 두 손인가 하는 물질의 양만 측정하면 되지만, 그러한 전제가 사라진 전도서의 시대에는 전제를 확인하기 위하여 평온이 존재하는지를 다시 묻는 것이다. 평온을 상실한다면 재물의 양은 더 이상 의미가 없다. 재물이 적더라도 평온을 소유한 사람을 높게 평가하는 것이다.

> 어떤 사람은 아들도 없고 형제도 없이 홀로 있으나 그의 모든 수고에는 끝이 없도다. 또 비록 그의 눈은 부요를 족하게 여기지 아니하면서 이르기를 내가 누구를 위하여는 이같이 수고하고 나를 위하여는 행복을 누리지 못하게 하는가 하여도 이것도 헛되어 불행한 노고로다(전 4:8)

또다시 수고하여 물질의 풍요를 이룬 사람의 경우이다. 그는 물질을 위하여 가족을 포기한다. 아들도 없고, 형제도 없이 혼자 물질을 모으기 위하여 수고한다. 그렇게 열심히 모으고, 그것에 만족하지 못하고 계속 재물을 모았지만, 정작 자신은 재물을 누리지 못하고, 후에 그 재물을 물려줄 상속자조차 없는 상황이다. 그의 인생 말년에는 재물을 위해 희생된 가정, 모은 재물을 누리지 못하는 자신, 모은 재물이 원치 않는 사람에게 주어지는 상황을 안타까워하는 것이다. 가정을 희생하고 얻은 재물을 전도서는 가치 있는 것으로 여기지 않는다.

> 은을 사랑하는 자는 은으로 만족하지 못하고 풍요를 사랑하는 자는 소득으로 만족하지 아니하나니 이것도 헛되도다. 재산이 많아지면 먹

는 자들도 많아지나니 그 소유주들은 눈으로 보는 것 외에 무엇이 유
익하랴. 노동자는 먹는 것이 많든지 적든지 잠을 달게 자거니와 부자
는 그 부요함 때문에 자지 못하느니라(전 5:10-12)

다시금 재물이 많고 적음으로 덕을 평가할 수 있는 것이 아님을 보여준다.
은과 풍요를 사랑하는 자들이 만족하지 않는다는 것이다. 이미 자족하는 것이
중요한 덕목임을 잠언에서도 말하고 있지만(잠 27:20; 30:15-16), 전도서는
자족하지 않음이 초래하는 재물의 위험성을 제기한다. 여호와를 경외함으로 말
미암은 결과로서의 재물을 가치 있게 여기지만, 재물 자체가 목적이 될 때 재물
은 자족하지 못하는 위험에 빠질 수 있다는 것이다. 은만을 추구하고, 풍요만을
추구하는 자들은 그것으로 만족하지 않는다. 그렇게 쌓아 놓은 재물이 복이 되
는 것이 아니라, 짐이 되기 시작한다. 단지 재물을 모아 놓았다는 즐거움 이외
에 하나님 없이도 재물만으로 안정될 수 있다는 착각을 불러일으킨다. 소유가
적은 사람은 소유를 지킬 필요가 없이 무소유의 즐거움을 누리지만, 소유 자체
에 목을 맨 사람들은 소유가 사라질까 두려워하고, 소유 자체가 짐이 되어, 오
히려 그 부요함이 불행의 원인이 된다. 재물만을 추구하고, 재물을 지키면서 재
물의 노예가 되는 사람들의 불행을 묘사하고 있는 것이다.

내가 해 아래에서 큰 폐단 되는 일이 있는 것을 보았나니 곧 소유주가
재물을 자기에게 해가 되도록 소유하는 것이라. 그 재물이 재난을 당
할 때 없어지나니 비록 아들은 낳았으나 그 손에 아무것도 없느니라
그가 모태에서 벌거벗고 나왔은즉 그가 나온 대로 돌아가고 수고하여
얻은 것을 아무것도 자기 손에 가지고 가지 못하리니, 이것도 큰 불행
이라(전 5:13-15)

재물 자체가 목적이 된 사람들의 또 다른 불행을 묘사한다. 재물로 인하여
불행하게 된 사람들에게는 그래도 재물이 있으니 자위할 수도 있을 것이다. 이

제 재물만을 추구하는 사람들이 객관적으로 불행해지는 경우를 서술한다. 재물만을 위해 살아온 사람이 어느 날 재난을 당한다. 사업에 실패하든지, 화재가 나든지, IMF 같은 예기치 않는 어려움을 겪으면서 가지고 있던 재물을 모두 날려버린다. 그리하여 빈털터리가 되어 자신은 아무것도 가지지 못하고 세상을 떠날 뿐 아니라, 자식들에게도 아무것도 남겨주지 못한다. 재물이 모두 사라져 버린 후에 그는 재물이 아무것도 아님을 알게 된다. 처음에는 재물이 사라짐을 안타까워하겠지만, 결국은 재물만을 위해 살아온 인생을 한탄하게 된다. 만약 그의 실패를 교훈 삼아 다시 시작할 수 있으면 좋으련만, 기회 없이 인생을 마감한다면 그는 후회 속에 인생을 마감할 것이다. 재물이 사라져도 의연하게 설수 있는 사람들이 있다. 여호와를 경외하며 살아온 사람들은 재물이 사라져도 다시 시작할 수 있으며 하나님 안에 주어진 재물 이외의 복을 누릴 수 있는 여유가 있다. 재물은 기회일 뿐 자체가 목적이 아님을 아는 사람이다. 재물이 막아 버린 눈을 뜨고, 재물이 단순한 도구임을 직시하고 정말 중요한 것들을 위해 살아야 함을 깨닫게 해준다.

> 어떤 사람은 그의 영혼이 바라는 모든 소원에 부족함이 없어 재물과 부요와 존귀를 하나님께 받았으나 하나님께서 그가 그것을 누리도록 허락하지 아니하셨으므로 다른 사람이 누리나니 이것도 헛되어 악한 병이로다. 사람이 비록 백 명의 자녀를 낳고 또 장수하여 사는 날이 많을지라도 그의 영혼은 그러한 행복으로 만족하지 못하고 또 그가 안장되지 못하면 나는 이르기를 낙태된 자가 그보다는 낫다 하나니(전 6:2-3)

재물이 우리의 삶을 측정할 수 있는 기준이 될 수 없음을 보여주는 또 다른 예를 보여준다. 하나님이 어떤 사람에게 재물과 부요와 존귀를 허락하셨지만, 그것을 누릴 기회를 허락하지 않고 예측하지 못한 다른 사람이 누리게 한다면 이 역시 행복하지 못한 사람이다. 또 다른 사람은 자녀가 많고 장수를 누렸지만, 자신의 삶에 만족하지 못하고 행복하게 매장되지 못한다면 전도서의 견해에 따르면 태어나기도 전에 죽는 자보다 못하다는 것이다. 이와 같이 재물은 여호와를 경외하면서 근면하게 살아온 사람들에게 주는 하나님의 선물이지만, 개인과 사회 안에 여호와를 경외하지 않음과 인간의 한계로 인하여 초래되는 다양한 이유들로 인하여 원래의 기능을 발휘하지 못하는 경우가 있다. 그러므로 일반적으로 재물이 여호와를 경외하며 사는 인간의 과정을 평가하는 도구가 되기도 하지만, 인간의 욕망과 불만족, 또는 사회의 총체적인 악이라는 남용으로 인하여 제 기능을 발휘하지 못할 수도 있기 때문에 여호와를 경외하는 출발점에서 재물이 제 자리를 찾을 수 있도록 만들어야 하는 것이다.

이와 같이 전도서는 더 이상 근면을 통해 부를 얻는 가치에 대하여는 말하지 않고, 그것이 헛된 것일 수 있음을 말한다. 개인이나 사회가 여호와를 경외하지 않음으로 인하여, 근면한 자가 정당한 부를 얻는다는 공의가 보장되지 않는다. 사회의 구조적인 악으로 인하여 근면한 사람들이 정당한 결과를 얻지 못함으로 인간의 수고가 헛되다는 것을 강조한다. 여호와를 경외하지 않음과 인간의 한계로 인하여, 이제는 재물을 가지고 인간의 동기를 판단할 수 없는 상황이다. 잠언의 시대에는 여호와를 경외함이 전제되기에 결과는 근면을 평가할 수 있는 충분한 도구가 될 수 있었지만 이제는 얻은 물질만으로 평가할 수 없는 상황이 되고 만다. 그러면서 전도서는 다양한 방법으로 물질을 축적하는 과정에서 초래되는 악을 경고하고 인과응보가 실현되지 않는 여러 경우에 대하여 설명한다. 이제 전도서에서는 획득한 물질로 가치를 평가하는 것이 가능하지 않는 시대가 된 것이다.

잠언은 하나님과 인간의 관계가 정상적이고 인간이 하나님을 경외하면서 살아가는 기본적인 자세를 전제하고 있다. 부가 하나님의 선물임을 알고, 하나님이 이 땅에서 잘 사용하기 위해서 주신 기회임을 알 때는 부에 대하여 전폭적인 칭찬을 한다. 이에 반해 전도서의 분위기는 하나님과 사람의 정상적인 관계가 깨져 있고, 죄가 난무하다. 더 이상 하나님을 두려워하지 않는 사람들, 더 이상 이웃을 하나님의 형상으로 보지 않는 사람들, 더 이상 돈을 하나님을 위해

일하는 도구로 보지 않는 사람들이 있기에 잠언과 같은 소박한 논리가 통하지 않는다. 이제는 물질이 하나님보다 더 중요하게 여겨지고, 하나님을 경외하는 마음을 잃어버린 근면은 탐욕으로 변하고 다른 사람을 억압하는 것으로 사용된다. 세상이 그러한 길로 가고 있을 때, 이제 재물은 인간에게 위기가 된다. 이렇게 신앙의 기본적인 전제가 깨어진 사회에서는 악으로부터 사람을 보호하기 위해 적극적인 조치가 필요하며, 전제부터 회복하면서 악과 싸워야 하는 것이다. 바야흐로 인간의 능력에 대한 회의에 직면하여 다시금 여호와를 경외함을 회복함으로 새롭게 시작하여야 하는 것이다.

지혜문학의 핵심적인 가치인 인과응보의 원리와 재물을 다음과 같이 연결할 수 있다. 잠언의 메시지는 인생을 시작하며 근면하게 인생을 살기로 결심하는 사람들에게 힘을 준다. 공부하는 학생들, 직장생활을 시작하는 젊은이들, 그리고 사업을 시작하는 사람들은 잠언에서 말하는 근면을 배워야 성공할 수 있다. 여호와를 경외하면서 최선을 다하는 자에게 하나님의 복이 임할 것을 믿어야 한다. 그래서 여호와를 경외하는 자에게 주어지는 형통을 강조해야 한다. 한국에서는 1950년대 후반 6·25의 충격 속에 절망한 민족들에게 전해진 메시지가 있었다. 순복음 교회의 조용기 목사로부터 시작된 "하면 된다", 또는 삼박자 구원은 수많은 민중들에게 다시 시작할 수 있는 용기를 주었다. 바로 그것이 잠언의 메시지였다. 여호와를 경외하면 하나님이 복을 주시며, 형통한다는 것이다. 그것은 한국의 산업 근대화에 발맞추어 힘을 발했다.

문제는 여호와를 경외함으로 축복이 임하는 것들을 왜곡하는 데서 시작한다. 물질의 축복을 받기 위하여 순종한다. 하나님을 경외하는 것이 먼저가 아니라 믿는 자에게 주어지는 축복을 앞세우기 시작한다. 사람들이 여호와를 잃어버리고 물질에 초점을 맞출 때 잠언에 나오는 재물의 원리는 왜곡되기 시작한다. 바로 샤머니즘이 기독교로 깊숙이 파고들어 오기 시작한다. 축복을 위하여 신을 달랜다. 축복을 담보 받기 위하여 헌금을 한다. 이뿐 아니라 축복받은 자들과 축복받지 못한 자의 구분이 시도된다. 재물이 없는 사람들은 신앙이 없는 자로 평가된다. 가난하고 병들은 자들은 저주받은 존재이다. 물론 그 와중에도 잠언에 충실하게 살아가는 사람들이 많았지만, 이것이 샤머니즘의 풍토에 영향을 받아 기복주의 신앙으로 오염되어갔다. 잠언의 신학은 신명기 신학과 마찬가지로 사람들을 근면하게 만들고 축복으로 나아가게 하는 동기를 강화하는 역할은 담당하였지만, 가난과 질병, 고난과 역경을 설명하기에는 무력한 너무 단순한 신학임이 판명되었다.

이뿐 아니라 반대편에서도 문제제기는 계속 되었다. 한국사회에 팽배해진 돈 버는 사람들은 모두 불법한 방법으로 돈을 벌었을 것이라는 편견이다. 조국 근대화와 산업화의 추진 속에서 등장하는 재벌들이 정치와 결탁하여 부정한 방법으로 부를 축적하는 것을 목격한 사람들은 이제 모든 재벌들과 부자들을 매도하기 시작하였다. 잠언의 원리가 함께 매도되어 열심히 일하는 근면의 원리가 길을 잃게 되었다. 깨끗한 사람이 부자가 되는 길은 막혔고, 모든 부자들은 불의와 타협한 사람들로 여겨졌다.

일반적으로 자본주의의 시작은 막스 웨버가 말하는 프로테스탄트의 윤리가 주도하였다. 이전의 기독교는 이익을 창출하는 자본주의 활동 자체를 죄악시하였지만, 열심히 일하고 남은 것을 하나님을 위하여 사용하라는 프로테스탄트 윤리가 자본주의의 정신적인 지주가 된 것이다. 그래서 자본주의는 가는 곳마다 부를 축적하고 근면, 검소한 생활원리를 동반하여 강대한 국가를 이루는 추진력을 제공하는 것이다. 이와 같이 자본주의의 시작에는 잠언의 원리가 배어져 있었다. 열심히 일하는 근면, 깨끗하지 않는 부를 죄악시하는 것, 축적한 재물을 하나님의 영광을 위하여 사용하는 것이 그것이다. 이에 대하여 한국 사회는 이원화된 경향을 보이는데 하나는 샤머니즘으로 교회가 재물과 부요를 제공하는 대가로 헌금을 강요하며, 민중들은 이에 부응하여 재물을 위하여 재물을 바쳤다. 그런가 하면 실제로 부를 축적한 모든 재벌들과 부자들을 매도하며 윤리적으로 부정적인 방법을 사용하였을 것이라는 편견을 갖게 된 것이다.

이와 같이 한국교회에 정직하게 일한 사람들이 쌓은 재물에 대하여 옹호하는 이념이 필요한바, "깨끗한 부자"(김동호 목사)라는 책에서는 바로 이와 같이 깨끗하게 일한 부자들이 살 만한 사회를 위한 메시지를 전한다. 깨끗하게 벌어서, 하나님이 정한 만큼을 하나님께 드리고는 재물을 죄책감 없이 사용하게 만드는 중산층의 입장을 옹호하는 책이다. 이에 대한 반론도 제기되었다. 김영봉 교수의 책 "바늘귀를 통과한 부자"라는 책은 김동호 목사의 책에서 하나님께 드리고 남은 재물을 마음 놓고 써도 되는지를 물으면서 재물 자체에 대한 인간들의 입장을 전개하고 있다. 김동호 목사는 부자를 정죄하는 한국사회에서 깨끗한 부자의 가능성을 열어 주는 청부론을 전개하는 데 반하여, 김영봉 교수는 기존의 청빈론에 입각하여 재물의 위험성을 염두에 두고 청부론의 문제점을 지적함으로 두 책을 보완해서 읽어야 할 것이다.

이제 우리들은 지혜문헌에서 나타나는 재물관을 다음과 같이 정리할 수 있다. 하나님을 경외하며, 근면한 자들은 재물을 모을 수 있다. 그러나 재물을 모으는 데에만 집중하면 수고와 노력이 탐욕으로 바뀌고, 하나님에 대한 경외감을 잃기 쉽다. 이러한 남용을 저지하기 위해서 이미 재물을 가진 자에 대한 경고가 필요한 것이다. 재물은 마성적인 힘을 가진 것이기에 알아서 되겠지 하면 언제 죄악에 빠질지 모른다. 재물은 하나의 기회이다. 천국 갈 때 이 재물은 가져가지 않는다. 물질이 많은 것 자체는 근면의 결과일 수도 있지만 그것에 생명이 더해지지 않으면 본인에게는 독약이 될 수도 있는 것이다. 그것을 잘 조절하지 않으면 파멸에 이를 수가 있을 것이다. 물질에 사로잡힐 때 우리는 감당할 수가 없다.

성경은 재물을 모으는 과정의 근면을 긍정한다. 그러나 재물이 신앙에 의하여 조절되지 않을 때 일으킬 수 있는 좋지 않은 결과에 대하여 성경은 경고한다. 부자가 하늘나라에 가는 것은 바늘구멍 들어가는 것보다 어렵다는 것은 불가능을 말하는 것이 아니라, 어려움을 말하는 것이다. 돈은 우리의 안정을 의미하기에 하나님 앞에서 피조물로서의 위치를 잃어버리고 인간이 돈을 가지면 하나님처럼 살 수 있다는 착각을 하게 된다. 그렇기 때문에 돈이 없는 사람이 돈을 사용하는 것보다 돈이 많은 사람이 그 유혹에 굴하지 않고 잘 사용하는 것이 더 어려운데, 그 이유는 그만큼 유혹이 더 크기 때문이다.

마지막으로 재물에 관한 가난한 자들과 부한 자들의 다음과 같은 태도를 생각할 수 있을 것이다. 가난한 사람들 중에서 한 부류는 가난에 찌들어 돈을 위해 무엇이든지 하는 노예근성을 보이는가 하면 다른 한 그룹은 마음은 찌들지 않고 청빈을 즐기면서 살아간다. 부자 중에서는 돈 없는 사람들을 무시하면서 물질만능으로 사는 사람이 있는가 하면, 돈을 이웃과 더불어 쓰면서 사는 사람이 있다. 가장 바람직하면서도 이루기 어려운 일은 부자지만 이웃을 위해 자발적으로 가난해지는 것이다. 그 돈을 자신의 사치와 안락을 위해 쓰는 것이 아니라, 다른 사람들을 생각하며 스스로 가난을 택하는 것이다. 돈의 마력을 아는 사람이라면 자발적인 가난이 얼마나 어려운지를 안다. 우리 주님이야말로 남을 위해 스스로 가난해지신 분이다.

우리 주 예수 그리스도의 은혜를 너희가 알거니와 부요하신 이로서 너희를 위하여 가난하게 되심은 그의 가난함으로 말미암아 너희를 부요하게 하려 하심이라(고후 8:9)

Ⅲ부

전도서

7장

회의주의를 초래하는 책이 아니라 극복하는 책

해 아래에서 수고하는 모든 수고가 사람에게 무엇이 유익한가?

(전 1:3)

전도서를 제대로 이해하는 것은 어려운 일이다. 마치 전도서가 아무 일도 없는 현장에 평지풍파를 일으키는 책으로 여겨지기 때문이다. 그런데 전도서는 잠언과 짝을 이루어 살펴야 하는 드라마 같은 책이다. 전도서는 잠언의 세계에서 신앙생활을 잘하던 사람이 시험을 받고 어려움을 겪었을 때 그 어려움을 극복하는 길을 제시한다. 전도서는 평지풍파를 초래하는 책이 아니라 사회의 부조리와 인간의 죄악이 난무한 현실을 맞이하여 회의주의에 빠진 신앙을 회복하도록 돕는 책이다. 그 회복의 방법이 죽음이라는 카드를 통하여 드라마처럼 극단적으로 몰고 나가서 새로운 시작을 주도하기에 액면 그대로는 평지풍파적으로 보이지만 사실은 여호와를 경외함을 회복시킴으로 수정된 지혜를 통하여 새로운 출발을 가능하게 하는 책이다. 과연 전도서는 어떠한 삶의 자리에 적절할까를 생각하면서 전도서를 살펴보기로 하자.

낙관적인 책인가? 염세적인 책인가?

전도서는 염세적인 책인가 아니면 낙관적인 책인가? 학자들은 전도서가 하나님의 세계를 인식할 수 없기 때문에 염세적이라고 말한다. 인간은 하나님을 더 이상 파악할 수 없고, 하나님의 신비를 다루기에는 무능력하다.[1] 스캇에 따르면, 전도서의 저자는 우리가 알고 있는 믿음과 소망과 순종의 종교를 전하기보다는 불확실한 분위기가 담긴 염세적인 철학을 제안한다.[2] 크렌쇼는 전도서의 메시지를 철저히 불합리한 것으로 진단한다.[3] 전도서가 회의주의를 포함하고 있음이 확실하다.

전도자가 이르되 헛되고 헛되며 헛되고 헛되니 모든 것이 헛되도다. 해 아래에서 수고하는 모든 수고가 사람에게 무엇이 유익한가(전 1:2-3)

내가 해 아래에서 행하는 모든 일을 보았노라 보라 모두 다 헛되어 바람을 잡으려는 것이로다(전 1:14)

내 손으로 한 모든 일과 내가 수고한 모든 것이 다 헛되어 바람을 잡는 것이며 해 아래에서 무익한 것이로다(전 2:11)

그러나 전도서는 전적으로 염세주의적인 것만을 말하지 않는다. 오히려 전도서가 낙관적이라고 말하는 학자들도 있다. 왜냐하면 전도서가 삶의 즐거움을 하나님의 선물로 받았다고 말하기 때문이다. 전도서는 일곱 번이나 이 기쁨을 언급한다(2:24-26; 3:12-13; 3:22; 5:17-19; 8:14-15; 9:7-10; 11:7-

---

1) G. Von Rad, *Wisdom in Israel* (Nashville: Abingdon Press, 1972), 227-8.

2) R. B. Y. Scott, *Proverbs: Ecclesiastes* (AB 17; Garden City, N. Y.: Doubleday, 1965), 191.

3) Crehshaw, *Ecclesiastes* (Philadelphia: The Westminster Press, 1987), 23.

12:1a).[4]

> 사람들이 사는 동안에 기뻐하며 선을 행하는 것보다 더 나은 것이 없는 줄을 내가 알았고 사람마다 먹고 마시는 것과 수고함으로 낙을 누리는 그것이 하나님의 선물인 줄도 또한 알았도다(전 3:12-13)

> 너는 가서 기쁨으로 네 음식물을 먹고 즐거운 마음으로 네 포도주를 마실지어다 이는 하나님이 네가 하는 일들을 벌써 기쁘게 받으셨음이니라 네 의복을 항상 희게 하며 네 머리에 향 기름을 그치지 아니하도록 할지니라 네 헛된 평생의 모든 날 곧 하나님이 해 아래에서 네게 주신 모든 헛된 날에 네가 사랑하는 아내와 함께 즐겁게 살지어다 그것이 네가 평생에 해 아래에서 수고하고 얻은 네 몫이니라(전 9:7-10)

철저한 회의주의가 어떻게 현재를 누리라는 기쁨과 함께 있을 수 있을까? 이것이 전도서를 푸는 열쇠이다.

죽음과 수정된 지혜

전도서를 푸는 열쇠는 죽음과 수정된 지혜이다. 죽음은 염세주의를 연상시키지만 수정된 지혜는 잠정적인 지혜를 누리게 돕는다. 전도서의 염세주의는 잠언과 비교할 때 특징이 잘 드러난다. 전도서의 염세주의는 맥락이 없는 절대적인 것이 아니다. 전도서는 잠언과는 다른 상황을 전제하고 있다. 잠언에서 보

---

4) 화이브레이 (R. N. Whybray)는 이 구절 들이 전도서의 핵심 주제(leitmotiv) 라고 주장한다. R. N. Whybray, "Qoheleth, Preacher of Joy," *JSOT* 23 (1982), 87-98. 많은 주석가들은 전도서의 주장이 "삶을 붙잡고, 그것을 하나님의 선물로 여기고, 모든 신비 가운데 삶을 즐기라는 것"이라고 말한다. 낙관적인 면은 현재와 관계있다. 고르디스(R. Gordis)는 이 기쁨을 거룩한 의무라고 여긴다. 고르디스는 말한다: "전도서의 경우, 기쁨은 인간에게 가까운 경험으로서 하나님의 전형적인 명령이다. 그는 사람이 창조주로부터 부여 받은 행복의 추구가 불가피한 거룩한 의무라고 주장하기 때문에, 인간의 빼앗길 수 없는 권리로 여긴다." Robert Gordis, *Koheleth-the Man and His Word: A Study of Ecclesiastes* (New York: Schocken Books, 1968), 129.

여주는 인간의 낙관성도 절대적인 것이 아니라 인간이 여호와를 경외한다는 전제가 성립할 때 가능한 것이다. 전도서의 염세주의는 잠언에서 여호와를 경외하는 전제가 무너질 때 초래되는 것이다. 전도서에서 매번 표현하지는 않지만 전제되고 있는 것이 바로 "여호와를 경외하지 않는 사회와 개인"이다. 인간이 여호와를 경외하는 사회에서는 잠언에서처럼 낙관적인 인간론이 두드러진다. 그러나 여호와를 경외하지 않는 개인과 현실에서는 염세주의가 두드러진다. 그러나 이 염세주의의 실체는 하나님을 알 수 있는 인간의 능력에 대한 회의이다. 놀랍게도 전도서에서 하나님은 자신이 염세적이거나 회의적인 것이 아니라, 오히려 염세적인 인간론과는 달리 하나님의 전능성이 인식된다(3:14).

전도서가 이렇게 인간론에 대하여 염세적이지만 그렇다고 해서 전도서의 목표가 염세적인 것만은 아니다. 오히려 전도서에서 추구하는 지혜는 잠언의 경우처럼 하나님에 대한 경외와 일치한다(3:14; 7:18; 8:12; 12:13). 그런데 전도서가 시작하는 자리는 바로 잠언의 전제가 무너지고 낙관적인 인간론이 남용되는 상황이다. 전도서에서 염세적인 인간론으로 인한 회의주의를 강조하는 것은 낙관적인 인간론의 남용을 공격하기 위한 것이다. 전도서는 독자들로 하여금 잠언의 전제가 무너진 상황에서 인간의 한계를 직면하게 함으로써, 전통적인 지혜를 수정하고 하나님의 주권과 인간의 제한성이라는 기초아래 잠정적인 지혜를 수립하게 하고 있다. 저자는 전통적인 지혜가 무너진 자리에서 남용된 낙관적인 인간론을 공격하고 수정된 지혜를 제시하면서도, 그것의 절대성은 인정하려고 하지 않는다. 어떤 지혜든지 낙관적인 인간론의 남용아래 있으면 실패할 운명에 처하게 됨으로, 새롭게 주어진 수정된 지혜는 전도서에서 염세적인 인간론의 그늘아래 잠정적으로 주어질 뿐이다.

그래서 우리는 전도서를 읽을 때 다음과 같은 논리를 염두에 두어야 한다. 전도서의 회의주의는 일반적인 회의주의가 아니라, 잠언의 남용된 전통에 대한 저항이다. 전도서의 전략은 죽음과 수정된 지혜이다. 첫 단계에서 전도서는 잠언에서 전제하는 모든 것을 죽음과 인간의 연약함의 그림자 앞으로 인도하면서 평준화시킨다. 이 단계는 가진 것이 있거나, 남보다 나은 것이 있다고 생각하는 자들의 교만을 부수는 혁명적인 조치이다. 그럴때 사람들이 어떻게 하라는 말이냐, 염세주의로 가라는 말이냐 하고 물으면 그때서야 두 번째 단계로 수정된 지혜를 제공하는데 이 지혜는 영원한 것이 아니라, 잠정적으로만 주어지는데 오직 여호와를 경외하는 것이 확인된 자들에게만 주어진다. 그래서 전도서는 심각하게 회의주의를 제시하면서, 결론은 오직 잠언의 전제인 여호와를 경외하라는 것으로 끝난다. 전도서에서 회의주의의 문제는 지혜의 남용을 말하는 것일 뿐, 지혜 자체가 필요 없다고는 말하지 않는다. 단지 전통의 남용을 경험한 사람들에게 조심스럽게 자기의 한계를 인식하는 겸손함으로 살 수 있는 수정된 지혜를 제공하는 것이다. 결국 전도서의 목표는 회의주의의 조장이 아니라 회의주의로부터 공동체를 구출하는 것이다.

전도서의 장르

차일즈(Brevard S. Childs)[5]는 전도서가 후에 편집이 되었다고 할지라도, 이 편집되는 과정에서 전도서의 원래 말을 근본적으로 변화시키지는 않았다고 말한다. 차라리, 편집을 통하여 원래 형태가 책을 해석할 수 있는 더 큰 문맥을 갖게 되었다고 주장한다. 전도서는 공동체를 위하여 정경적인 문맥 안에서 전통적인 지혜를 비판적으로 사용하도록 인도한다(12:14). 전도서의 메시지가 전적으로 염세주의적이기만 하다면 이러한 판단이 주어지지 않았을 것이다. 오히려 이 편집은 전도서가 전통적인 우주론을 확증하고, 수정된 지혜를 제시하도

---

5) 비록 차일즈는 정경비평이라는 말보다 정경적인 접근이라는 말을 사용하고 있기는 하지만, 그의 방법은 이 구절을 분석하는데 유익하다. 정경비평은 역사비평의 결과에 대한 점증하는 회의로부터 시작 하였다. 성경본문을 원래 정황에서 객관적으로 분석하기 위하여 학자들은 역사 바깥에 서야 한다. 가치중립적이고 객관적인 역사의 재건이 불가능하다는 의심이 점차로 증가되자 역사비평 방법에 대한 도전이 제기되었다. 역사비평방법은 원래 저자에게 권위가 있다는 전제를 가지고 있다. 이에 반해 정경비평은 권위가 전승을 보존하고 해석하고 형성시킨 공동체에 있다고 주장한다. 정경비평은 편집비평의 공헌으로부터 시작하고, 책의 해석에 영향을 준 편집자에 관심을 갖는다. Mary C. Callaway, "Canonical Criticism," *To Each Its Own Meaning*. ed. Steven L. Mckenzie and Setephen R. Haynes (Louisville: Westminster, 1993), 121-33. 배정훈, "정경해석 방법의 이해," 『신학과 문화』 제9집 (2000년): 71-90.

록 만들었다. 정경비평에 따르면, 전도서의 저자를 솔로몬으로 묘사함으로써 (1:1, 12), 전도서의 지혜는 이스라엘의 지혜의 근원인 솔로몬의 지혜가 수정된 것을 공식적으로 인정한다.[6]

전도서의 장르는 어떠한 것일까?[7] 전도서에 사용된 장르로는 담화모음과 일인칭 설화 등의 두 가지 양식비평적인 범주가 제안되었다. 담화모음의 특성들은 주제, 이미지, 표현 등의 일반적인 반복으로부터 왔다. 전도서와 유사하게 일인칭 관점으로 쓰인 책들은 무덤에서의 자서전과 왕의 유언 등이다. 둘 다 죽은 사람의 유언으로 산자들을 가르치고 있다. 이러한 장르들을 고려한다면, 전도서는 죽기 전이나 아니면 무덤에서 청중들에게 말하는 이스라엘의 가장 유명한 왕의 유언으로 여겨진다.[8]

전도서가 유언으로 이루어진 설화 담론이기 때문에, 우리는 화자(narrator)와 내재된 저자(implied author)라고 하는 두 가지 문학적 장치에 유의하여야 한다. 문헌비평은 내적인 구조를 이해하는데 정경비평보다 더 인상적인 착상을 제안한다. 전도서가 솔로몬을 어떻게 그리고 있는가 하는 것이 모호한 구절을 해석하고 번역하는데 영향을 준다. 솔로몬의 지혜로 여겨지는 전도서의 지혜는 역시 솔로몬의 지혜로 여겨지는 전통적인 지혜를 비판하고 있다. 솔로몬은 부와 지식과 권력의 절정 가운데에서 그 남용을 경험하였기 때문에, 전통적인 지혜를 비판할 자격이 있는 것으로 여겨졌다. 이러한 문학적인 장치를 통하여, 저자는 지혜의 남용에서 드러난 하나님의 주권과 염세적인 인간론을 급진적으로 이해한다.

---

6) Brevard S. Childs, *Introduction to the Old Testament as Scripture* (Philadelphia: Fortress Press, 1979), 583-89.

7) "장르는 두 가지 관찰을 통하여 결정된다. 첫째로, 장르는 본문을 양식(form)과 내용(contents)이 조합된 전체로 본다. 형식적 요소는 문학적 구조와 조직이며, 내용적인 요소는 다양한 단계의 가능한 의미를 지닌 내용이다. 두 번째로, 장르는 문제되는 본문만이 아니라 다른 유사하거나 다른 종류의 본문들을 다루기 때문에, 비교적인 개념이다. Robert Guelich, "The Gospel Genre," The *Gospel and the Gospels*. ed. Peter Stulmacher (Michigan: W. B. Eerdmans Publishing Company, 1991), 173-4.

8) Leo G. Perdue, *Wisdom and Creation* (Nashville: Abingdon Press, 1994), 194-202.

문학적 구조

문학적 구조를 결정할 수 있는 몇 가지 단서가 있다. 앞에서 본 것처럼 전도서에 나타나는 두 명의 화자를 고려한다면 첫 번째 목소리는 솔로몬(1:1, 12)이고, 두 번째 목소리는 전도자(Qoheleth, 1:1, 2, 12; 7:27, 12:8, 9)이다. 전도서의 내용은 크게 둘로 나누일 수 있는데, 하나는 내적인 통일성을 이루는 1:12-11:8이다. 둘째는 1:1-11와 11:9-12:14로서 이는 표제(1:1), 두 개의 시(1:2-11; 11:9-12:8), 그리고 결론(12:9-14)을 구성한다.[9]

첫 번째 내용인 1:12-11:8은 내적인 통일성 있는 구조를 이룬다. 크게는 무익한 인간의 행동을 강조하는 1:12-6:9와 하나님의 주권 아래 미래를 알 수 없는 인간의 무능함을 강조하는 6:10-11:8의 두 부분으로 나눌 수 있다. 또한 1:12-11:8을 분석해 보면 "즐거워하라."(carpe diem)라는 반복이 구조를 형성한다(2:24-26; 3:12-13; 3:22; 5:17-19; 8:14-15; 9:7-10; 11:9-10). 두 번째 내용은 서론과 결론으로 나눌 수 있는데, 모든 것이 헛되다는 주제(1:2; 12:8)와 우주론과 인간론에 관한 시(詩)들(1:4-11; 11:9-12:8)이 반복하여 나타난다. 이러한 관점에서 전도서의 문학적 구조는 다음과 같이 볼 수 있다.

Ⅰ. 서 론(1:1-11)

  1) 표제(1:1)

  2) 주제: 모든 것이 헛되도다(1:2)

  3) 중심질문: 수고가 무엇이 유익한고(1:3)

  4) 두 개의 시들(1:4-11)

    a. 우주론: 땅, 태양, 바람, 강

    b. 인간론: 말, 눈, 귀. 역사(망각)와 세대.

---

9) Perdue, *Wisdom and Creation*, 204. G. Wright, "The Riddle of the Spinx: the Structure of the Book of Qoheleth," *CBQ* 30 (1968), 313-34.

Ⅱ. 본 론

A. 여호와를 경외하지 않는 인간의 행위는 무익하다(1:12-6:9)

1) 두 번째 서론(1:12-18)

2) 솔로몬의 경험(2:1-26)

3) 때: 하나님의 주권에 비교되는 인간 수고의 무익함(3:1-13)

4) 심판과 인간의 운명(3:14-22)

5) 하나님의 주권아래 있는 인간 행위의 무익성(4:1-5:16)

6) 재물의 무익함(6:1-9)

B. 회복된 자를 위한 수정된 지혜들(6:10-11:8)

1) 하나님의 주권과 인간의 지혜 A(6:10-8:15)

2) 하나님의 주권과 인간의 지혜 B(8:16-9:10)

3) 하나님의 주권과 인간의 지혜 C(9:11-11:8)

Ⅲ. 결 론(11:9-12:14)

1) 두 개의 시들(11:9-12:7)

a. 인간론(11:9-11:10)

b. 우주론과 죽음(12:1-7)

2) 주제: 모든 것이 헛되도다(12:8)

3) 에필로그(12:9-14)

지혜전승 안에서 전도서의 위치

이스라엘에서 지혜는 하나님의 공의, 질서, 지식이라는 전제아래 시작되었다. 이 정의는 낙관적인 인간론이라는 기초아래 있었다. 이러한 전제는 그 반대인 하나님의 법을 빙자한 개인적인 통치, 하나님의 궁극적인 신비, 그리고 삶속에서 정의(正義)의 부족이라는 명제와 대립되는 것이었다. 지혜전승의 초기에는 이러한 요소들이 전자에 의하여 감추어져 있었다. 그러나 심각한 정체성의 위기는 이러한 지혜의 요소를 전면에 부각시켜, 마침내 자존적이고 실재에 대한 독립적인 접근이라는 지혜의 특징을 파괴하게 만들었다.[10] 이러한 위기에 직면하여 욥기와 전도서가 나타나는데, 욥기는 전통적인 지혜의 방법과는 이질적인 신현현(神顯現)의 경험을 받아들였다. 인간적인 요소를 배제한 궁극적인 질서를 통하여(예: 욥기 38:25-27) 욥기는 이 문제 해결을 시도하는데, 그 해답은 인간의 낙관적인 능력을 강조하는 전통적인 지혜에 의존한 것이 아니라, 하늘에서 오는 지혜를 의지한 것이었다.

전도서와 욥기는 하나님의 공의, 지식, 심지어 우주적인 질서에 대한 믿음을 의심하였다. 전도서는 욥기서보다 더 옛 지혜의 전제들을 급진화하였다. 욥의 근본적인 경험은 하나님의 정의에 대한 믿음의 상실인데, 전도서는 욥기를 넘어간다. 전도서는 하나님의 길을 기본적으로 알 수 있다고 하는 전통적인 지혜 명제들을 공격한다. 욥기는 사회는 문제없고 지혜의 원칙들이 적용되지 않는 자기 자신의 특별한 경우만을 알고 있는 반면에, 전도서는 바라보는 곳마다 일반적인 불의가 존재하는 총체적인 회의주의를 목격한다. 전도서 기자는 하나님의 최종적인 인과응보라는 원칙이 죽음아래 제한되었음을 알게 된다. 전도서 기자는 지혜 전승 안에 출구가 없음을 발견하지만, 전통적인 지혜전승의 언어를 사용하지 않는 어떤 대답도 받아들이기를 거절하였다.

욥기에서의 해답은 하나님의 직접적인 현현이다. 후기 외경 문헌 가운데 두개의 지혜서는 지혜전승의 발전을 보여준다. 집회서는 토라와 지혜를 일치시키고, 이스라엘의 구속사를 서술함으로써 위기를 이기려고 시도하였다. 반면에 솔로몬의 지혜서는 개인 영혼의 불멸성에 관한 그리스적 믿음으로 지혜전승의 위기를 극복하려고 하였다.[11] 이에 반해, 전도서는 임기응변적인 신현현(Deus ex machina theophany)을 받아들이기를 거절하였다. 그는 모든 해결되지 않는 질문들을 하나님의 신비에 돌림으로 회의주의에 빠진 우주론을 구하려고 하였다. 삶을 붙잡으라고 하는 최소한의 확실한 지혜로부터, 그는 염세적인 인간론의 그늘아래 공동체를 위해 새로운 지혜를 재건하였다. 전도서가 믿

---

10) Alan W. Jenks, "Theological Presuppositions," 72.
11) 위의 글.

음을 구하고 새로운 지혜를 세웠지만, 지혜 전승 안에 제기된 질문들에 대한 모든 해답을 제시할 수는 없었다. 하나님의 신비는 믿음을 구하는 해법이 되기는 하였지만, 해결되지 않은 질문들이 남아 있었다.

전도서는 지혜전승과 포로기 이후 제2성전 시대에 무엇을 의미하는가? 유대교에서, 포로 이전의 예언주의는 사라지고, 믿음과 은혜의 초월성이 후기 예언과 묵시주의, 그리고 율법주의 가운데 발전되었다.[12] 전도서는 율법이나 제사장 같은 특별한 선물을 다루지 않는다는 면에서, 인간이 자기를 의존하는 노력의 마지막을 의미한다. 전도서는 지혜 운동에 있어서 경험적이고 자연적인 방법을 사용하는 마지막 노력이 되었다. 전도서의 마지막 공헌은 전통적 유대 종말론의 제한된 자리까지 파괴하는 것이었다. 전도서 이후에 지혜는 인간이 노력하여 발견하는 것이 아니라, 사람에 대한 하나님의 선물로 완전히 바뀌었다. 전도서는 경험적이고 이성적인 지혜운동을 종결시키고 하나님의 초월성인 은혜를 준비하게 하였다.[13]

칼뱅과 전도서

전도서의 인간이해는 그 급진성에 있어서 칼뱅의 신학과 유사하다. 전도서는 인간에 대한 낙관적인 이해를 포기한다. 하나님도 더 이상 인간의 예측 가능한 곳에 있지 않고, 인간을 넘어선 초월적인 존재로 나타난다. 하나님은 욥기에서와 같이 인간의 이해를 촉구하기 위해서 인간에게 나타나지 않는다. 하나님은 이제 자기 마음대로 하는 폭군과 같이 여겨진다(전 9:1). 이제 하나님은 인간의 인식 범위를 넘어서서 영광이 강조된다. 자기 한계를 넘어서 타락한 인간관은 철저한 염세적인 인간관의 절정이다. 이는 칼뱅의 인간관이나 신관과 비견된다. 칼뱅은 철저히 전적으로 타락한 인간이해를 고수한다. 이것은 창세

---

12) J. Coert Rylaarsdam, *Revelation in Jewish Wisdom Literature* (Chicago: The University of Chicago Press, 1946), 74-98.

13) 위의 책.

기 3장의 서술아래 드러난 대로 인간의 한계를 넘어서 타락한 인간의 운명이다. 타락한 인간은 스스로 구원을 얻을 수 없기에 전적인 하나님의 은혜를 기다리는 것과 같다. 그리하여 칼뱅에게 전적인 인간 타락은 전도서의 염세적인 인간이해와 비견된다. 전도서는 여전히 현재라는 가능성을 붙잡고 있기에 전적 타락으로 나아가는 마지막 자리에 서 있었다. 전도서에서 이해된 하나님은 칼뱅이 이해한 대로 하나님의 영광만이 강조된다. 칼뱅의 인간이해가 오직 은혜 없이 전적으로 파산한 인간의 모습을 그려낸다면 전도서는 아직 은혜가 나타나기 전 이성과 경험에만 의지하는 인간론을 전제로 한 솔직한 인간의 실태이기에, 그 논리를 가지고 현재를 붙잡고 있지만, 이미 인간은 이성의 파탄을 선언하고 하나님의 은혜를 의지하는 직전의 상황으로, 철저하게 자신에 대하여 절망한다는 면에서 칼뱅을 준비하고 있다고 볼 수 있다.

칼뱅의 인간론은 자칫 인간의 전적인 타락의 기치아래 염세론으로 마칠 것 같지만 칼뱅은 인간의 염세론을 청지기 직분의 이해를 통하여 회복하고 있다. 현대의 칼비니즘이 전적인 타락에 머무르면서 회복된 인간의 가능성에 대하여 인색한 것과는 대조적이다. 칼뱅은 구원받고 변화된 인간에게 주어진 가능성을 청지기 직분에서 찾는다. 그것은 하나님을 경외하는 것을 잃어버리고 전적 타락에 들어선 인간이 하나님을 경외하는 마음을 찾은 후에 다시 잠언의 낙관적인 인간이해로 복귀하는 것과 같다. 잠언의 인간이해로 돌아간 후에는 다시금 하나님을 경외하는 마음을 가진 낙관적 인간관으로 돌아온다. 그리하여 칼뱅은 전도서에서 한 걸음 더 나아가 여호와를 경외함을 상실한 인간의 전적 타락과 하나님의 영광을 주장했고, 이것이 염세적인 인간론으로 끝나지 않고, 그리스도에 의하여 구원받은 이후에는 하나님을 경외하는 마음을 회복시켜 잠언에서 말하는 낙관적인 인간론, 즉 청지기론을 통한 회복을 이야기하고 있다. 전도서에서의 인간의 전적 타락과 하나님의 영광, 하나님의 구원을 체험, 그리고 잠언이 강조하는 청지기로의 회복을 통해 칼뱅은 지혜문학의 정신세계를 망라하고 있다.

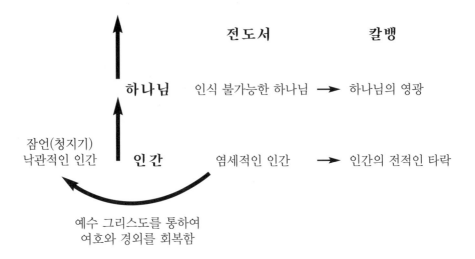

전도서   칼뱅

하나님   인식 불가능한 하나님 ➝ 하나님의 영광

잠언(청지기)
낙관적인 인간   인간   염세적인 인간 ➝ 인간의 전적인 타락

예수 그리스도를 통하여
여호와 경외를 회복함

위의 표는 잠언과 전도서에서 어떤 변화가 있는지를 보여준다. 잠언에서는 인간의 이성을 통하여 하나님께 이르기 때문에 화살표를 인간으로부터 하나님께로 향하였다. 전도서에서는 인간이 더 이상 하나님을 알 수 있는 능력이 없기 때문에 하나님이 위로 올라가 버린다. 그리하여 전도서는 인식 불가능한 하나님과 염세적인 인간론이 특징이 된다. 전도서와 유사하게 칼뱅의 경우에는 하나님의 영광과 인간의 전적인 타락이 대비된다. 전도서는 예수 그리스도 없는 인간을 보여주는 동시에 예수 그리스도를 통하여 여호와 경외를 회복하였을 때 다시금 잠언의 낙관적인 인간론을 회복하여 청지기로서 살아갈 수 있도록 돕는 것을 알 수 있다.

전도서에 나타난 잠정적인 지혜

전도서에 나타난 지혜를 "잠정적인 지혜"라고 부를 때 이는 잠언에 나타난 지혜와의 대조를 전제한다. 낙관적인 인간의 능력을 전제로 하는 잠언과 달리 전도서는 잠언에서 전제한 여호와를 경외하는 원칙이 지켜지지 않았을 때 어떤 파국이 오는지를 설명한다. 전도서는 사회와 개인이 더 이상 여호와를 경외하지 않았을 때 생겨난 염세주의를 시작으로 어떻게 여호와를 경외하는 사회를 재건하고 회복하는 일을 도울 수 있을지 그 지혜를 담고 있다. 여기서 회복으로 가는 길엔 중요한 두 가지 카드가 있는데, 그 하나는 죽음의 그림자이고, 다른 하나는 현재를 누리는 것과 전통적인 지혜를 대신하는 수정된 지혜이다. 먼저, 전도서가 제시하는 것은 인간이 필연적으로 직면해야 하는 죽음의 그림자이다. 죽음은 인간 한계의 절정이며 이 한계는 하나님의 절대 주권을 가리킨다. 이 요소는 인간의 악과 고난 등의 다양한 사건을 신비로 돌리게 만든다. 그리고 모든 인간을 염세주의로 인도하지만, 염세주의는 전도서의 마지막이 아니라 시작이다. 염세주의에 직면하여 사람들은 "그러면 어떻게 하란 말이냐?"라고 질문을 제기하며, 이 질문에 따라 현재만이 인간에게 남겨진 지혜의 자리임을 보여준다. 현재는 회의주의의 한계이고, 현재의 분복을 누리는 것은 인간이 포기할 수 없는 특권이다. 이 현재를 긍정한 후에 전도서는 현재에서 전통적인 지혜를 대체하는 수정된 지혜를 제시한다. 수정된 지혜를 통하여 공동체는 하나님 경외함을 회복하고 현재를 어떻게 살아갈 것인지를 알게 된다. 전도서에는 이와 같이 죽음의 그림자와 현재를 즐기라는 목소리를 담은 수정된 지혜가 반복해서 나온다.

지혜가 남용된 현실에서 전도서가 수행했던 첫 번째 과제는 모든 사람들을 죽음 앞에 세움으로 모든 불평등과 불의를 평준화하는 것이다. 죽음의 그림자는 여호와를 경외하지 않음으로 인한 모든 지혜의 남용을 공격한다. 전도서의 구조를 살핀다면, 서론(1:1-11)과 결론(11:9-12:14), 그리고 본론(1:12-11:8)으로 나눌 수 있다. 서론과 결론에서 헛되다는 주제가 반복된다(1:2; 12:8). 서론에서의 헛된 이유는 모든 수고가 유익하지 않기 때문이다(1:3). 여호와를 경외하지 않는 사람들에게 우주(땅, 해, 바람, 강물)는 유익하지 못한 행위의 주체가 되고(1:3-7), 진리를 파악하는 방법인 인간의 인식 능력도 제한되어 피곤할 뿐이다(1:8-11). 결론에서는 죽음을 의인화 하면서(12:1-7) 인간의 한계를 강조한다. 본론의 첫째 단락(1:12-6:9)에서는 인간의 행위가 무익하다고 주장한다. "바람을 잡는 것"이라는 말이 반복되면서(1:14, 15; 2:11, 17, 26; 4:4, 6, 16; 6:9), 무익한 행위가 강조된다. 즉, 여호와를 경외하지 않는 사회와 개인의 행위가 총체적으로 유익하지 않음을 강조하고 있다. 둘째 단락에서는, "사람이 발견할 수 없다"(7:14; 7:24-29; 8:17)와 "사람이 알 수 없다."는 내용이(9:1, 5, 10, 12; 10:14, 15; 11:2, 5, 6) 여러번 반복되면서, 미래를 알 수 없다는 것을 강조한다. 여호와를 경외하지 않는 개인과 사회에게 미래를 알 수 없다는 것은 염세적인 인간론을 강화하는 역할을 한다. 죽음을 대장으로 하는 염세주의적인 인간론은 전도서 전체에 퍼져 있다. 죽음은 인간의 한계이며(2:15; 3:19; 5:12-16; 6:6; 7:2; 8:8; 9:2-3), 죽음 가운데 인간의 영혼은 하나님께 돌아간다(3:20; 12:7). 인간의 지혜는 제한되어 있고(8:7; 10:14), 인간은 죄를 짓기 쉬운 존재이며, 잘못된 지혜는 죽음으로 인도하기도 한다(1:18; 7:29; 8:11; 9:3).

전도서에서 말하는 염세주의는 전통적인 지혜의 남용은 부정하지만, 전통적인 지혜를 개별적으로 수정하는 것의 유효성 마저 부정하는 것은 아니다. 전도서가 보기에 여호와를 경외하지 않는 인간의 모든 행동은 무익하다. 전통적인 지혜의 교만은 철저히 부서진다. 인간의 이성에 근거한 지혜가 남아 있는 유일한 곳은 이제 현재뿐임이 판명되었다. 더 이상 지혜는 과거를 자랑하지 못하며, 더 이상 미래를 계획하지 못한다. 인간에게 주어진 분복은 오직 현재를 누리는 것이다(2:24-26; 3:12-13; 3:22; 5:17-19; 8:14-15; 9:7-10; 11:7-8). 염세적인 인간관이 입증된 이후 현재를 즐기라는 명령은 인간이 취할 수 있는 최고의 처세로 여겨지고, 이어서 잠언의 지혜를 대체하는 수정된 지혜가 제시된다.

수정된 지혜는 다음과 같은 세 단계를 통해서 이루어진다. 첫째, 여호와를 경외하라는 지혜의 전제가 무너졌기에 더 이상 전통적인 지혜 전승이 유효하지 않다. 이제 모든 전통적인 지혜 전승은 더 엄격한 기준을 적용하여 비판받아야 한다. 엄격한 기준이란 여호와 경외함이 문제시되지 않을 때는 전제되던 요소들이 여호와 경외가 의심되는 시기에는 검토되어야 할 세부적인 내용들이다. 둘째, 남용된 전통적인 지혜 대신 여호와를 경외함에 입각하여 새로운 지혜가 제시된다. 이 지혜는 여러 면에서 과거의 전통적인 지혜와 비교되는데, 수정된 지혜를 제시하면서도 전도서 기자는 이 지혜가 다시금 남용될 위험에 있음을 직시하고 있다. 그리하여 이 수정된 지혜가 다시는 남용되지 않기 위하여 안전장치를 제시하는데 이것이 바로 세 번째 대안이다. 이것의 목표는 구체적인 지혜를 제공하는 것이 아니다. 차라리 두 번째 제시된 수정된 지혜가 절대적인 것이 아님을 깨닫고 이 지혜가 잠정적인 것임을 확인하게 만드는 것일 뿐이다. 이 세 번째 대안은 인간의 한계인 죽음의 그림자의 반영이며, 두 번째 대안의 절대성을 막고 수정된 지혜가 단지 현재에만 주어진 잠정적인 지혜임을 강조하게 된다. 수정된 지혜가 잠정적이라는 말은 지혜의 영원한 유효성을 주장하지 않으면서도 과거의 잠언처럼 사회를 유지하는 지혜의 역할을 수행할 수 있다는 것이다.

8장

전도서에 나타난 잠정적인 지혜[14)]

> 너는 가서 기쁨으로 네 음식물을 먹고 즐거운 마음으로 네 포도주를 마실지어다(전 9:7)

서론

전도서는 지혜문헌의 하나로 분류되지만,[15)] 다른 지혜문헌들과 다르다. 이 연구에서 보여주려는 것은 전도서 안에서 헛됨을 강조하는 염세적인 요소와, 현재와 수정된 지혜를 강조하는 낙관적인 요소가 어떻게 조화를 이루는지에 대한

---

14) 이글은 다음에 실린 글을 편집한 것이다. 배정훈, "전도서에 나타난 잠정적 지혜" 「구약논단」 17 (2011), 10-30.

15) 일반적으로 지혜서들은 몇 가지 공통된 특징을 가지고 있다: 하나님의 구원사에 대한 최소한의 관심, 국가로서의 이스라엘에 대한 무관심, 신정론, 인생을 어떻게 성공적으로 이끄는가에 대한 관심, 우주적인 경험에 대한 큰 관심, 창조와 창조자에 대한 묵상 안에서의 즐거움 등. 이러한 특징들은 구약성서 전체에 나타난다. 그러나 이러한 주제에 대하여 지속적으로 관심을 갖는 문헌들은 "지혜문헌"이라는 표제를 달게 되었다. 주요 지혜문헌은 잠언, 욥기, 전도서(칠십인역에서는 Ecclesiastes), 집회서(칠십인역에서는 Ecclesiasticus), 그리고 솔로몬의 지혜서이다. 배정훈, "성문서의 최근 연구동향," 김영진 외 15인 공저, 「구약성서개론」(서울: 대한 기독교서회, 2004), 439.

관심이다. 그래서 전도서의 최종본문의 통일성에 기초하여[16] "더 나은 잠언"이라는 장르(T-S Form)를 통하여 전도서에 나타난 지혜의 특징을 살펴보려고 한다.

전도서에 나타난 "더 나은 잠언"의 형식

전도서에서 잠정적인 지혜로서의 특징을 보여주는 양식인 "더 나은 잠언"[T-S (Tôp-Spruch)] 형식을 취한 지혜들을 다음과 같이 분석하고자 한다.[17] "더 나은 잠언" 형식은 "A가 B보다 낫다."라는 비교급 문장으로 "טוב(토브/좋다) + A + מן(민/-보다) + B"의 형식을 취한다. 예를 들어 "**두 손에 가득하고 수고하며 바람을 잡는 것**(A) 보다 **한 손에만 가득하고 평온함**(B)이 더 나으니라"(전 4:6)와 같이 표기된다. 전도서에는 이렇게 "더 나은 잠언" 형식을 완벽하게 취하는 구절들이 있다(4:6, 9, 13; 5:5, 6:3b, 9; 7:1a, 2a, 3, 5, 8a, 9:4, 16, 18). 그러나 이 형식 가운데 첫 번째 טוב(토브/좋다)가 생략된 구절들도 있다: "죽는 날이 출생하는 날보다(나으며)"(7:1b). 이 구절에서는 "나으며"

---

16) 전도서 안에 낙관적인 것과 염세적인 경향의 모순되어 보이는 것들이 존재하지만 차일즈(Brevard S. Childs)는 전도서의 편집이 원래 말을 근본적으로 변화시키지는 않았다고 말한다. 차라리 원래 형태가 편집을 통하여 책을 해석할 수 있는 더 큰 문맥을 갖게 되었다고 주장한다. 정경적인 문맥에서, 전도서는 공동체를 비판적인 지혜로 인도하는 판단을 기대한다(12:14). 이 편집은 전도서가 전통적인 신론을 확증하고, 수정된 지혜를 제시하도록 만들었다. 정경비평에 따르면, 전도서의 저자를 솔로몬으로 묘사함으로써(1:1, 12), 전도서의 지혜는 이스라엘의 지혜의 근원인 솔로몬의 지혜가 수정된 것으로 공식적으로 인정한다. 배정훈, "정경해석 방법(Canonical Analysis)의 이해," 「신학과 문화」 9집 (2000), 71-90. Brevard S. Childs, *Introduction to the Old Testament as Scripture* (Philadelphia: Fortress Press, 1979), 583-89.

17) "더 나은 잠언" 형식에 관하여는 다음학자들에 의하여 연구되었다. 아이스펠트(Eissfeldt), 바움가르트너(W. Baumgartner), 버지(E. A. Wallis Budge), 어만(A. Erman) 그리고그레스만(H. Gressman). 침멀리(W. Zimmerli)는 낫다고 말하는 히브리어 토브(טוב)는 "좋지 않음"과 대비되는 "좋음"의 행위를 강조한다고 이해한다. 이어서 그는 "더 나은 잠언"은 행동에 대한 절대적인 기준이 아니라 인간적이고 제한적인 차원을 담은 것으로 이해했다. 슈미트(H. H. Schmidt)는 "더 나은" 잠언의 형식은 두 번 째 요소를 부정하는 표현이라고 주장한다(삼상 24:17). 최근에 "더 나은 잠언"의 형식에 관한 연구는 G. E. Bryce 에 의하여 이루어졌다. 그는 T-S 형식이 서론 또는 결론의 장치로 사용된다고 주장한다. 특히 전도서에서의 "더 나은 잠언" 형식을 사용하였다. Graham Ogden, "The 'Better' Proverb (Tôb-Spruch), Rhetorical Criticism, and Qoheleth," *JBL* 96/4 (1977), 489-505. G. E. Bryce, "'Better'-Proverbs: An Historical and Structural Study," L. C. McGaughy(ed.), *Book of Seminar Papers* (Missoula: SBL, 1972), 343-54.

라는 단어는 없지만 문맥상 있는 것이나 마찬가지이다. 이와 같이 טוב(토브/좋다)가 생략된 구절들이 있다(4:2, 5:1, 7:1b, 9:17). 그런데 "더 나은 잠언"은 남용된 전통적인 지혜를 비판하고 수정된 지혜를 제공하는 것을 목표로 하는데 수정된 지혜를 절대화하지 않기 위하여 세 번째 대안을 제시하고 있다. 세 번째 대안은 규칙적으로 나타나지 않지만 문맥을 통하여 그 존재를 가늠할 수 있다. 위의 연구 내용을 종합하면 전도서에 나타난 "더 나은 잠언" 형식들을 히브리어 원문으로 보면 다음과 같다.

4:2	A+מן(민/-보다)+B	4:3 세 번째 대안(아직 출생하지 않은 자)
4:6	טוב(토브/좋다)+A+מן(민/-보다)+B	
4:9	טוב(토브/좋다)+A+מן(민/-보다)+B	4:12 세 번째 대안(세겹줄)
4:13	טוב(토브/좋다)+A+מן(민/-보다)+B	4:16 세 번째 대안(후에 오는 자들)
5:1	A+מן(민/-보다)+B	
5:5	טוב(토브/좋다)+A+מן(민/-보다)+B	
6:3b	טוב(토브/좋다)+A+מן(민/-보다)+B	
6:9	טוב(토브/좋다)+A+מן(민/-보다)+B	
7:1a	טוב(토브/좋다)+A+מן(민/-보다)+B	
7:1b	A+מן(민/-보다)+B	
7:2a	טוב(토브/좋다)+A+מן(민/-보다)+B	
7:3	טוב(토브/좋다)+A+מן(민/-보다)+B	
7:5	טוב(토브/좋다)+A+מן(민/-보다)+B	7:7 세 번째 대안(탐욕과 뇌물)
7:8a	טוב(토브/좋다)+A+מן(민/-보다)+B	
9:4	טוב(토브/좋다)+A+מן(민/-보다)+B	
9:16	טוב(토브/좋다)+A+מן(민/-보다)+B	9:16a 세 번째 대안(멸시)

9:17   A+מן(민/−보다)+B 9:18b 세 번째 대안(죄인)

　"טוב(토브/좋다)+A+מן(민/−보다)+B"의 형식으로 "더 나은 잠언"을 표현할 때, 전도서 기자는 자신의 고유한 방법을 사용한다. 우선 비교 대상인 A와 B가 설명 없이 그대로 비교된다. 예를 들어, "슬픔이 웃음보다 나음은"(7:3a) 이라는 말에서 슬픔과 웃음이라는 단어만 가지고도 비교를 가능하게 한다. 그러나 단어 자체가 전통적인 단어로만은 비교할 수 없을 정도로 왜곡되었기에 단어 앞에 그 지혜를 질적으로 규정한 다른 단어를 통하여 지혜를 비교한다. 예를 들어, "두 손의 수고는 한 손의 수고보다 더 낫다."의 경우 두 손의 수고와 한손의 수고를 비교하는 것이다. 그러나 지혜의 남용을 반영하는 단어가 붙으면 달라진다. 두 손의 수고라도 바람을 잡으려는 시도보다는 한 손의 수고라도 평온함이 더 나은 지혜이다(4:6). 그리고 A와 B의 비교가 끝난 후에는 이유를 설명하기도 한다: "모든 사람의 끝이 이와 같이 됨이라"(7:2). 또는 A와 B가 아닌 다른 세 번째 대안이 제시된다: "이 둘보다도 아직 출생하지 아니하여 해 아래에서 행하는 악한 일을 보지 못한 자가 더 복되다 하였노라"(4:3).

전도서에 "더 나은 잠언"의 형태로 표현된 잠정적인 지혜

　위에서 "더 나은 잠언"의 형식을 모두 살펴보았다. 이 형식은 전도서가 강조하는 잠정적인 지혜의 논리적 전개를 위하여 세 가지 요소를 강조하는데 세 가지 요소는 전통적인 지혜, 수정된 지혜, 세 번째 대안의 형식이다. 이 형식이 본문에서 어떻게 나타나는지를 살펴보기로 하자.

　1) 전도서 4장 2-3절 "그러므로 나는 아직 살아 있는 산 자들보다 죽은 지 오랜 죽은 자들을 더 복되다[18] 하였으며, 이 둘보다도 아직 출생하지 아니하여

---

18) שבח(샵베하/선포하다)는 부정사 절대형이다 (Ges, 113gg). 이것은 טוב(토브/좋은)를 사용하지 않는 "더 나은 잠언" 형태이다.

해 아래에서 행하는 악한 일을 보지 못한 자가 더 복되다[19] 하였노라".

본문에서는 산 자들, 죽은 지 오랜 자들, 그리고 출생하지 않는 자 등 세 가치가 등장한다.

가치 1	전통적인 지혜	산자: 학대받는 자나 학대하는 자
가치 2	수정된 지혜	죽은 지 오랜 자들
가치 3	세 번째 대안	출생하지 않은 자

삶이 온통 학대라는 부조리로 이루어졌다고 하는 전도서 기자의 관찰에서 부터 논리가 시작된다. 학대받는 자가 눈물 흘리는데 그에게 위로자가 없다.[20] 현실이 부조리하기 때문에 "살아 있는 것" 자체가 가치 없는 것으로 여겨진 다.[21] 학대라는 부조리만 없다면 살아있는 것이 가장 큰 가치이지만 학대라는 부조리 때문에 살아 있는 것 자체의 가치가 약화된다. 그래서 살아 있는 자 대 신 두 번째로 등장하는 가치는 죽은 지 오래된 죽은 자들이다. 살아 있는 것이 죽은 자보다 낫지만, 살아 있는 자가 학대를 경험한다면 죽은 지 오랜 자 보다 는 가치가 덜 하다. 그래서 죽은 지 오랜 자는 살아 있는 자라는 전통적인 가치 보다 더 가치 있는 수정된 지혜의 역할을 하게 된다. 그러나 그보다 더 큰 가치 로 제시된 세 번째 대안은 출생하지 않은 자이다. 실제로 택할 수 있는 앞의 두 가지 선택들은 이상적인 선택인 세 번째 대안보다 열등한 것이다. 세 번째 대안 은 그 이전의 어떤 선택도 좌절시키는 염세주의로서, 하나님의 주권에 비교되 는 요소로 그들의 제한성을 기억하게 한다. 수정된 지혜인 죽은 지 오랜 자라는

---

19) מן טוב(토브 민/-보다 좋다)은 비교 형식으로 나타난다. 전도서에서 이 용어는 염세적인 인간론 을 드러내는 중요한 수사학적 장치이다(3절, 6절, 9절, 그리고 13절).

20) 4장 1절에서 두 번째 등장하는 위로자에 대하여 BHS는 같은 단어의 반복을 피하기 위하여 두 번 째 מְנַחֵם(므나헴)를 מְנַקֵּם(므나켐)으로 변형할 것을 제안한다. 그러나 전도서 3:16에서와 같이 같은 단어로 시작하여, 같은 단어로 끝나는 것은 일반적인 용법이다. Tremper Longman III, *The Book of Ecclesiastes* (New International Commentary on the Old Testament; Grand Rapids: Eerd-mans, 1998), 13.

21) C. L. Seow, *Ecckesiastes* (AB 18C; New York: Doubleday, 1997), 187.

가치는 산 자에게 어떠한 효과를 주는가? 산자들은 학대를 경험하는 삶을 사느니 당장 죽어야 죽은 지 오랜 자라는 가치를 획득하게 된다. 이 수정된 지혜를 선택하는 것이 불가능한 것은 아니지만 실제로 본문이 의도하는 것은 역설적으로 학대 없는 삶의 강조이다. 이 본문은 학대 없는 삶을 이중으로 강조한다. 학대 받는 자를 처음엔 죽음 이후의 존재(죽은 지 오랜 자)와 비교하고, 그 다음에는 삶 이전의 존재(출생하지 않은 자)와 비교함으로 학대 없는 이상적인 삶을 역설적으로 강조하고 있다.

2) 전도서 4장 6절 "두 손에 가득하고 수고하며 바람을 잡는 것보다 한 손에만 가득하고 평온함이 더 나으니라". 4장 9절 "두 사람이 한 사람보다 나음은 그들이 수고함으로 좋은 상을 얻을 것임이라".

4장 6절에서 헛된 수고를 동반한 두 손에 가득한 소득, 그리고 평온을[22] 동반한 한 손에 가득한 소득이 비교된다.

가치 1	전통적인 지혜	두 손에 가득한 소득+바람을 잡는 것
가치 2	수정된 지혜	한 손에 가득한 소득+평온

손에 가득한 것이란 수고하여 얻은 소득인 재물이다. 여호와를 경외하고 정직하고 근면하게 얻었다는 전제가 성립된다면 당연히 양적으로 많은 두 손에 가득한 소득이 우월한 가치이다. 그러나 본문에서 전통적인 지혜를 역전시키는 새로운 요소가 나타나는데 평온함이다.[23] 전통적인 시대에 평온은 당연한 것이지만 전도서의 시대에 평온을 상실하면서까지 소득을 늘리려는 것은 지혜의 남

---

22) 평온함이란 팔장끼고 아무것도 하지 않는 것이 아니라, 걱정 근심이 없는 평화와 안전을 말한다. Seow, 188.

23) 잠언은 많은 재물을 긍정적으로 보면서도 (잠 10:15; 18: 11), 많은 재물을 무효하게 만드는 요소를 제시한다: 부하고 번뇌하는 것(잠 15:6); 불의한 소득(잠 16: 8); 다툼(잠 17:1). 즉, 잠언에서도 전통적인 지혜를 견제하는 요소가 있지만, 전도서는 특별히 수고의 무익함을 강조하는 수정된 지혜를 제공한다.

용이다. 그래서 평온의 요소를 고려한 평가가 이루어진 것이다. 평온이 없다면 두 손에 가득한 소득이 평온이 있는 한 손에 가득한 소득보다 열등한 가치로 평가된다. 본문에서 세 번째 대안은 나타나지 않는다.

4장 9절에서는 두 사람과 한 사람을 비교한다. 이미 4장 6절에서 하나와 둘을 비교하고, 다시 4장 9절에서 다른 관점에서 하나와 둘을 비교한다.

가치 1	전통적인 지혜	하나 – 홀로 있는 하나
가치 2	수정된 지혜	둘 – 함께 있는 둘
가치 3	세 번째 대안	세겹줄

4장 7–8절에서 전도서 기자는 재물을 위하여 가정을 희생하고 끝없이 수고하면서도 만족하지 못하는 한 사람의 불행을 관찰한다. 이러한 이유로 인하여 둘이 하나보다 낫다고 설명한다.[24] 그 이유는 "그들이 수고함으로 좋은 상을 얻을 수 있고," "함께 누우면 따뜻하기 때문이다." 그러나 두 사람이 교만하지 말아야 할 것은 더 많은 숫자로 표현된 세겹줄이 있기 때문이다: "세겹줄은 쉽게 끊어지지 아니하느니라"(4:6b). 예기치 않은 이 구절의 등장은 두 사람에 대한 견제이다.[25] 두 사람의 가치가 한 사람의 가치보다 낫지만 세 사람에 비하여는 상대적인 가치임을 인식하여야 한다. 그러나 현실적으로는 두 사람의 가치를 상대적으로 사용한다.

3) 전도서 4장 13절 "가난하여도 지혜로운 젊은이가 늙고 둔하여 경고를 더 받을 줄 모르는 왕보다 나으니"

이 본문도 전도서 기자의 관찰에 대한 결론으로 주어진다. 본문에서 제시

---

24) 전도서 기자는 이러한 추론을 관찰을 통해 행한다. 4장 7-8절에서 가족을 희생하면서 수고하였지만 자신을 위해서도 누리지 못하는 희생자에게 "선한 것"이 무엇인지를 찾게 한다. Seow, 188-189.

25) 본문의 초점은 두 사람이면 좋고 세 사람이면 더 좋고의 형식이 아니다. 한 사람보다 나은 두 사람의 가치가 상대적임을 보여주려고 한다. Seow, 190.

된 두 번째 가치는 "젊은이 + 가난 + 지혜"이다. 이보다 열등한 첫 번째 가치는 "늙음 + 부자(왕) + 지혜 없음(둔하여 경고를 받지 않음)"이다. 이 본문도 전통적인 가치의 역전을 보여주는데 전통적인 지혜에서 늙음은 젊음보다 낫고[26], 가난보다 부자가 낫다.[27] 그러므로 "늙음 + 부자"가 "젊음 + 가난"보다 나아야 한다.

가치 1	전통적인 지혜	늙음 + 부자 (왕) − 지혜 없음
가치 2	수정된 지혜	젊은이 + 가난 − 지혜
가치 3	세 번째 대안	후에 오는 자들

그런데 본문에서 "늙음 + 부자"가 "젊음 + 가난"보다 열등한 이유는 무엇인가? 전통적인 지혜에서는 당연했던 지혜가 상실되었기 때문이다. 본문에서 이 지혜의 반대는 "둔하여 경고를 받지 않음"이라고 설명한다. 전통적인 지혜의 내용과 상관없이 지혜와 둔함이 우열을 결정한다. 오히려 젊은이가 지혜롭고, 늙은 왕은 둔하여 경고를 듣지 않는다. 새로운 요소가 두 개의 가치를 역전시킨다. 나이와 부라는 가치의 합이 지혜 없음 때문에 열등한 가치로 여겨진다. 수정된 지혜는 "젊음 + 가난 + 지혜"이다. 그러나 전도서 기자는 수정된 지혜의 가치가 영원하지 않음을 인식한다. 부와 나이가 사람을 교만하게 하여 듣지 않게 할 수 있다. 그런데 상식적으로 예측되는 세 번째 대안인 새로운 왕의 실수도 첫 번째 왕이 범한 실수인 "둔하여 듣지 않음"으로 보인다. 그러나 4장 16절에 등장하는 "후에 오는 자들"은 그 예상을 뛰어넘는 세 번째 대안이다. 당대의 백성들은 젊은 왕을 기억할지 모르지만[28] 왕이 바뀐 후에(또는 죽은 후에) 오는 새로운 세대들은 그를 기뻐하지 않을 것이기 때문에 가난한 젊은이의 가

---

26) 잠 16:31; 20:29.

27) 잠 10:15; 18:11.

28) 왕이 된 사람은 한 때 젊은 영웅이었지만 왕의 영광은 잠시이다. 백성들은 다음 왕을 따르고 이전 왕을 잊게 된다. Seow, 192.

치는 상대적이다. 두 번째 왕이 "듣지 않음"을 피할 수는 있었겠지만 세 번째 대안인 "후에 오는 자들의 기억하지 못함"은 피할 수 있는 방법이 없다. 만약 듣지 않음이 세 번째 대안이라면 그것은 피할 수 있는 대안이다. 그러나 "후에 오는 자들의 기억하지 못함"이라는 요소는 때가 되면 나이가 들어 우리가 불가 피하게 맞이할 수밖에 없는 것이다. 즉, 인간의 연약함이라기보다는 인간으로 서는 피할 수 없는 실존적인 한계이다. 그는 흘러가는 세월을 막지 못해 결국은 퇴위 또는 죽음이라는 자기 한계를 넘어갈 수 없고, 이 제한된 상황에서 그의 분복은 본문에서 드러나게 제시하지는 않지만 왕으로 즉위하는 제한 된 기간을 겸손하게 누리는 것이다.

4) 전도서 5장 1절 "가까이하여 말씀을 듣는 것이 우매한 자들이 제물 드 리는 것보다 나으니 그들은 악을 행하면서도 깨닫지 못함이니라"[29] 5장 5절 "서 원하고 갚지 아니하는 것보다 서원하지 아니하는 것이 더 나으니".

5장 1절에서 두 개의 가치가 비교된다. 지혜 1은 제물 드리는 것이며, 지혜 2는 가까이하여 말씀을 듣는 것이다.

가치 1	전통적인 지혜	우매한 자들이 제물 드리는 것
가치 2	수정된 지혜	가까이 하여 말씀을 듣는 것

순종이 제사보다 낫다(삼상 15:22)는 사무엘의 말을 생각나게 하는 본문 이다.[30] 제사를 통하여 제물을 드리는 것은 전통적으로 중요한 가치이다. 그런 데 제사를 드릴 때 전제되던 것들이 문제시되는 시대이므로 질적인 평가를 거 쳐야 한다. 비록 세 번째 대안은 나타나지 않지만 이유를 통하여 짐작할 수 있

---

29) BHS에서는 לַעֲשׂוֹת(라아소트) 앞에 מ(민)을 추가하여 מִלַעֲשׂוֹת(미라아소트) 로 읽으면서 "악 한 일을 하는 것 이외에는 알지 못한다." 로 번역하기를 제안한다. 그러나 이 구절은 그대로 번역 할 수도 있는데, 악을 행하는 법을 알지 못한다는 말이 아니라 악을 행하면서도 그것이 악인지를 깨닫지 못한다는 말이다. Seow 195.

30) 차준희, "전도서 5장의 신학적 읽기: 주석과 메시지," 「구약논단」 제 36집 (2010), 118.

다. 악을 행하면서 깨닫지 못하고(5:1b) 제물을 드리는 자는 우매한 자가 되고, 제물을 드리는 행위보다는 말씀을 듣고 순종하는 것이 더 높은 가치가 된다.

5장 5절도 유사한 문맥이다.

가치 1	전통적인 지혜	서원하고 갚지 아니하는 것
가치 2	수정된 지혜	서원하지 않는 것

서원은 전통적으로 중요한 지혜임에도 불구하고 서원하지 않는 것을 더 나은 가치로 제시하는 이유는 무엇인가? 서원을 하고 갚지 않음으로 서원을 남용하는 일들이 나타나기 때문이다.[31]

전에는 서원을 여호와를 경외하는 신앙의 기초 아래 행해지는 것으로 인식하였지만, 이제 모든 서원의 행위를 긍정적으로만 보지 않는다. 서원하지 않는 행위도 서원하고 행하지 않는 행위보다 우월한 가치가 될 수 있다. 전통적인 지혜에 대한 질적인 평가를 통하여 가치가 역전되는 것이다. 새롭게 바뀐 가치들의 순서는 다음과 같다: 서원하고 갚는 행위 〉 서원하지 아니하는 것 〉 서원하고 갚지 않는 행위. 이 본문들은 모두 제사나 서원을 폐기하라고 하는 것이 아니라, 전통적인 지혜에 대한 남용을 경험한 후에 경험 이전에는 생각하지 못하던 수정된 지혜를 제시한 것이다.

5) 전도서 6장 3절 "사람이 비록 백 명의 자녀를 낳고 또 장수하여 사는 날이 많을지라도 그의 영혼은 그러한 행복으로 만족하지 못하고 또 그가 안장되지 못하면 나는 이르기를 낙태된 자가 그보다는 낫다 하나니" 6장 9절 "눈으로 보는 것이 마음으로 공상하는 것보다 나으나 이것도 헛되어 바람을 잡는 것이로다".

6장 3절에서 제시된 전통적인 지혜는 "백 명의 자녀를 낳는 것"과 "장수하여 사는 날이 많은 것"이다.

---

31) 위의 책, 120-122.

가치 1	전통적인 지혜	많은 자녀와 장수 + 만족하지 못함 또는 안장되지 못함.
가치 2	수정된 지혜	낙태된 자

그의 불행은 "만족하지 못함"과 "안장되지 못함"이다. 많은 자녀 + 장수의 복을 누렸더라도 자신의 분복에 대하여 만족하지 않고 안장되지 않음을 경험한 다면 차라리 낙태된 자보다 못하다고 평가하는 것이다. "더 나은 잠언"으로 제 시된 낙태된 자가 실제적인 윤리를 제공하지는 않는다. 단지 살아 있는 존재가 겪는 결핍이 삶을 덜 행복하게 한다는 말이다.[32] 결핍을 살펴볼 때 "만족하지 못하는 것"은 본인 관점의 문제지만 "안장되지 못하는 것"은 본인이 어떻게 할 수 없는 사후의 문제이다. 그러므로 이 결핍은 단순한 관점의 문제만이 아니라 살아 있는 존재가 어쩔 수 없이 경험해야 하는 일도 포함된다. 본문에서 세 번 째 대안은 나타나지 않는다.

난해한 구절인 6장 9절은 히브리어 הֲלָךְ־נֶפֶשׁ(할라크-네페쉬)의 해석이 어렵지만 본문의 문맥을 염두에 두고 해석할 수 있다. 개역개정판은 "마음으로 공상하는 것"이라고 번역한다. 6장 7절에서는 같은 단어인 נֶפֶשׁ(네페쉬)를 식 욕이라고 번역한다. 즉, 이 단어는 채울 수 없는 인간의 욕망을 보여준다. 채울 수 없는 욕망으로 인하여 멸망하는 것에 대한 비판은 전도서의 신학이다. 그러 므로 같은 נֶפֶשׁ(네페쉬)라는 단어를 사용한 הֲלָךְ־נֶפֶשׁ(할라크-네페쉬)는 앞에 서 설명한 대로 욕망이 요구하는 대로 끝없이 달려가는 것을 의미한다고 볼 수 있다. 욕망에 마음을 빼앗겨 끝없이 달려가는 것과 대비되는 것은 "눈으로 보 는 것"인데 이는 현재를 하나님의 은혜로 알고 즐기라는 전도서의 신학을 반영 한다.[33]

---

32) Seow는 반대로 이 문제를 "산자가 어떻게 보고 아는지에 따라 행복할 수도 있고, 불행할 수도 있다"고 보는 것이다. Seow, 226.

33) "눈으로 보는 것"은 5장 11절에도 등장하는데 소유주에게 허락된 유익이 눈으로 보는 것이라고 제안한다. William P. Brown, *Ecclesiastes*, (Louisville: John Knox Press, 2000), 66-67.

가치 1	전통적인 지혜	마음으로 공상하는 것
가치 2	수정된 지혜	눈으로 보는 것

6) 전도서 7장 1절 "좋은 이름이 좋은 기름보다 낫고 죽는 날이 출생하는 날보다 나으며"; 전 7장 2절 "초상집에 가는 것이 잔칫집에 가는 것보다 나으니 모든 사람의 끝이 이와 같이 됨이라 산 자는 이것을 그의 마음에 둘지어다". 전도서 7장 3절 "슬픔이 웃음보다 나음은 얼굴에 근심하는 것이 마음에 유익하기 때문이니라" 7장 5절 "지혜로운 사람의 책망을 듣는 것이 우매한 자들의 노래를 듣는 것보다 나으니라" 7장 7절 "탐욕이 지혜자를 우매하게 하고 뇌물이 사람의 명철을 망하게 하느니라".

가치 1	전통적인 지혜	좋은 기름	출생하는 날	잔칫집	웃음
가치 2	수정된 지혜	좋은 이름	죽는 날	초상집	슬픔
가치 3	세 번째 대안		죽음의 그림자		

"더 나은 잠언" 형식이 나타나는 전도서 7장 1-10절도 다양한 자료들을 질서없이 모은 것으로 보이지만 수정된 지혜의 잠정성을 고려한다면 가치를 비교할 수 있다. 7장 1-4절에서 전통적인 지혜와 더 나은 지혜가 나열되고 중간에 죽음이 언급된다. 비교 대상은 좋은 이름과 좋은 기름, 죽는 날과 출생하는 날, 초상집과 잔치집, 슬픔과 웃음 등으로 두 번째 제시되는 것은 전통적인 지혜이며 첫 번째 제시되는 것은 수정된 지혜이다. 기름과 이름의 비교에서 잠언 22장 1절을[34] 고려할 때 기름은 부와 기쁨을 상징한다. 본문의 문맥에서 이름은 단지 살아 있는 동안의 이름이 아니라 죽음 이후에 남겨질 영원한 이름을 전제한다(욥 18:17; 잠 10: 7; 사 56:5; 집회서 41:11-13).[35] 이어서 등장하는 첫째

---

34) "많은 재물보다 명예를 택할 것이요 은이나 금보다 은총을 더욱 택할 것이니라"(잠언 22:1).

35) Seow, 242-243. 전도서의 저자는 "좋은 이름"이 죽음 이후의 명성, 즉 완성되고 더 이상의 다른 어리석은 행위나 죄로 인하여 망치지 않는 그러한 명성을 의미한다." Whybray, 113.

가치인 출생하는 날, 잔치집, 웃음 등은 전통적인 지혜에서 가치 있는 지혜이지만, 죽음의 그림자를 염두에 둘 때 이것보다는 죽는 날, 초상집, 슬픔 등이 선호된다. 본문에서 세 번째 대안은 나타나지 않고 수정된 지혜가 선호되어야 하는 이유를 언급한다: "모든 사람의 끝이 이와 같이 됨이라"(7:2b); "얼굴에 근심하는 것이 마음에 유익하기 때문이다"(7:3b). 이는 전도서에서 일관성 있게 제시하는 죽음의 그림자를 전제하는 설명이다.

4절이 지혜자와 우매자의 대조로 끝났기 때문에 7장 5-7절도 지혜자와 우매자라는 단어를 사용하지만 주제는 조금 다르다.

가치 1	전통적인 지혜	우매한 자들이 노래를 듣는 것
가치 2	수정된 지혜	지혜로운 사람의 책망을 듣는 것
가치 3	세 번째 대안	탐욕과 뇌물

비교된 가치들은 책망을 듣는 것과 노래를 듣는 것이다. 이미 전통적인 잠언에서 유사한 비교는 있었다(잠 13:1; 15:31; 17:10; 25:12; 26:9; 29:9). 그러나 여기에서 책망과 노래는 이것들의 주체인 지혜로운 사람과 우매한 자들이 밝혀질 때 가치의 비교가 더 드러난다. 더구나 본문의 문맥에서 지혜자와 우매자는 죽음을 통하여 교훈을 배운 자와 그렇지 않은 자로 비교되기에 본문의 가치비교는 명확해진다.[36] 그리하여 결론은 "우매한 자들의 노래를 듣는 것보다 지혜로운 자의 책망을 듣는 것이 낫다."는 것이다. 지혜자의 책망이 "더 나은 잠언"으로써 수정된 지혜의 위치를 차지했지만 세 번째 대안 때문에 남용은 금물이다. 그런데 본문에 제시되는 세 번째 대안은 죽음이 아니라 탐욕과 뇌물이다. 탐욕과 뇌물은 모든 인간이 불가피하게 경험하는 죽음이라는 한계 이전에 인간의 연약함 때문에 초래되는 덫이다. 탐욕과 뇌물은 지혜자를 언제라도 넘어뜨릴 수 있는 것이기에 지혜자의 책망은 잠정적인 가치가 된다. 그러나 탐욕과 뇌물로 인하여 왜곡되지 않는 한, 지혜자의 책망은 수정된 지혜의 역할을 담

---

36) Whybray, 115.

당한다.

　7) 전도서 9장 4절 "모든 산 자들 중에 들어 있는[37] 자에게는 누구나 소망이 있음은 산개가 죽은 사자보다 낫기 때문이니라". 9장 16절 "지혜가 힘보다 나으나 가난한 자의 지혜가 멸시를 받고 그의 말들을 사람들이 듣지 아니한다 하였노라". 9장 17절 "조용히 들리는 지혜자들의 말들이 우매한 자들을 다스리는 자의 호령보다 나으니라". 9장 18절 "지혜가 무기보다 나으니라 그러나 죄인 한 사람이 많은 선을 무너지게 하느니라".

가치 1	전통적인 지혜	죽은 사자	힘
가치 2	수정된 지혜	산 개	지혜
가치 3	세 번째 대안	죽음	멸시

　9장 4절에서 산개와 죽은 사자가 비교되고 있다. 개와 사자의 차이는 삶과 죽음의 차이만큼 크지 않다. 개와 사자를 비교한다면 당연히 사자가 더 높은 가치를 갖지만(삼상 7:43; 24:15), 사자가 죽어 있고 개가 살아 있다면 살아 있는 개가 선호된다.[38] 산 자들은 죽을 줄을 알되 죽은 자들은 그것을 모르기 때문이다(9:5). 9장 1–3절에 따르면 죽음은 살아 있는 모든 사람들의 차이를 평준화시킨다. 본문에서 전도서가 말하려는 것은 죽음으로 끝나는 염세주의가 아니다. 4장 2절에서 죽은 자를 산자보다 더 가치 있게 여겼던 이유는 살아 있는 자들이 경험하는 학대에 대한 역설적인 비판이었다. 이제는 반대로 산 자를 죽은 자보다 가치 있게 여기는 것은 산 자가 죽음이 찾아온다는 것을 알기 때문이다.[39] 이

---

37) 본문의 읽기(Ketib)는 בחר(바하르/선택하다, choose)의 니팔 미완료 3인칭 남성 단수이고, 읽기를 권장하는 것(Qere)은 חבר(하바르/연합하다, join)의 푸알 미완료 3인칭 남성 단수인데 모두 수동의 뜻이 있다.

38) 차준희, "무덤에서 나온 지혜: 전 9장의 주석과 메시지," 「구약논단」제 37집 (2010), 201.

39) 9장 4절은 4장 2절의 역전이어서 모순처럼 보인다. Murphy, 91. 그러나 죽음에 관한 전도서의 이해는 상황에 맞게 전개된다.

는 전도서가 죽음을 무조건적으로 찬양하는 것이 아니라 이상적인 삶과 관련해서 평가함을 알 수 있다. 본문이 암시하는 것은 다음과 같은 것이다. 살아 있는 것을 가치 있게 만드는 이유는 살아 있는 자가 죽음을 인식하기 때문이다. 살아 있는 자들이 죽음이 온다는 것을 안다면 살아 있는 날을 가치 있게 보낼 수 있을 것이다. 죽음에 대한 인식이 삶을 풍성하게 만드는 소망을 제공한다.

9장 16-18절에서 사용된 세 개의 "더 나은 잠언"을 이해하기 위해서는 본문의 문맥이 중요한 역할을 한다. 9장 16절에서는 힘과 지혜를 비교하는데 9장 13-15절의 문맥이 그 이유를 설명한다. 강한 왕이 와서 약한 성읍을 공격할 때[40] 가난한 자의 지혜로 성을 건졌지만 가난한 자를 기억하는 사람이 없다. 그 원인은 지혜가 힘이 있음을 목격하였음에도 불구하고 사람들이 가난한 자를 멸시하고 기억하지 않기 때문이다. 지혜자의 존재론적인 한계인 죽음이 아닌 공동체의 무지로 인한 멸시가 지혜자를 무시하기에 왜곡된 현실을 파악한 사람들의 판단은 "지혜는 힘보다 강하지만 멸시의 위험이 있다."는 것이다. 그러나 지혜는 그렇게 멸시 당한다 할지라도 가치가 있다.[41] 멸시는 세 번째 대안의 역할을 하지만 부조리의 세상에서 겪는 지혜의 아픔일 뿐이다. 이는 이 현실을 지켜본 지혜자가 좌절된 지혜의 현실이 아니라 지혜의 이상적인 원리를 말하고 있는 것이다.

9장 17절에서는 조용한 말과 호령하는 말을 비교한다. 9장 17절 "조용히 들리는 지혜자들의 말들이 우매한 자들을 다스리는 자의 호령보다 나으니라" 9장 18절 "지혜가 무기보다 나으니라 그러나 죄인 한 사람이 많은 선을 무너지게 하느니라".

---

40) 왕의 "강함"과 성읍의 "약함"이 대조되어 지혜자의 역할이 부각된다. Longman III, *Ecclesiastes*, 234.

41) 본문을 단지 "지혜는 단기적으로는 유효하지만 장기적으로는 유효하지 않다."고 말하는 것은 전도서의 핵심을 놓치는 일이다. Longman III, *Ecclesiastes*, 235.

가치 1	전통적인 지혜	우매한 자들을 다스리는 호령	무기
가치 2	수정된 지혜	조용히 들리는 지혜자들의 말	지혜
가치 3	세 번째 대안	죽음	죄인

호령하는 말이 조용한 것보다 힘이 세서 더 나은 가치가 있는 것으로 보이지만 지혜자와 우매자가 등장할 때는 달라진다. 지혜자의 소리는 조용하다 할지라도 소리만 크고 어리석은 자들을 다스리는 우매자의 호령하는 말보다는 더 가치가 있기에 수정된 지혜의 역할을 수행한다. 9장 18절에서는 지혜와 무기를 비교한다. 전통적인 전쟁의 힘을 상징하는 무기보다 지혜에 더 높은 가치를 부여한다. 그러나 무기보다 나은 지혜를 가진 그 사람의 죄를 통하여 많은 선을 무너지게 하는 일들이 일어나기에 죄라는 세 번째 대안을 염두에 두고 지혜자가 자기 한계를 늘 의식하여야 한다. 9장 17-18절은 성읍을 건진 지혜자의 경우에서 두 가지 교훈을 얻는다. 하나는 지혜자의 소리를 듣지 않는 공동체를 향한 교훈이고(9:17), 다른 하나는 지혜자가 인정을 받았다 할지라도 죄에 의하여 넘어질 수 있음을 상기시키는 말이다. 두 가지 요소 모두 죽음이라는 실존적인 한계 이전에 인간의 연약함으로 인하여 넘어지게 하는 장애물들로서 죽음을 가리키는 요소이다.

전도서에 나타난 잠정적인 지혜

전도서에 나타난 "더 나은 잠언"의 연구는 다음과 같이 전도서가 가지고 있는 신학을 엿보게 해준다.

1) 전도서에 나타나는 지혜는 단순히 지혜를 서술하는데 머물지 않고 전통적인 지혜를 비판한다. 이때 비판의 대상은 전통적인 지혜 자체일수도 있고, 남용된 전통적인 지혜일 수도 있다. 전도서 기자는 학대받는 자가 눈물을 흘리지만 위로자가 없다는 부조리를 경험하고 삶 자체에 대한 회의에 빠진다(전 4:1-

3). 불의를 금하는 전통적인 지혜(잠 14:31; 22:16; 28:3)가 적용되었다면 권세자가 없는 자들을 학대하는 불의는 생기지 않았을 것이다. 그러나 전도서 기자는 학대에 대한 제어 기능을 상실하고 삶의 가치를 흔들어 놓는 사회를 비판한다.

전도서의 시대는 재물이 개인의 행복을 파괴하는 지경에 이른다(4:8). 전통적인 지혜는 정직하게 재물을 모으는 것은 권장할만한 덕이고, 그렇게 얻은 재물은 사람의 의를 증명하는 도구로 여긴다. 재물은 근면의 결과이고, 게으른 자들은 가난하다(잠 10:15). 정직한 재물이 허용되고 부정직한 재물은 하나님이 기뻐하시지 않으신다(잠 20:23). 그러나 전도서의 시대는 재물이 남용되는 시대이다. 두 손에 가득한 소득이 한손에 가득한 소득보다 가치가 적은 것은 평온함의 상실 때문이다(4:6). 평온이란 아무것도 하지 않는 것이(4:5) 아니라 적절한 수고를 동반한다.[42] 전도서의 시대는 재물의 차이만으로 가치 비교가 가능했던 전통적인 지혜의 시대가 아니기에 가치 비교를 위해 다른 조건들을 검토해야 한다. 재물을 얻기 위하여 애쓰다가 도가 지나쳐 다른 사람의 시기를 받고 마음의 평온함을 상실한다면 재물이 도구이기를 지나쳐 목적이 된 것이다. 또한 공동체를 희생한 재물추구에 대한 경고도 있다. 재물의 끝없는 축적을 위하여 자녀도 낳지 않고 형제도 없음으로 가족을 희생한 사람이 자신이 얻은 재물로 만족하지 않고 누구도 행복하지 않은 수고를 행하는 것을 볼 때(4:9) 재물 이외의 조건들을 검토하지 않고 삶의 질을 평가할 수 없음을 보여준다.

4장 13절에서 보여주는 전도서 기자의 관찰은 전통적인 가치의 역전이다. 전통적인 지혜에서 가난보다는 부자(왕)가 더 지혜롭다고 인정되고, 젊은이보다는 노인이 더 지혜롭다고 전제된다. 그런데 전도서의 시대는 나이가 많고 재물이 많음에도 불구하고 어리석은 사람이 있을 수 있음을 보여준다. 유사한 주제의 역전은 6장 3절에 나온다. 전통적인 지혜에서 중요하게 여기는 자녀의 많음(시 127:3)과 장수(잠 3:2, 16; 10:27; 28:16)가 행복을 보장하지 않는다. 사

---

42) Dominic Rudman, "A Contextual Reading of Ecclesiastes 4:13-16," *JBL* 116/1(1997), 58-59.

람 자신이 자족하지 않거나, 그도 스스로 제어할 수 없는 조건들로 인하여 가치 역전이 일어난다. 개인과 공동체가 함께 초래하는 가치의 역전을 통하여 전통적인 지혜는 위기에 봉착한다.

2) 전도서의 목표는 회의주의 자체가 아니라 회의주의의 극복을 통한 회복이다. 전도서는 이 회복을 위하여 수정된 지혜와 인간의 연약성을 죽음의 그림자 아래에 둔다. 전통적인 지혜 남용의 역사를 통하여 전도서 기자가 깨달은 것은 어떠한 지혜도 인간의 연약함 때문에 남용될 수밖에 없다는 것이다. 회의주의의 극복을 위하여 전도서는 수정된 지혜에게 세 번째 대안을 제시한다. 세 번째 대안의 역할은 구체적인 윤리를 제공하는 것이 아니라 수정된 지혜의 잠정성을 강조하기 위함이다. 그리하여 전도서에서 언급하는 지혜는 한계가 보이지만 현재로서는 최선이라고 하는 잠정적인 지혜이다. 세 번째 대안은 궁극적으로 죽음과 죽음 이전의 인간의 연약함을 바라보게 만든다.

전도서에서 나타난 "더 나은 잠언"의 형태는 인간의 한계를 제시하여 전통적인 지혜를 실존적인 인간의 본질적인 입장에서 보게하기 위하여 세 번째 대안을 제시한다. 세 번째 대안의 첫 번째 형태는 죽음이다. 4장 2-3절에서 죽음은 학대로 인하여 생긴 불평등을 평준화시킨다. 그리하여 학대받는 자나 학대하는 자는 삶의 부조리 아래 있고, 모두가 직면할 죽음으로 평준화된다. 4장 3절에서는 죽음도 상대화하여 출생하지 아니함이라는 세 번째 대안으로 수정된 지혜의 절대화에 대한 비판을 강화한다.[43] 부조리한 삶이라는 지혜의 남용에 저항하기 위하여 죽음이 등장한 것이다. 4장 12절에서 삼겹줄의 갑작스러운 등장은 수정된 지혜인 두 사람을 상대화하는 죽음의 그림자이다. 4장 13절의 문맥에서 가난하고 지혜로운 젊은이가 늙고 둔하여 경고를 더 받을 줄 모르는 왕을 대신하여 왕이 된 후에 어떠한 경고를 받을까? 논리적으로 보면 아무리 나

---

43) 그러나 전도서 기자의 입장은 학대의 주체자를 비판하는 예언서와는 다르다(전 3:16; 8:9, 10). 전도서 기자가 어떤 삶의 회복을 요구하는 지는 드러나지 않지만 죽음을 배경으로 삶의 회복을 촉구하는 것은 확실하다고 볼 수 있다. Longman III, 134. Fox, *Qoheleth and His Contradictions*, (Sheffield: Almond Press, 1989). 201.

이가 들더라도 둔하여 경고를 받지 않는 왕이 되지 않으려고 노력하는 것은 가능하다. 이것은 피할 수 있는 인간의 연약함이다. 그러나 전도서 기자가 세 번째 대안으로 제시하는 것은 그러한 왕이 되었다 할지라도 그가 피할 수 없는 일, 즉 때가 되면 그가 죽고 다른 왕이 즉위하여 백성들이 자신을 잊게 되는 일을 상정한다. 이는 그가 피할 수 없는 실존적인 죽음의 한계인 것이다.

7장에서는 죽음의 그림자가 확연하게 드러난다. 좋은 이름, 죽는 날, 초상집, 슬픔은 모두 죽음과 관련이 있다. 이 가치들은 전통적인 지혜의 범주 아래 해석될 것이 아니라, 전도서 기자가 말한 대로(전 7:2b) 죽음의 그림자를 염두에 두고 해석해야 한다. 전도서 기자가 죽음을 등장시킬 때는 막연한 것이 아니라 본문의 논리가 있다. 죽음은 사람을 비극적으로 만드는 것이 아니라 사람을 풍요롭게 만든다. 죽음 이후의 좋은 기억으로 남을 이름, 그리고 죽는 날과 초상집은 모두 살아 있는 날들을 어떻게 보낼 것인가를 더 생각하게 만든다. 슬픔은 죽음을 가리키는 이정표이다. 인생의 한계의 절정을 보여주는 죽음의 빛 아래에서 사람들은 삶을 다시 보게 된다.

세 번째 대안의 두 번째 형태는 죽음 이전에 인간의 연약함으로 인하여 초래되는 것들이다. 7장 5-7절에서 우매자보다 지혜자가 낫다는 수정된 지혜를 제공하면서 지혜자를 상대화하는 것은 죽음의 그림자가 아니라 탐욕과 뇌물이다. 죽음을 직면하는 것이 피할 수 없는 인간의 본질적인 것이라면, 탐욕과 뇌물에 넘어지는 것은 인간의 연약성 때문이고 때로는 극복할 수도 있다. 인간의 연약성이 궁극적으로는 죽음을 암시하고 있지만, 인간이 궁극적으로 넘을 수 없는 한계인 죽음과는 달리 탐욕과 뇌물은 지혜자가 자신의 상대성을 인식한다면 극복할 수도 있는 것이다. 즉, 전도서 기자는 인간이 넘을 수 없는 죽음만을 세 번째 대안으로 제시하지 않는다. 만약 죽음에서만 넘어진다면 죽음이전의 삶은 낙관적이어야 한다. 그러나 대부분의 인간은 실존적 한계인 죽음에서 넘어지기 전에 인간의 연약함으로 인하여 넘어진다는 것이다.

9장에서도 7장과 마찬가지로 죽음이 아닌 세 번째 대안이 제시된다. 성읍에서 지혜가 힘보다 나아서 성읍을 구원하였다. 4장 13-16절에서는 소년이 지배하는 당대는 문제없고 "후에 오는 자들"을 세 번째 대안으로 등장시켰지만 이 경우 세 번째 대안은 멸시와 죄이다. 멸시는 지혜자 본인과 상관없이 성읍의 사람들의 무관심으로 인한 것이고, 죄는 지혜자 자신이 초래한 잘못이다. 멸시에 대한 경고는 지혜자 개인이 아니라 지혜자의 도움을 받은 성읍에 대한 경고이고, 죄인에 대한 경고는 지혜자 자신에 대한 경고이다. 지혜를 남용시키는 역할은 개인만이 아니라 공동체가 수행한다. 인간의 연약함인 멸시와 죄는 인간을 넘어뜨리는 요소로 인간의 실존적 한계인 죽음과는 구별되지만 죽음의 그림자를 가리키고 있다.

이와 같이 전도서는 모든 사람들을 죽음과 인간의 연약함 앞에 세움으로 모든 차이를 평준화시킨다. 죽음의 그림자는 모든 지혜의 남용을 공격한다. 죽음을 대장으로 하는 염세주의적 인간론은 전도서 전체에 퍼져 있다. 죽음은 인간의 한계이며(2:15; 3:19; 5:12-16; 6:6; 7:2; 8:8; 9:2-3), 죽음 가운데 인간의 영혼은 하나님께 돌아간다(3:20; 12:7). 인간의 지혜는 제한되어 있고(8:7; 10:14), 인간은 죄를 짓기 쉬운 존재이며, 잘못된 지혜는 죽음으로 인도하기도 한다(1:18; 7:29; 8:11; 9:3).

3) 전도서 기자의 궁극적인 목표는 죽음 앞에 선 회의주의가 아니라 수정된 지혜를 통하여 삶을 회복하려는 것이다. 회복의 출발점은 지혜의 기초를 회복하는 것이다. 전도서 기자는 전통적인 지혜가 남용된 이유는 지혜의 기초가 붕괴되었기 때문으로 보고 있다. 전도서의 최종 목표는 회의주의 자체가 아니라 지혜의 기초인 여호와 경외로 돌아가게 하는 것이다(3:14; 5:7; 7:18; 8:12, 13; 12:13). 그러한 의미에서 전도서는 지혜문헌의 문맥 아래에서 지혜를 회복시키려는 시도를 행하고 있다. 그리하여 새롭게 제시되는 지혜가 전통적인 지혜를 대체하는 수정된 지혜이다. 수정된 지혜는 죽음과 인간의 연약함이라는 그림자 아래에서 잠정성을 특징으로 한다. 수정된 지혜를 통하여 전도서가 시도하는 것은 지혜의 회복이다.

학대의 부조리 때문에 살아 있는 자보다 죽은 자, 그리고 태어나지 않은 자를 강조하는 이유는 죽음을 실제적인 윤리로 삼기 위함이 아니라 학대라는 부조리가 없는 삶을 강조하기 위함이다(4:1-3). 평온을 상실한 재물, 가족을 상실하고 자족이 없는 재물을 강조하는 이유는 재물 축적을 죄악시하기 위함이 아니라 재물 추구의 한계를 깨닫고 바르게 재물을 추구하게 하기 위함이다 (4:8). 6장에서 전통적으로 중요하게 여기는 자녀의 많음과 장수에도 불구하고 만족하지 못하고 안장되지 못한 사람이라면 낙태된 자가 더 낫다고 말한다. 죽음의 그림자가 담긴 낙태된 자는 새로운 윤리라기보다는 삶의 질을 높이기를 촉구하는 도구이다. 그를 넘어지게 만드는 요소는 불만족과 안장되지 못함이다. 불만족을 극복하기 위해서는 개인이 순간을 누리는 법을 터득해야 하며, 안장은 죽은 자를 위한 공동체의 임무이기도 하다. 불만족은 인간을 욕망의 추구로 내몰기 때문에 채워지지 않는 욕망보다는 눈으로 보면서 순간을 즐거워함으로 지혜의 남용을 극복하게 만든다.

7장과 9장에서는 앞에서보다 더 실제적인 지혜를 제시한다. 전도서가 죽음의 그림자로 인하여 실존적 무력감에 빠지지 않게 현실적인 장애물들을 제시하는 것을 잊지 않는다. 이름, 초상집, 슬픔 등은 죽음의 그림자를 연상시키지만 실제적인 목표는 죽음까지 남은 인생이 죽음에 대한 묵상을 통하여 풍성해지기를 촉구하는 수정된 지혜이다. 이어서 인간의 실존적 한계인 죽음이 아닌 인간의 노력을 통하여 가능한 요소들이 제시된다. 탐욕과 뇌물이 인간을 넘어뜨림을 직시하고 경고하며, 공동체의 문제인 멸시, 개인의 문제인 죄 등을 열거하면서 사회 회복을 시도하고 있다. 전도서의 궁극적인 목표는 회의주의에 머무는 것이 아니라, 지혜가 남용된 원인을 살피고 수정된 잠정적인 지혜를 통하여 개인과 공동체의 회복을 시도하는 것이다.

결론

전도서는 여호와를 경외하라는 지혜의 기초를 상실한 낙관적인 인간론에 대한 공격을 취하고 있다. 전도서는 일부러 염세주의를 조장하는 것이 아니라 염세주의에 직면한 인간들이 염세주의를 극복하고 여호와를 경외하는 신앙의 출발점으로 인도하려는 목표를 갖고 있는 것이다. 즉, 전도서는 완전한 염세주의를 다루는 것이 아니라, 전통적인 지혜에 풍미했던 낙관적인 인간론의 남용에 대항하기 위하여 염세적인 인간론을 다루고 있다. 전도서의 저자는 전통적 지혜에 맞서 수정된 지혜를 제시하면서도 그것의 절대성은 인정하려고 하지 않는다. 왜냐하면 어떤 지혜든지 낙관적인 인간론의 남용아래 있으면 실패할 운명에 처하기 때문이다. 그러므로 전도서는 남용된 전통적인 지혜대신 수정된 지혜를 제공하고, 이 수정된 지혜는 염세적인 인간론의 그늘아래 있으므로 "잠정성"을 특징으로 한다.

이스라엘에서 지혜는 하나님의 공의, 질서, 지식이라는 전제아래 시작되었고, 이 정의는 낙관적인 인간론이라는 기초아래 있었다. 그러나 국가의 멸망과 포로라는 심각한 경험은 지혜의 특징인 자존적이고 실재에 대한 독립적인 접근을 파괴하였다.[44] 이러한 위기에 직면하여 전도서와 욥기는 하나님의 공의, 지식, 심지어 우주적인 질서에 대한 믿음을 의심하였다. 전도서는 욥기서보다 더 옛 지혜의 전제들을 급진적으로 비판하였다. 전도서는 하나님의 길을 기본적으로 알 수 있다고 하는 전통적인 지혜 명제들을 공격한다. 전도서 기자는 지혜 전승 안에 출구가 없음을 발견하면서도 전통적인 지혜전승의 언어를 사용하지 않는 어떤 대답도 받아들이기를 거절하였다. 전도서는 욥기처럼 임기응변적인 신현현(*Deus ex machina* theophany)을 받아들이기를 거절하고, 모든 해결되지 않는 질문들을 하나님의 신비에 돌림으로 회의주의에 빠진 신론을 구하려고 하였다. "삶을 붙잡으라!"라고 하는 최소한의 확실한 지혜로부터 염세적인 인간론의 그늘아래 공동체를 위해 수정된 지혜를 재건하였다. 전도서는 율법이나 제사장 같은 특별한 은혜를 부정한다는 면에서, 인간의 자기 의존의 노력의 마지막을 의미한다. 전도서는 지혜 운동에 있어서 경험적이고, 자연적인 방법을 사용하는 마지막 노력이 되었다. 전도서 이후, 지혜는 인간이 노력

---

44) Jenks, Alan W. "Theological Presuppositions of Israel's Wisdom Literature." *HBT* 7 (1985), 72.

하여 발견하는 것이 아니라, 사람에 대한 하나님의 선물로 완전히 바뀌었다. 따라서 전도서는 경험적이고 이성적인 지혜운동을 종결시키고, 하나님의 초월성인 은혜로 넘어가는 마지막 문헌이 되었다. [45]

---

45) J. Coert Rylaarsdam, *Revelation in Jewish Wisdom Literature* (Chicago, The University of Chicago Press, 1946), 74-98.

9장

문맥으로 읽는 전도서

너는 청년의 때에 너의 창조주를 기억하라(전 12:1)

전도서를 읽을 때 유념할 것은 전도서가 회의주의를 초래하는 것이 아니라 회의주의를 극복하려는 책이라는 것이다. 전통적인 지혜를 상실하고 인간의 의와 죄가 하늘을 치닫는 신앙위기의 시기에 공동체를 회복하려고 쓰인 것이다. 글 사이를 음미하며 전도서를 읽어보자. 앞에서 언급되지 않은 본문을 중심으로 다루기로 한다.

헛되다는 선언은 전도서의 시작일 뿐(전 1:1-11)

전도서 1:1-11은 전도서의 서론에 해당한다. 본문의 형성에 대하여는 여러 가지 견해가 있지만 본문은 전도서를 솔로몬의 권위아래 읽을 것을 요청한다: "다윗의 아들 예루살렘 왕 전도자의 말씀이라"(전 1:1). 그러므로 우리는 전도서를 솔로몬의 시대에 둔다. 솔로몬 1기가 이스라엘 역사상 전성기로써 왕을 통하여 하나님의 공의가 실현되는 안정된 시절이라는 것으로 잠언을 이해하는 상황을 제공한다면, 솔로몬 2기는 솔로몬이 이방 여인의 영향을 받아 우상을 숭배하고 하나님으로부터 버림받은 시기로써 전도서의 정신을 반영한다. 인생을 마감하는 자리에서 솔로몬은 죽음 앞에서 인생을 회고하며 여호와를 경외하기를 촉구하고 있다.

2절에 전도서 기자는 헛되다는 표현을 다섯 번 반복함으로써 헛되다는 표현의 최상급을 표현한다. 전도서가 헛됨을 강조하는 이유는 하나님을 파악하는 인간의 능력에 대한 회의 때문이다. 이러한 회의주의는 여호와를 더 이상 경외하지 않기 때문에 생기는 인간의 비극이다. 여호와를 경외하지 않는 이 시대에 자연이 운행하는 것이나 사람들이 행하는 모든 것이 정말 헛됨을 선포한다. 그가 헛되다고 말하는 것은 여호와를 경외하지 않는 인간의 지혜가 더 이상 신뢰할 수가 없고, 더 이상 인간은 하나님을 알고 그의 행동을 예측할 수 있는 능력을 상실하였음을 인식하는 것이었다.

3절에는 인간의 수고가 헛되다고 표현한다. 정상적인 인간의 수고가 헛된 것이 아니라, 하나님이 주신 지혜를 남용하여 죽음으로 가는 길에 선 인간들의 수고가 헛되다는 것을 강조한다. 여호와를 경외하지 않는 개인과 공동체는 자신들의 수고가 열매 맺지 못하고 헛됨을 발견한다. 염세주의가 확인되는 곳은 우주론과 인간론이다. 첫째로 전도서는 우주론의 회의주의를 묘사한다. 성경에는 이미 우주에 담긴 하나님의 영광을 찬양하는 노래들이 있었지만(시 19편), 그들의 마음속에 여호와를 경외하는 마음을 잃었기에, 날마다 바라보는 우주가 더 이상 신비롭지 않고, 자연의 운행도 하나님의 영광을 노래하는 것이 아니라 그들을 피곤하게 만드는 것이 되어버렸다. 그들이 보건대 한 세대는 가고 한 세대는 오되 땅은 영원히 있다(1:4). 그들이 보기에 변화없는 땅은 신비의 대상이 아니라 피곤의 표현으로, 수백 년, 수천 년이 바뀌어도 꼼짝 않고 제자리에 있는 땅을 피곤한 것으로 판단하고 있다.

여호와를 경외하는 마음을 상실한 사람의 탄식은 계속 된다. 그들의 눈에 "해는 떴다가 지며 그 떴던 곳으로 빨리 돌아간다."는 표현은 수고의 헛됨을 나타낸다. 전에 여호와를 경외할 때 해는 하나님의 영광을 노래하는 신비로운 것이었지만, 이제는 하루종일 떴다가 지지만 제 자리로 돌아오는 해가 유익하지 않은 권태로운 것으로만 여겨진다. "바람은 남으로 불다가 북으로 돌이키며 이리 돌며 저리 돌아 불던 곳으로 돌아가고"는 표현도 여호와를 경외하지 않는 자의 눈에는 바람이 불어 방향을 인도하는 것처럼 보이지만 결국은 현재 위치로 돌아옴으로 소득 없는 행위를 했다고 선언하면서 바람이 한 수고가 무익하다고 말한다. 이렇듯 만물이 수고하는 것이 무익하다는 것은 마지막 구절에서 선명해진다. "모든 강물은 다 바다로 흐르되 바다를 채우지 못하며 어느 곳으로 흐르든지 그리로 연하여 흐르느니라"(전 1:7). 여호와를 경외하지 않는 자는 더이상 강물의 흐름을 신비로운 자연현상으로 바라볼 수 없게 되었다. 강물이 바다를 향해 흘러 들어가는 것은 강물이 바다를 향하여 아무리 부어도 바다가 채워지지 않는 것을 탄식하며, 강물의 흐름을 통하여 자신의 마음이 채워지지 않는 것을 읽고 있기 때문이다. 자연을 바라보는 자신이 여호와를 경외하는 마음을 상실하였기에, 강물이 바다로 흘러가는 모습조차 바다를 채우지 못하는 공허함을 드러내는 현상으로 보고 있는 것이다.

둘째로, 염세주의는 인간론에서 발견된다(1:8). 과거에는 진리를 깨닫는데 보배였던 보고 듣는 오감이 이제는 진리에 이르기는커녕, 인간에게 피곤함만을 준다는 것이다. 저자는 만물이 피곤하다고 서술한다. 만물 자체보다는 만물을 바라보는 자의 주관적인 상태가 투영되었기 때문이다. 피곤한 마음으로 만물을 바라보는 눈은 보아도 족함이 없고, 세상의 모든 이야기를 듣는 귀는 들어도 차지 아니한다고 선포하는데 이것은 만물에 대한 객관적인 사실이 아니라, 만물을 바라보는 나 자신이 여호와를 잃은 연고인 것이다.

이 모든 현상이 인간에게 무슨 의미가 있는가? 저자는 다음과 같이 표현한다: "이미 있던 것이 후에 다시 있겠고 이미 한 일을 후에 다시 할지라. 해 아래는 새 것이 없나니"(전 1:9-10). 피곤한 우주, 피곤한 만물에 대한 인식의 직접적인 결과는 새로움의 상실이다. 하나님을 잃은 후에 날마다 새로운 날은 오고 날은 바뀌지만 우리를 변화시킬 객관적인 새로움은 오지 않는다고 생각한다. 그에게 오늘 하루 닥칠 일은 뻔한 것이다. 모든 수고가 헛된 것, 유익하지 않은 것으로 권태와 지겨움을 낳기만 할 뿐이다. 우리의 과제는 당면한 지루한 긴 하루를 어떻게 보낼 것인가 하는 것이다. 탈출구는 무엇인가? 그들에게 뻔한 세상을 사는 하루하루는 의미 없는 과거의 반복일 뿐이었다.

그들은 다시 이렇게 고백한다: "무엇을 가리켜 이르기를 보라 이것이 새 것이라 할 것이 있으랴 오래 전 세대에도 이미 있었느니라. 이전 세대를 기억함이 없으니 장래 세대도 그 후 세대가 기억함이 없으리라"(전 1:10-11). 해아래 인간이 사는 자리에 새로움은 더 이상 없다고 판명되었고, 새로움의 기적을 낳는 하나님에 대한 기다림이 이미 상실되었다. 자신만만하게 세상을 호령하던 세대들도 시간이 흐르면 기억에서 사라지니 인간의 망각 앞에서 누가 설 수 있겠는가? 어느 누가 영원 무궁히 자신의 존재와 업적을 새롭다고 자랑할 것인가?

전도서의 헛됨은 하나님이 우리에게 주신 신앙을 남용한 결과이다. 이 헛됨은 전도서의 결론이 아니라 전도서의 시작이다. 인간이 죽음 앞에서 아무것도 자랑할 수 없음을 강조한다. 전도서의 이 메시지는 그동안 신앙의 기득권을 자랑하는 자에게 충격일 것이다. 알량한 지식과 교회일과 헌금과 기타 인간이 하나님 없이 자랑하던 모든 것을 무로 돌리고 신앙의 출발점으로 돌아가게 하는 것이다. 내 안에 남은 허무를 돌아보고, 허무의 원인이 무엇인지 찾아야 한다. 근원으로 돌아가서, 그리스도 안에서 질적인 변화가 되어야 새로워 질 수 있는 것이다. "그런즉 누구든지 그리스도 안에 있으면 새로운 피조물이라 이전 것은 지나갔으니 보라 새 것이 되었도다"(고후 5:17).

하는 일이 피곤하고 무익한 이유는 무엇인가?(전 1:12-15)

전도서는 독립적으로 읽는 책이 아니라 잠언과 함께 읽는 책이다. 삶에 눈 뜨기 시작한 사람들에게는 인간의 무한한 가능성을 북돋아 주는 잠언이 적절하다. 그러나 삶을 의욕적으로 시작하였지만 원치 않는 좌절을 맛본 자들이나, 구조적인 악에서 헤어 나오지 못하고, 구덩이에 빠짐으로 인생의 쓴맛을 경험한 사람들이라면 전도서의 메시지에 귀 기울일 준비가 된 사람이다.

본문에서 전도자는 예루살렘에서 왕으로 재위하였다고 말한다. 본문에서 등장한 솔로몬 왕은 인간이 경험할 수 있는 모든 것을 경험하였기에 인생의 회의주의를 말할 수 있는 권위를 가진 자이다. 인간의 낙관적인 능력을 강조하던 잠언에서는 인간이 얻은 지혜를 통하여 하나님의 생명에 이를 수 있다고 말한다. 그런데 전도서에서 솔로몬은 어느 날 생명으로 가는 지혜가 더 이상 적용되지 않는 이상한 현실을 경험한 것이었다. 이전과는 달리 그 모든 수고가 괴로운 것으로 여겨지고, 즐겁던 삶이 권태롭고, 하루 종일 수고하여도 보람이 없는 우울한 시간을 맞이하였다. 그리하여 그는 결론 내리기를 인간이 사는 목적이 유익이 없는 수고뿐이구나 하고 생각했다. 그가 돌이켜 보니 자신 주변에 사는 모든 사람들의 행동이 전혀 유익하지 않음을 알게 되었다.

그리하여 이렇게 삶이 갑자기 무익하고, 헛된 것처럼 느껴지는 이유가 무엇인지 생각하기 시작하였다. 왜 갑자기 나의 인생이 바뀌었는가? 전에는 하나님의 영광을 노래하고, 기쁨이 넘치고 찬양을 부르며, 신앙을 고백하고 살아 있는 감격에 벅찬 때가 있었는데, 오늘 이렇게 삶이 무익하고, 모두 쓸데없다는 절망감이 드는 이유가 무엇인가? 그는 구부러진 것을 곧게 할 수 없고 이지러진 것을 셀 수 없도다 라는 의미를 생각하기 시작하였다(1:15). 그는 그 이유가 무엇인지 묵상하면서 결론을 내렸다. 우리의 삶이 이렇게 무익해진 이유, 절망스러운 이유, 해봤자 뻔하다고 말하는 태도가 결국 하나를 의미함을 알게 되었다. 그것은 하나님이 정하신 것에 저항하기 때문이라는 것이다. 하나님이 구부리시면 우리는 그 앞에 순종하여야 한다. 비록 나의 논리에 맞지 않아도, 이 구부러짐이 하나님으로 부터 시작하였음을 받아들여야 한다. 이것이 불합리하여도 나의 일평생이 구부러진 것만 보고 끝날 수도 있다. 미래는 알지 못한다. 문제의 해결책은 하나님을 인정하고 삶을 시작하여야 한다는 것이다. 그런데 나의 삶은 어떠한가? 구부러진 것을 펴기 위하여 많은 시간을 보냈다. 하나님의 주권을 인정하지 않고 나의 기준에 맞추려고 한 것이다. 이 땅에서 나의 출발점을 인정하지 않고 나는 내 맘대로의 삶을 살아왔다. 어느 사이에 내 안에 계신 하나님이 사라지고, 그분 없이도 살 수 있다는 자신감이 생기기 시작하였다. 나의 삶이 의미를 잃은 이유는 그것이다. 하나님의 주권을 부정하고, 무시하고, 나의 계획과 나의 영광만을 강조한 것이다. 수고할 때는 괜찮았는데 지나보니 허무한 것들이다.

지나온 내 삶이 무익한 이유는 무엇인가? 신앙의 처음에 간직한 여호와를 경외하는 마음을 상실하였기 때문이다. 그것은 나로 하여금 하나님을 가볍게 여기고, 하나님 없는 종교인이 되게 하였다. 중심에 하나님을 상실한 삶은 나로 지치게 만들고 영혼은 심히 황폐해졌다. 모든 것이 잘되는 것처럼 보이지만 나는 이미 알고 있다. 내 안에 지쳐 있는 나. 생명을 상실하고, 피곤한 하루하루. 내가 하루조차도 살아갈 수 있는 힘을 상실한 자라는 것을.

모든 것의 원인은 하나님을 잃은 것이다. 그분의 주권 앞에 피조물로 선 경험이 언제인가? 하나님 앞에 피조물로 다시 서야 한다. 하나님이 구부리신 것 앞에 겸손함으로 서야 한다. 하나님 앞에 무전제로 다시 서야 한다. 창조주 앞에 피조물로 다시 서서 여호와를 경외하는 것을 회복해야 한다. 그것이 우리가 다시 시작할 수 있는 유일한 길이다. 그 하나가 빠진 나의 인생은 회의주의로 갈 수밖에 없다. 우리는 다시 고백해야 할 것이다. 오, 주님! 주님은 나의 주님이십니다. 나를 다스리시고 주님의 주권을 받아들이고 겸손하게 주님 앞에 피조물로 서게 하옵소서.

16절에서, 저자는 왕으로서 많은 지식과 지혜를 만난 경험을 고백한다. 그 결과는 지혜를 추구하는 것의 무익함을 느끼는 것이다. 한때는 추구하는 지혜가 그에게 생명을 부여했지만, 갑자기 지혜를 알려는 노력에도 불구하고, 옛날과 같지 않았다. 지혜를 얻으려는 노력이 생명으로 가는 길이 아니라 노력하면 할수록 허전함만을 느꼈다. 행동이 무익해 보이고, 바람을 잡으려는 것처럼 허무해 보였다. 18절에서는 잠언과 상반되는 선언을 한다: "지혜가 많으면 번뇌도 많으니 지식을 더하는 자는 근심을 더하느니라." 지혜를 얻으려고 노력하면 할수록 이전과는 다른 상황에 서 있음을 알게 되었다. 잠언과 같이 하나님을 경외하는 시대에는 듣고, 말하고, 고민하면 할수록 생명으로 인도되었지만, 이제는 그 지식이 오히려 죽음으로 가는 것임을 알았다. 어째서 지식을 알면 알수록 생명으로 가는 것이 아니라, 번뇌와 죽음으로 가는 것일까?

그 언젠가 내가 지식을 자랑할 만큼 지혜의 사람이었다 할지라도 오늘은 다르다. 내 마음에서 하나님을 잃어버리고 나면 이제는 내가 지혜를 추구하는 모든 노력은 무익하며 번민과 죽음으로 가는 것이다. 내 중심이 하나님께로 향하지 않는다면 내 안에 쌓인 지식이 나를 생명으로 인도하는 것이 아니라 죽음으로 가게 하는 것이다. 우리는 깨달아야 한다. 여호와를 경외하는 마음이 없다면 내가 가지고 있는 모든 지식이 나를 구원하는 것이 아니라 나를 죽음으로 이끌게 된다는 것을. 어떻게 다시 시작할 수 있을까? 어떻게 나의 노력이 생명으로 갈 수 있을까? 그것은 오직 나의 순수한 신앙으로 돌아가는 것이다. 여호와를 경외하는 마음을 회복하는 것이다. 그 원점을 회복하여야 회의주의를 극복할 수 있다.

낙을 누리려는 솔로몬의 시도는 모두 헛된 것이었다(전 2:1-26)

2장에서 강조하는 것은 솔로몬 자신의 예를 들면서 낙을 누리려는 모든 시도가 주어진 순간을 누리는 효과 이외에는 무의미함을 보여준다는 것이다. 솔로몬보다 더 인생을 누려본 사람이 어디 있겠는가? 그렇기에 그의 말에 귀 기울여야 한다. 웃음이나, 술이나 쾌락이나, 소유와 권력 모두 인간을 만족시키는 것이 아니었다. 4절부터 10절까지 솔로몬은 자신이 행했던 큰 과업을 나열한다. 건축 사업이며, 포도원 건축, 저수지, 소와 양, 은금, 가축 떼, 보물, 처첩 등을 거느리고 누구보다 강력한 세력을 누려 보았다. 소위 인간이 할 수 있는 것은 모두 다 누려 보았지만, 가지고 싶은 것을 다 가져 본 결과 그 모든 소유가 내 손안에 있지 않다는 것을 알았다. 그것은 단번에 사라지는 것이다. 솔로몬은 그 모든 것을 다 누려본 후에 이 모든 것을 누린 의미가 무엇인지 생각해 보았다. 참으로 세상 모든 것이 헛되고, 바람을 잡으려는 것과 같고, 아무런 보람도 없는 것이었다. 그 순간은 성취한 듯 하지만 결국은 그 성취가 내 곁에 영원히 있는 것이 아니었다. 바람과 같이 사라지니, 그 소유를 영원히 소유할 수 있다는 인간의 착각을 버려야 하는 것이다. 모든 것이 무익함을 깨달은 후에 그의 결론은 무엇인가? 솔로몬은 자신의 삶을 통해 깨달은 교훈을 말해준다: "무엇이든지 내 눈이 원하는 것을 내가 금하지 아니하며 무엇이든지 내 마음이 즐거워하는 것을 내가 막지 아니하였으니 이는 나의 모든 수고를 내 마음이 기뻐하였음이라 이것이 나의 모든 수고로 말미암아 얻은 몫이로다"(전 2:10). 순간을 누렸다는 것 이외에 남은 것은 없었다. 모든 과거가 자기 손에 있지 아니하고, 현재만이 인간에게 주어진 것임을 깨닫게 한다.

솔로몬은 왕이 된다는 것의 한계를 알아차렸다. 임금 자리를 이어받은 사람이 무엇을 할 수 있는가? 기껏해야 앞서 다스리던 왕이 이미 하던 일뿐이다. 슬기도 어리석음도 다 헛되다. 전에는 지혜를 찾는 즐거움이 있고, 지혜의 유익을 충분히 누렸지만, 이제 개인과 사회가 하나님을 잃어버린 후에는 지혜나 우매나 마찬가지로 무익한 것들이 되었다. 한때 솔로몬은 잠언에서 시도한 것처럼 무엇이 슬기로운 일이며, 무엇이 얼빠지고 어리석은 일인지 알려고 애를 써보기도 하였다. 이 세상에 사는 동안 빛이 어둠보다 낫고, 슬기로움이 어리석음보다 나은 것은 사실이다. 그러나 과연 그 차이는 무엇인가? 시간이 지나고 보면 슬기로움과 우매함이 구별되지 않는다. 지혜 있는 사람에게나 어리석은 사람에게나 똑같은 운명이 똑같이 닥치기 때문이다.

솔로몬은 스스로에게 물었다. "어리석은 사람이 겪을 운명을 나도 겪을 터인데 무엇을 더 바라고 왜 내가 지혜를 더 얻으려고 애썼는가?"(전 2:15) 그러면서 스스로 답한다. "지혜를 얻으려는 일도 헛되다." 과연 잠언에서는 지혜의 가치를 발견하지만, 전도서는 하나님을 상실한 사람의 지혜가 가치 없음을 목격한다. 잠언의 시절에는 여호와를 경외하는 출발점이 전제되었지만, 이제 하나님을 상실한 사회에서는 지혜를 추구하는 자체가 무의미해진다. 그 지혜는 인간의 악에 의하여 무너지고 만다. 지혜가 있다고 달라지는 것이 아니다. 슬기로운 사람도 죽고 어리석은 사람도 죽는다. 지혜자나 우매자나 모두 죽음 앞에 평준화 된다. 조금 더 낫다고 스스로 자랑하고 사람들 앞에서 자기를 높이는 교만이 무의미함을 느끼게 만든다. 그러니 죽음 앞에서 돌아본다면, 죽음으로 가는 모든 것은 가치 없고, 남는 것은 죽음뿐이니 산다는 것이 다 덧없는 것이다. 인생살이에 얽힌 일들이 사람들에게는 괴로움일 뿐이다. 모든 것이 바람을 잡으려는 것처럼 헛될 뿐이다.

　잠언에서는 사람들이 근면하게 재물을 모으는 것이 얼마나 중요한지를 설명하였다. 그래서 사람들은 재물을 많이 쌓는 것이 행복이라고 생각하였다. 그러나 예기치 않은 곳에서 문제가 생겼으니, 그 많은 재산이 원치 않는 다른 사람에게 갈 줄이야! 세상에서 내가 수고하여 이루어 놓은 모든 것을 내 뒤에 올 누군가가 취할 것을 생각하면, 억울하기 그지없다. 뒤에 올 그 사람이 슬기로운 사람일지, 어리석은 사람일지, 누가 안단 말인가? 그러면서도 세상에서 내가 수고를 마다하지 않고 지혜를 다해서 이루어 놓은 모든 것을 그에게 물려주고 맡겨야 하다니, 이 수고도 헛되다(2:19). 만약 내가 모았다면 마지막까지 내가 누릴 수 있도록 허락되어야 하는데 수고하지 않은 사람이 이 재물을 누리다니. 그동안의 모든 수고가 다 허무하게 되고 마는 것이다.

　솔로몬은 하나님을 경외하지 않는 개인과 사회에 직면한 허무주의를 묵상한다. 생각하면 할수록 세상에서 애쓴 모든 수고를 생각해 보니 그 마음에는 실망뿐이다. 수고는 슬기롭고 똑똑하고 재능 있는 사람이 하는데, 그가 받아야 할 몫을 아무 수고도 하지 않은 다른 사람이 차지하다니, 이 수고 또한 헛되고 무엇인가 잘못된 것이다. 이 세상이 하나님을 잃고 나니 원리대로 돌아가지 않고 인과응보의 법칙이 더 이상 실현되지 않는 사회가 된 것이다. 사람이 세상에서 온갖 수고를 마다하지 않고 속 썩이지만, 무슨 보람이 있단 말인가? 평생에 그가 하는 일이 괴로움과 슬픔뿐이고, 밤에도 그의 마음이 편히 쉬지 못하니, 이 수고 또한 헛된 일이다. 이 염세적인 세계 안에서 우리에게 가장 확실한 것은 오직 하나밖에 없다. 곧 사람에게는 먹는 것과 마시는 것, 자기가 하는 수고에서 스스로 보람을 느끼는 것, 이보다 더 좋은 것은 없다. 알고 보니, 이것도 하나님이 주시는 것, 그분께서 주시지 않고서야 누가 먹을 수 있으며, 누가 즐길 수 있겠는가? 이제 우주의 모든 원리를 다 안다고 자랑하던 인간의 교만은 도전받았다. 이제 인간이 확실하다고 여기는 자리는 오직 현재뿐이니, 현재에 충실히 사는 그것 하나만이 우리에게 남은 지혜의 결과다. 순간을 놓치면 모든 것을 잃게 되고, 현재에 최선을 다하고, 과거는 하나님의 심판아래, 미래는 하나님의 은총아래 있음을 알고, 인간은 더욱더 겸손하여져야 한다. 하나님이 마음에 드는 사람에게는 슬기와 지식과 기쁨을 주시고 눈 밖에 난 죄인에게는 모아서 쌓은 수고를 시켜서 그 모은 재산을 하나님 마음에 드는 사람에게 주시니, 죄인의 수고도 헛되어서, 바람을 잡으려는 것과 같다(1:26).

과연 이 모든 것의 결론은 무엇인가? 허무주의가 목표가 아니다. 인간의 행복의 근원은 인간의 손에 있는 것이 아니고, 하나님의 손에 있는 것이다. 여호와를 경외함으로 하나님을 찾는 자들에게는 진정한 지혜가 주어지고, 아무리 지혜처럼 보여도 여호와를 경외하지 않는 자들은 죽음에 이르게 된다. 그들에게 모든 수고는 결실을 맺지 못하고 허무와 헛된 수고에 이르게 될 것이다. 하나님을 상실한 삶의 고달픔이여! 여호와를 경외하는 것을 다시 회복하여야 한다. 그것만이 절망에 이르지 않는 유일한 길이다.

영원을 사모하는 마음(전 3:1-15)

하나님의 때에 대한 고찰은 인간에게 두 가지 방향을 제시한다. 하나님이 적절하게 여기시는 하나님의 때가 있다. 하나님의 때에 대하여 저항하는 것은 인간의 오만으로, 하나님의 역사에 반대하는 행위의 수고는 무익해진다. 인간은 여호와를 경외함을 회복하였을 때, 때에 대한 분별력이 생길 것이다. 한편으로 하나님의 때를 다 알려고 할 필요는 없다. 순간을 하나님의 때로 이해하면서 순간을 영원과 연결시키기 위하여 영원을 사모하는 마음을 갖는 것이 중요하다.

1절은 1-8절의 서론 격이다. 모든 일의 시작과 끝이 있고, 모든 인간의 활동은 이루어지는 때가 있다. 2-8절에서 인용되는 때는 인간이 살아가면서 직면하는 모든 때를 망라하고 있다. 인간에게 유익해 보이는 때만이 아니라 인간에게 불리해 보이는 때까지 망라한다. 즉, 인간의 눈으로 보기에 즐거운 선만 아니라, 인간이 원치 않는 악의 모든 경우까지도 하나님의 재가 가운데 발생하게 된다. 삶의 다양한 때는 하나님만이 아시고, 사람은 하나님이 정하신 때에 그 사건들을 경험하게 된다. 인간에게 이해되지 않고 혼돈스러울 때가 있을지라도, 하나님의 목적이 이루어질 때가 있다는 것을 인식하고 그분의 인도 하심에 고개 숙여야 한다.

이러한 "때"에 관한 구절(3:1-8)이 잠언에 놓이지 않고 전도서에 있다는 것은 잠언에 있을 때와는 다른 의미를 가짐을 뜻한다. 만약 잠언 안에 있었다면 사람들이 여호와를 경외하는 것이 전제되기 때문에 인간이 하나님의 때를 예측할 수 있다는 인간의 가능성이 강조되었을 것이다. 전도서에서는 인간이 여호와를 경외하는지 의심스러워하기에 때에 관한 논의 역시 인간이 여호와를 경외함을 회복할 경우 가능하다고 선포하고 있는 것이다.

이런 것을 염두에 둔다면, 9-10절에서 갑자기 인간의 수고의 무익함을 언급하는 이유를 알 수 있을 것이다. 1장 3절에서 말한 것처럼 전도서에서 수고의 무익함이란 여호와를 경외하지 않을 경우 나타난다. 3장 9절에서는 하나님의 때를 잘못 분별하면서 하나님의 의도와는 상관없는 수고를 기울일 때 그 수고가 아무리 많다 해도 무익한 것이 된다는 것이다. 하나님이 슬퍼하라고 하신 때에 기뻐하는 자의 수고가 헛된 것이 된다. 하나님이 안는 일을 멀리 하라고 하실 때에 안으려고 수고하는 것은 무의미한 것이 된다. 오직 현재 하나님이 정하신 때에 맞추어 사는 것이 인간의 행복인 것이다.

그렇다면 이렇게 하나님의 때는 주어졌지만 인간이 때를 알지 못하기 때문에 수고가 헛될 위험에 있다면 인간은 어떻게 해야 하는가? 첫째로, 하나님의 모든 때를 알 수 있다는 교만으로부터 벗어나야 한다. 하나님의 목적은 일의 시종을 인간이 측량할 수 없게 하는 것이며(3:11), 하나님이 행하시는 것은 영원히 있을 것이다(3:14). 여호와를 경외함이 전제되지 않기에 인간의 이성은 더 이상 신뢰되지 않는다. 인간은 모든 순간마다 하나님으로부터 여호와를 경외하는지를 시험받는다. 이 모든 때에 관한 진술의 목표는 인간으로 하여금 여호와를 경외함을 회복하게 하는 것이다. 인간이 교만하면 때를 분별할 수 없지만, 다시 여호와를 경외하면 우리가 때를 분별할 수 있는 것이다. 이러한 때의 주권을 강조하면서 하나님은 다시금 인간이 여호와를 경외하게 만드시려고 한다. 모든 신앙의 시작인 여호와를 경외함을 회복하는 것이 바로 때를 분별할 수 있는 방법이다. 그러므로 인간은 하나님의 때를 모두 안다는 교만으로부터 벗어나야 한다. 우리가 드려야 할 기도는 단지 나의 때를 하나님의 눈으로 분별하기를 간구하는 것이다. 다른 사람의 때도 아니고, 나의 다른 때도 아니고 현재 주어진 때를 하나님의 눈으로 파악하기를 기도드려야 한다. 때에 관한 하나님의 계획은 인간이 어느 정도는 뜻을 깨닫지만 이 깨달음은 순간뿐이다. 하나님의 때를 전체적으로 아는 것은 불가능하다. 인간은 단지 하나님의 신비를 향하여 고개 숙여야 하는 것이다.

둘째로, 하나님이 모든 것을 지으시되 때를 따라 아름답게 하셨다는 것을 이해해야 한다. 나에게는 현재가 하나님이 준비하신 가장 아름다운 때이다. 현재가 견디기 힘든 순간으로 여겨질지라도, 현재 우리가 맞이한 때는 우리에게 가장 아름다운 때임을 알아야 한다. 나의 모든 힘을 집중하여 현재를 아름답게 맞이할 책임이 나에게 있다. 과거와 미래에 짓눌릴 운명을 가진 현재를 과거와 미래의 폭력으로부터 건지고 하나님의 때로 받아들이면서 현재를 누려야 한다. 현재의 누림은 전도서의 일관성 있는 주제로서 다시금 묘사된다: "사람이 사는 동안에 기뻐하며 선을 행하는 것보다 나은 것이 없는 줄을 내가 알았고, 사람마다 먹고 마시는 것과 수고함으로 낙을 누리는 것이 하나님의 선물인 줄을 또한 알았도다"(전 3:12-13).

셋째로, 현재를 가치 있게 만들기 위해서 인간은 현재를 영원과 연결시켜야 한다. 인생은 덧없지만 인간에게 하나님은 영원을 사모하는 마음을 주셨기 때문에 인생의 순간이 영원과 관련될 때 소망이 있는 것이다. 우리의 육체는 썩을 것이고, 먹고 마시고 즐기는 많은 것들은 사라지는데, 그 가치 없는 것들이 정말 가치 있는 것이 되기 위해서는 영원한 것과 관련을 맺어야 한다는 것이다.

하나님의 섭리에 대한 기대감(전 3:16-22)

일반적으로 악 앞에서 인간은 두 가지 극단적인 반응을 보이기 마련이다. 조금의 악도 허용할 수 없기에 그 악을 부수기 위해서 노력을 하며, 악이 모조리 제거될 때까지 조금도 쉬지 않는다. 또 다른 반응은 악에 대한 조금의 문제의식도 없이 현실과 타협하는 것이다. 악을 행한 세력에 대하여 조금의 저항도 하지 않고 있는 그대로 받아들이는 것이다. 그것이 현실을 직시한 고뇌라기보다는 악에 대항하는 대가를 치루기 싫어하기 때문인 것이다. 전도서는 이러한 악을 보는 성숙한 입장을 보여준다. 악은 절대로 허용할 수 없는 극단도 아니고, 그대로 100% 허용하는 타협도 아니다.

재판은 공정해야 함에도 불구하고, 재판 중에 예측하지 못한 악이 나타나서 사람들의 마음을 고통스럽게 할 때가 있다. 그 악은 정의를 표방한 가운데 권세의 힘을 빌려 나타난다. 공의를 행한다는 표방아래 악이 자행됨으로 사람들이 의아해 하기도 한다. 사람들은 이러한 현실에 대하여 질문을 한다. 어떻게 인과응보의 하나님이 악한 자를 벌하지 않으시고, 의로운 자들에게 악이 미치게 하는가라고 질문한다. 직접적인 결론은 하나님이 불의하시든지, 아니면 하나님이 인간의 일에 더 이상 간섭하지 않는 것처럼 보인다는 것이다. 잠언의 논리가 더 이상 적용되지 않는 이러한 현실에 직면하여 전도서는 잠언의 논리를 뛰어 넘는다. 잠언이 피가 끓는 청년의 지혜라면 전도서는 인생을 살만큼 산 사람의 지혜이다.

전도서 기자는 인과응보가 이루어지지 않는 현실에 대하여 놀라지 않는다. 공의가 이루어지지 않은 현실에서 전도서는 흥분하기보다는 하나님이 하실 일을 기대한다. 아직 하나님의 역사가 이루어지지 않았다면 이루어질 것을 기대한다. 그러나 하나님이 어떤 방식으로 일을 이루실지 알지 못한다. 이 알지 못하는 가운데 전도서의 일관성 있는 태도는 하나님에 대한 신뢰이다. 하나님의 역사가 완전히 이루어지는 미래를 확신하면서 조급해하지 않는다. 단지 하나님의 역사가 이루어지지 않은 것에 대하여 조급함이나 흥분이나 탄식이 아니라 이루어질 것에 대한 신뢰감 가운데 그분의 역사를 기다리는 것이다. 그리하여 하나님의 목적과 모든 일이 이루어질 것에 대한 기대감을 표명한다. 이것은 급진적인 이해도, 타협도 아닌 현실을 하나님의 목적이 이루어져 가는 과정으로 인정하면서, 최선을 다하는 모습이다.

수정된 지혜의 가치와 한계(전 4:1-16)

4장에서는 전도서의 핵심적인 논리를 전개한다. 전도서는 당대의 삶의 현장을 목격하고 관찰하여 깊은 진리를 찾아낸다. 이 결론의 흐름은 세 가지가 있는데. 첫째는 전통적인 지혜가 말하는 지혜이다. 둘째는 회의주의가 만연한 시대를 향한 수정된 지혜이다. 셋째는 수정된 지혜가 교만하고 치우치지 않도록 제공되는 세 번째 대안이다. 이 대안은 둘째 단계의 수정된 지혜를 견제하는 수단으로 작용한다.

첫 번째 관찰을 통하여 그는 산자의 비참함을 학대를 통하여 발견한다. 위로자 없이 학대받는 자의 비참함을 겪으면서 죽은 자가 산 자보다 낫다는 결론을 내린다. 그러나 죽은 자보다 더 나은 자는 태어나지 않은 자이다. 출생하지 않은 자가 과연 존재할 수 있을까? 그런 자는 존재할 수 없다. 그러나 논리적으로 이러한 존재는 삶보다 죽음을 강조하는 자들의 남용을 견제하려는 대안이다. 죽음은 삶에 대한 보다 나은 대안이지만 절대화할 수 없는 대안일 뿐이다.

두 번째 관찰한 것은 수고하였지만 헛된 경우와 일하지 않는 우매자의 헛됨이다. 잠언에서는 수고하여 부를 쌓는 것이 덕이었지만, 지나친 부의 추구는 시기를 받는 문제를 발생케한다. 그러므로 수고가 절대적인 덕은 아니다. 또한 수고가 덕이 아니라고 해서, 그러면 게으른 것이 덕이냐 하면 그렇지도 않다. 게으른 자는 게으름으로 인하여 부를 축적하지 못하고 자기 몸을 축낼 정도로 망한다. 결론적으로 전도서 기자는 잠언과는 다른 결론에 이른다. 수고한 결과가 적은 한손의 소득이 결과가 많은 두 손의 소득보다 나은 가치가 된다. 과거에는 한손에 가득한 것과 두 손에 가득한 것을 비교할 때 많이 쌓은 두 손이 더 나은 덕이었지만, 두 손에 들었다 할지라도 바람을 잡으려는 공허함이 있다면 그것으로 인하여 적게 모은 한손의 가득함이면서도 평온함이 있는 그것이 더 나은 덕인 것이다. 물질을 쌓는 것 이상으로 물질의 상태를 규정짓는 평온함이 더 큰 가치를 발하는 것이다. 이것은 과거 잠언과 같은 시대에는 깨닫지 못한 진리로 인간을 이해하는 새로운 단계로 나아가는 것이다. 수고의 양보다 더 높은 덕목에 의하여 하나가 둘보다 나을 수 있다는 것이다.

세 번째 관찰은 두 번째와는 반대로 하나보다 둘이 낫다는 것이다. 전도서 기자는 고독한 과로자를 목격한다. 6절에서는 둘과 하나를 부의 정도를 측정하는 단위로 사용했지만, 이제 7-8절에서 둘과 하나는 인간의 숫자를 의미한다. 부가 아무리 많다 하더라도 형제나 가족이 없는 상황을 유발하면서 얻을 경우에는 무익한 것이 된다. 고독한 하나, 부에 의하여 희생된 가정은 물질이 쌓여도 보상되지 않고, 인간을 불행하게 만든다는 것이다. 결론적으로 둘이 하나보다 낫다.

이제 저자는 왜 둘이 하나보다 나은지 설명한다. 함께 수고하면 상을 얻을 수 있고, 넘어지면 붙들어 줄 수 있고, 함께 누우면 따뜻하고, 둘이 힘을 합하면 적을 상대하여 이길 수 있다. 그런데 갑자기 이해하기 힘든 구절이 나타난다: "세겹줄은 쉽게 끊어지지 아니하느니라"(전 4:12). 왜 갑자기 세겹줄이 나올까? 본문의 문맥에서는 어색하지만, 전도서의 신학에서는 가능한 일이다. 전통적인 가치를 뛰어넘는 가치를 제공하면서도 그 가치가 절대화되기를 막기 위하여 세 번째 대안을 제시하는 것이다. 세겹줄의 기능은 하나보다 둘이 낫다고한 그 윤리가 절대성을 갖고 남용되지 않도록 견제하는 역할을 한다. 하나보다 둘이 낫다는 윤리를 소박하게 실천하는 것을 요구하는 것이다.

네 번째 관찰은 노인이 젊은이보다 낫다는 전통적인 가치에 대한 도전이다. 13절에 비교된 대상은 가난하여도 지혜로운 소년은 늙고 둔하여 간함을 받을 줄 모르는 왕보다 낫다는 진술이다. 여기에서 비교대상은 첫째, 가난함과 왕의 부이다. 둘째는 소년과 노인이다. 셋째는 지혜와 어리석음이다. 가난한 소년과 부한 왕을 비교하면 당연히 왕의 가치가 우위에 있다. 그러나 그러한 우위도 지혜가 없을 경우에는 견지될 수 없다. 늙음이 소년보다 낫고, 왕의 부가 가난보다 낫지만, 지혜를 향하여 열린 마음이 없다면 가치의 우선순위는 바뀌게 된다. 그리하여 가난하고 옥에 갇힌 자라 할지라도 왕이 될 수 있음을 보여준다. 그런데 15절 이하에서 제공하고 있는 것은 지혜 때문에 새로운 왕이 된 사람의 가치를 절대화 할 수 없다는 제안이다. 늙은 왕보다 지혜로운 소년이 더 상위 가치를 가지고 있지만, 왜 이 가치가 상대화될 수밖에 없는지 이유를 제시한다. 새로운 왕의 시대가 지나고 그가 죽은 후에 그를 기억하는 사람들이 사라지고 마침내 아무도 그를 기억하지 못하게 사라지게 되는 것이다. 두 번째 대안인 소년은 당대에 가치 있었지만, 시대가 지나면 후대 사람은 그를 기억하지 못하기 때문에, 더 나은 가치인 "지혜로운 소년"이 상대적인 가치만을 가졌음을 전해주는 것이다. 지혜 있는 소년의 가치는 영원하지 않고 당대에 국한된 가치인 것이다. 인간의 지혜는 더 이상 영원무궁을 자랑하지 못하고, 주어진 순간에 최선을 다하도록 돕는 역할을 할 뿐이다. 이는 지혜의 제한이라기보다는 지혜를 가진 인간의 제한성으로 인한 결과이므로, 기회를 얻은 지혜로운 소년은 자신의 위치가 상대적인 것임을 알아야 한다.

하나님은 하늘에 계시고(전 5:1-7)

전도서는 늘 잠언과 함께 읽어야 한다. 5장의 상황은 잠언에서의 하나님을 예측 가능한 분으로 인식하는 단계를 벗어나 하나님을 가볍게 보는 남용의 상황 속에서 하나님이 인간의 예측 가능한 자리를 떠나, 인간이 다시금 하나님의 주권과 절대성 앞에 옷깃을 여미게 만드는 내용이다.

1절은 성전에서 제사를 드리면서도 하나님에 대한 경외감을 상실하고 제사를 단순한 의식으로 여기는 자들에 대한 경고이다. 그들은 악을 행하면서도 아무런 거리낌 없이 제사를 드린다. 성전에서 제사를 드린다는 것은 무엇을 의미하는가? 우리의 제사를 통하여 인간의 죄가 정결케 되고 하나님이 우리 앞에 나타나심을 의미한다. 그런데 제사의 의미를 이해하지 못하는 이들은 자신의 죄를 정결케 하는 그 자리에서 다시금 죄를 지으면서 마치 성황당에서 신을 달래기 위하여 제물을 드리는 형식을 취한다. 악을 행하면서도 깨닫지 못하고 제사를 지내는 자를 우매한 자라고 말한다. 오늘날 예배를 드리면서 하나님이 우리 곁에 오시는 것까지는 좋은데 하나님을 너무 가볍게 보는 문제와 유사하다. 많은 교회에서 하나님에 대한 경외감을 잊고 있다. 거룩한 영역, 신비롭고 영원을 향하는 겸손한 자리가 위협을 당하고 있다.

이러한 인간의 피조성과 하나님의 절대성을 극적으로 표현하는 말은 "하나님은 하늘에 계시고 인간은 땅에 있다."는 말이다(5:2). 그것은 하나님과 인간의 질적인 차이를 나타내며, 이 차이점은 인간의 겸손을 유도한다. 그 자리는 말이 많이 필요 없다. 생각 없이 늘어놓는 말을 줄이고 하나님에 대한 경외감으로 숙연해져야 하는 자리이다. 신앙생활이 많아질수록 인간에게는 자신감이 생기고 생각 없는 말들과 자신감으로 이어진다. 3절은 이의 연속이다. 일이 많으면 그 일은 인간을 육체적으로 지치게하고 정신적으로 분주하게 만들어 잠자는 동안에도 많은 꿈을 꾸게 한다. 이 꿈은 미래를 인도하는 꿈이 아니라 많은 생각으로 혼란스러운 불안의 현상인 것이다. 2절에서 말을 줄이라고 했는데 말이 많으면 헛된 소리가 나오고 실수할 위험이 있다는 것을 경험을 통해 전해준다.

4-6절은 서원에 관한 규정을 말하려는 것이 목표는 아니다. 단지 인간이 일시적인 감정에서 서원을 했다가 시간이 지나서 그것을 포기하는 행위는 하나님을 쉽고 가볍게 여기는 처사이므로 더 이상 하나님을 쉽게 여겨서는 안 된다는 것이다. 서원은 하나님에 대한 경외감을 안고 행할 것이며, 행한 서원은 반드시 이루어서 하나님에 대한 경외감을 회복하여야 한다. 하나님에 대한 경외감을 상실한 예들을 나열하면서 하나님 경외를 회복하기를 간구하고 있다. 7절은 하나님으로부터 오는 계시의 역할을 하는 꿈의 기능을 무시하려는 의도라기보다는 꿈의 남용을 금하는 것이다. 인간의 집착이라는 의식의 반영으로서의 꿈과 인간의 가볍고 교만의 상징인 말 많음을 문제 삼는 것으로 3절과 관련된다.

결론적으로 전도서 저자는 "그러하니 오직 너는 하나님을 경외 할지니라"(전 5:7)라고 선포한다. 지금까지 언급한 모든 문제의 원인은 무엇인가? 그것은 여호와에 대한 경외를 상실하였기 때문이다. 전도서는 계속하여 여호와를 경외함을 회복하여야 한다고 촉구한다. 여호와를 경외하지 않기 때문에 나타나는 많은 남용의 문제를 열거하면서 이 모든 문제를 해결하고 새로운 시작을 하는 길은 바로 여호와를 경외함이라고 선포한다.

강한 자와 다툴 수 없느니라(전 6:1-12)

전도서는 전통적인 지혜인 잠언에서 인정된 지혜가 주제를 따라 수정되는 여러 현상을 제시하면서 결론을 내린다. 1절 이하에서 전통적인 지혜의 남용을 목격하면서 2절에서는 재물과 부요와 존귀를 받고도 누리지 못하는 사람 이야기가 나타난다. 전통적인 지혜의 기준으로 바라보면 재물과 부요와 존귀함은 중요하다. 이것은 잠언에서 귀하게 여겨지던 덕이다. 그러나 이러한 덕도 주어진 것을 누리지 못하는 불행보다 귀하지 않다. 누림의 복을 얻지 못하는 것을 전도서는 더 큰 불행으로 본다. 전에는 누리는 것을 전제로 이 덕목이 귀한 것으로 여겨졌지만, 이제는 누리지 못하는 더 큰 불행이 이 덕을 막아 버린다. 재물과 부요와 존귀함으로 더 이상 만족할 수 없다.

3절에서 등장하는 사람은 전통적인 잠언에서 축복이라고 여겨지던 자녀의 축복, 장수가 주어졌지만, 그가 죽은 후에 매장되지 못하는 일이 발생한다. 매장되지 못함은 결국 자녀와 장수의 축복으로는 보상할 수 없는 불행으로 여겨진다. 그래서 낙태된 자보다 못한 삶을 산 것으로 평가되며, 낙태된 자가 더 행복하다고 언급한다. 낙태된 자가 매장되지 못한 자보다 나은 이유는 이 세상의 낙(樂)인 자녀와 장수의 복이 있다 할지라도 매장되지 못해서 마지막 평안을 얻지 못하는 것보다 이 생의 복을 얻지 못하고 낙태하는 자가 얻는 평안이 차라리 더 낫기 때문이다. 이 모든 논리는 낙태를 구체적인 대안으로 제시하려는 것이 아니라, 자녀의 복과 장수의 복이라는 것이 예상치 못하는 것 때문에 중요성을 상실하는 가치의 역전을 제시함으로 전통적인 가치에 자족하거나 자만하는 것에 대하여 충격을 제공하는 역할을 한다.

6절 이하에서는 전도서의 논리대로, 전통적인 가치의 역전을 제시하면서 상대적인 가치를 제시하다가 다시 죽음이라는 카드를 제시함으로 허무주의로 나아간다. 다 한곳으로 돌아가며, 식욕은 차지 않으며, 지혜자나 행할 줄 아는 가난한 자도 순간을 벗어나면 가치를 상실하는 영원 앞에 있다. 이 가치들이 순간임을 제시함으로 상대적인 덕이 영원 앞에서 보면 역시 아무것도 아닌 엄숙한 현실을 제시함으로 죽음의 그늘아래 있는 인간의 한계를 다시 들여다보게 한다.

이 모든 인간의 염세주의 이면에는 전능하신 하나님의 주권이 있다(6:10). 그분의 주권 앞에서 인간은 그저 예, 아니오만 할 뿐, 그분에게 훈수 두고, 자기의 것을 주장하는 것이 가능하지 않음을 말한다. 인간의 허무는 무엇인가? 그것은 전능한 자의 뜻을 따르기 보다는 그분과 다투면서 자기 마음대로 살려고 함으로 삶 자체가 무익해 지는 것을 말한다. 인간의 행복은 이 전능하신 분 앞에 숙연하고, 두렵고 떨림으로 그분의 배에 올라타는 것이다. 11-12절은 다시금 주제의 반복이다. 인간이 계획하고, 이성에 따라 사는 모든 것을 무익하게 만드는 일들을 떠올린다. 죽음 앞에 모든 것은 평준화된다. 죽음 이후의 일에 대하여 아무런 말을 할 수 없는 인간의 한계를 말함으로 다시금 인간이 허무주의를 떠올린다. 그러나 이 허무주의는 전도서의 마지막이 아니다. 순간을 즐기면서 수정된 지혜를 취하기 전에 인간의 한계를 깨닫게 하는 조치이다.

우매자의 노래와 지혜자의 책망(전 7:1-7)

전도서 7장에도 역시 전도서의 일관성 있는 주제가 나타난다. 1절에서의 기름은 육체를 살찌우며 현재 입을 즐겁게 하는 것인데 반해, 이름은 현재를 떠나 잠시라도 오는 세대에게 회자됨으로 시간적인 가치를 제공한다. 집회서에서는 인간의 유한함에도 불구하고 남아 있는 조상들의 이름을 나열함으로 순간을 뛰어넘는 이름의 가치를 말한다. 죽는 날보다 출생하는 날이 나은 것은 역시 죽음을 생각하며, 자기 한계를 의식하며 사는 것의 중요성을 강조한다. 2절도 앞의 논리의 반복이다. 잔치집에서 기뻐하면서도 자신의 미래를 알지 못하는 것보다 초상집에서 자신에게 닥쳐올 미래를 알고 그에 따라 사는 사람이 더 지혜롭다고 말한다. 1, 2절과 같이 평가를 내리는 이유는 모든 사람의 결국은 죽음으로 이어지기 때문이다.

3절에서는 다시 웃음보다 슬픔이 낫다고 말한다. 슬픔이 유익한 이유로 마음이 좋게 되기 때문이라는 것은 슬픔이 삶의 한계를 깨닫게 함으로 적절한 삶을 살게 하기 때문이다. 4절에서 "지혜자의 마음은 초상집에 있으되, 우매자의 마음은 연락하는 집에 있느니라"라고 말할 때, 이것도 같은 맥락이다. 위와 같은 이유로 인하여 연락하는 자들과 함께 인간이 영원할 것이라는 환상에 젖어 있는 사람보다, 초상집에서 죽음의 현실을 보고 인간의 한계를 깨닫고 최선을 다하는 사람이 지혜로운 사람이라는 것이다.

5-7절은 같은 문맥에서 이해해야 한다. 5절에서 지혜자의 책망과 우매자의 노래를 비교하면서, 우매자의 노래보다는 지혜자의 책망을 우월한 것으로 평가한다. 전도서의 문맥에서 우매자의 소리는 가시나무가 타는 것도 모르면서 솥 밑에 있는 자처럼 인간의 한계를 모르고 지내는 것을 표현한다. 이에 비해서 지혜자의 책망은 노래보다 듣기 싫지만, 삶의 지혜를 제공한다는 면에서 사람에게 도움을 주는 것이다. 그래서 우리 일상의 삶에서 철모르고 소리 내는 우매자의 노래보다는 자기 한계를 아는 지혜자의 책망을 듣는 것이 지혜로운 삶이라고 말할 수 있다. 그러나 지혜자의 책망은 절대적인 지혜라기보다는 상대적인 것이다. 지혜자의 책망은 늘 자기 한계를 직시하여야 한다. 이것은 지혜의 본질에 대한 비판이 아니라, 지혜를 가진 인간의 한계에 대한 비판이다. 7절에 보면 지혜자를 넘어지게 만드는 것은 탐학이요, 뇌물이다. 아마도 지혜자는 역사의 경험 속에서 실패한 지혜자의 문제를 전제하는 듯하다. 그러므로 결론은 탐학과 뇌물로 인하여 왜곡되지 않도록 주의하는 한, 우매자의 노래보다는 지혜자의 책망이 더 높은 가치임을 인정하는 것이다.

형통함과 곤고함을 병행하시는 하나님(전 7:14)

"형통한 날에는 기뻐하고 곤고한 날에는 되돌아 보아라 이 두 가지를 하나님이 병행하게 하사 사람이 그의 장래 일을 능히 헤아려 알지 못하게 하셨느니라"(전 7:14). 형통과 곤고함을 병행하시는 하나님이란 곧 인간의 상대적인 선악을 넘어서 계신 하나님의 주권을 노래하는 것이다. 이 논지의 결과는 우리가 피조물로서 하나님의 주권 아래 겸손하게 서야 한다는 것이다. "형통한 날에는 기뻐하고 곤고한 날에는 되돌아 보라."는 말을 더 생각해 보자. 이 본문은 곤고함을 겪는 사람들에게 위로를 주는 익숙한 구절이다. 곤고할 때 하나님의 뜻을 헤아리라고 말한다. 형통한 날에 기뻐하는 것은 당연한데, 곤고한 날에 생각하는 것은 쉽지 않다. 본문에서 특별한 것은 형통함과 곤고함 모두를 하나님이 병행하게 하셨다는 것이다. 형통함은 즐거운 것이니까 그렇다 치고, 곤고함도 하나님이 주신 것인가? 곤고함을 즐거워할 사람이 누가 있을까? 그러나 하나님은 우리가 곤고함을 겪은 후에 생각하기를 원하신다. 어떤 생각일까? 형통케 하시는 하나님은 우리 입맛에 맞는 하나님이다. 좋으신 하나님이다. 우리에게 형통케 하는 것이 선이다. 곤고함이 닥쳐오면 우리는 그것을 악이라고 부른다. 악은 원하지 않는 것이므로, 그 악이 닥쳐올 때 우리는 찡그린 얼굴을 하게 된다. 이러한 선악에 직면하여 우리는 하나님을 선의 하나님이라고 부른다. 그러면서 우리가 악이라고 부르는 것을 멀리 하게 해달라고 기도드린다. 하나님은 절대로 악의 편에 서지 않는다는 확신을 가지면서 말이다.

그러나 이 본문에서 우리는 하나님이 우리가 선이라고 부르는 것만이 아니라 악이라고 부르는 것들도 병행하게 하셨다고 말함으로 선악을 모두 하나님이 주관하셨다고 말한다. 우리가 세상에서 우리의 입맛에 따라 분류하는 선악은 이미 시간과 공간, 그리고 우리의 경험에 길들여진 우리의 판단에 따르는 상대적인 것이다. 유감스럽게도 그런 면에서 하나님은 우리가 말하는 선의 하나님만이 아니라 선악을 모두 주관하시는 하나님이다. 이에 본회퍼는 하나님을

"선악의 피안에 계신 하나님"이라고 말한다. 그렇다면 우리가 흔히 말하는 악은 "절대 악"이 아니고 하나님의 계획 가운데 주어진 것임을 알 수 있다. 하나님은 인간이 만드는 선악의 범주에 따라 움직이지 않고 그분 자신이 판단하신다. 그렇기에 우리는 선악의 판단을 하나님께 맡길 수밖에 없고, 그분은 우리에게 "선악의 피안에 계신 분"으로 인식된다.

곤고함에 대하여는 묵상할수록 신비함을 느낀다. 신앙의 성숙함을 위하여 우리가 악이라고 부르는 곤고함은 필수 불가결이다. 인간은 본질적으로 악하기 때문에 곤고함이 앞에 있어야 기도하고, 하나님 앞으로 나아가게 된다. 한나는 임신하지 못하게 하시는 곤고함을 경험한 후에 기도의 용사가 되었다. 곤고함이 뼈에 사무치면 사무칠수록, 장을 담그듯이 곤고함 안에서 우리의 인격이 형성되어 간다. 그러므로 우리를 안일하게 만들고 하나님을 우리의 손안에 조종하려는 교만으로 가기 쉬운 형통함보다는, 오히려 곤고함이야말로 우리가 전력을 다해 하나님 앞에 서게 만드는 축복임을 느끼게 된다. 곤고함 때문에 우리가 불평하지만 이를 통하여 우리가 하나님의 사람으로 만들어져 간다.

지나친 의인과 지나친 악인(전 7:15-18)

전도서의 중요한 논지를 보여주는 본문이다. 잠언과는 달리 인간은 더이상 믿을 수 없는 존재이다. 전도서는 인간이 수정된 지혜를 실천할 때 반드시 하나님 경외하기를 요구한다. 인간은 한 걸음을 내디딜 때마다 여호와를 경외하는지를 확인해야 한다. 이런 맥락에서 그는 잠언으로 이해할 수 없는 사건을 목격한다. 의로워 보이는 사람이 의로운 중에서 멸망하는 경우가 있는가 하면, 악행을 밥 먹듯이 하면서 장수하는 사람이 있다는 것이다. 이것은 잠언에서 중요하게 여기는 인과응보의 역행이다. 선한 자가 장수하고 악한 자가 단명해야 하는데 왜 현실은 그렇지 않은가 하는 질문이다. 이 본문을 단지 중용의 도를 구하라고 말하기에는 더 깊은 설명이 필요하다.

저자는 이것을 설명하기 위하여 먼저 악한 자의 예를 든다. 전도서 기자는 인간을 믿지 않는다. 그래서 악을 행하는 것을 불가피하게 받아들인다. 그렇지만 지나치게 악한 자는 되지 말라고 말한다. 인과응보의 원리가 사라졌다는 착각으로 악을 행하는데 자신감을 갖는 자들에게 들려주는 것이다. 악인이 장수하는 것은 하나님의 은혜일뿐이다. 그런데 죄인의 괴수가 되어 자신 있게 악을 행하면 기한 전에 죽을 것이다. 악한 일을 악인이 행하고도 일찍 죽지 않는다고 자신감을 갖지 말라.

그러면 지나친 의인과 지나친 지혜자가 되지 말라는 이유는 무엇인가? 전도서에서 계속 언급하는 대로 지혜나 의 자체는 문제가 없다. 그것은 하나님으로부터 오는 것이기 때문이다. 문제는 지혜를 가졌다고 주장하는 인간이나 의를 가졌다고 말하는 인간이다. 하나님의 진리를 문제 삼는 것이 아니라 사람이 문제이다. 사람은 일시적으로 바른길에 서지만 늘 위험할 수 있다. 그 위험은 바로 여호와를 경외하지 않음으로 인한 것이다. 결론은 여호와를 경외하면 이 문제는 해결될 수 있다. 여호와를 경외하지 않기에 어떤 문제가 발생하고 있는가? 지나친 의를 가지고 있는 자이다.

지나친 의(義)라고 말할 때 의는 남용된 의이다. 의는 하나님에 이르는 도구와 같은 것이다. 의를 통하여 우리는 하나님에게 이르러야 한다. 그러나 의 자체가 목표가 될 때 의는 인간을 죽음으로 이끈다. 왜 그런가? 하나님과 인간 사이를 매개하려는 많은 일들이 있는데 인간은 이 일들을 통하여 무엇인가 성취하려고 노력한다. 그러나 일 자체에 머물러 있으면 우리는 하나님에게 이르지 못하고 의에 머물고 율법주의자가 되는 것이다. 이 의(義)는 다른 사람을 판단하는 기준이 되어 그를 괴롭힌다. 오늘날 교회 일은 여백을 상실하기 쉽다. 교회의 유지를 위해 만든 일이 성도들을 치이게 한다. 일들 곁에 계신 하나님을 발견하여야 한다.

교회에서는 아직 신앙이 성숙하지 않은 사람들이 신앙생활을 하다가 자기 의의 노예가 되는 경우가 많다. 자신은 그것을 좋은 신앙이라고 말하는데 그것이 남을 판단하는 기준이 되고 자신도 더 이상 하나님을 찾지 않게 되어 결국은 죽음으로 가는 것이다. 그렇다면 어떻게 이러한 의로 가지 않을 수 있는가? 해결책은 오히려 간단하다. 하나님을 경외하는 것이다. 하나님을 두렵고 떨린 마음으로 바라본다면 우리는 자기 의에서 벗어나고, 지나친 악에서 벗어날 것이다. 전도서는 많은 문제를 보고 진단하면서 지혜문학의 처음으로 돌아가게 만든다. 행동 하나하나에서 여호와를 경외한다면 그릇됨으로부터 돌아설 수 있는 것이다.

사람의 꾀(전 7:19-29)

19절부터 22절까지는 서로 관련해서 이해해야 한다. 19절에서는 전통적인 지혜의 역할을 강조한다. 지혜는 지혜자를 능력있게 하기에 가치가 있다. 20절에는 그렇게 능력 있는 지혜자라 할지라도 죄를 범치 않는 의인은 없다는 것이다. 이는 19절에서 말하는 지혜의 예외가 있다는 말이다. 의인에게도 죄지을 가능성이 항상 있다. 지혜는 문제없지만 지혜를 가졌다고 하는 인간은 언제나 지혜를 남용할 위험이 있다. 이러한 현실은 어떤 윤리적인 교훈을 보여주는가? 주인은 종이 자신을 저주하는 말을 듣는다 할지라도 마음을 두지 말아야 한다는 것이다. 그런 실수도 그러려니 하고 넘어가야 한다는 것이다. 인간은 불완전하기 때문이다. 너 자신도 인간인지라 그러한 실수로써 남을 저주한 적이 있기 때문이다. 결국 지혜의 중요성을 강조하면서도 지혜를 사용하는 인간의 남용의 가능성을 받아 들여야 한다는 진리를 담는 말이다.

23-29절에서는 전통적인 지혜의 남용을 극복하는 진리를 나열함을 통하여 저자가 깨닫는 것은 지혜의 깊이이다. 인간이 진리를 발견하고 사용하지만 또한 진리를 완전히 파악하지 못하고 완전한 지혜자에 이르지 못함을 보고 지혜의 깊이를 찬양한다. 인간이 완전한 지혜자에 이르지 못하는 원인은 지혜문헌에 반복하여 나오는 음녀 때문이다. 음녀는 인간을 유혹하고 지혜의 길에서 넘어지도록 만드는 것이다. 음녀에게 넘어지는 원인은 하나님의 계획이 아니라 인간이 하나님이 지으신 대로 정직하게 살지 않고 꾀를 내기 때문이다. 이 꾀가 바로 그동안 전통적인 지혜가 남용되는 원인이요, 이 꾀를 벗어나서 정직하게

하나님을 경외하는 원래의 지혜정신으로 돌아갈 때 우리는 진리에 이르게 된다는 것이다.

불의에 대하여(전 8:1-9:1)

본문에서는 인간을 지배하는 왕과 하나님에 대하여 말하고 있다. 우선 왕은 하나님이 세우신 권세이므로 부당하게 보인다 할지라도 순종해야 한다(8:2-6). 조급하게 왕의 명령에 불순종하거나 저항하는 것을 적절한 것으로 보지 않는다. 왕의 권위는 하나님이 세우신 것이기에 왕에게 순종하는 자는 불행을 알지 못할 것이다. 왕에게 순종하는 것이 때와 판단을 피하는 길이다. 마찬가지로 세상사에 일어나는 부당한 일을 만났을 때에도 유사하다. 이번에는 왕이 아니라 하나님의 주권을 받아들여야 한다. 본문에는 신정론의 문제에 대하여 세 가지를 보여준다: 1) 악한 자의 번영(8:9-11); 2) 하나님의 정의(8:12-13); 3) 악한 자가 벌을 받지 않음(8:14). 하나님의 정의를 위협하는 것으로 보이는 이러한 현상 속에서도 당황하지 않아야 한다. 불의를 합리화해서는 안 되지만 그 안에서 하나님의 섭리를 구해야 한다. 우리가 보기에 불의한 것으로 보이는 현상들도 다 하나님의 섭리가 있다. 우리가 해야 할 일은 하나님의 섭리와 은혜를 구하는 것이다. 이러한 세상의 불의에 관한 관찰을 통하여 전도서 기자는 다음과 같은 세 가지 결론을 이끈다: 1) 사람들은 삶이 제공하는 즐거움을 누리고 해결되지 않는 문제 때문에 애쓸 필요가 없다(8:15); 2) 하나님은 인간이 미래를 능히 알 수 없도록 하셨다(8:16-17); 3) 하나님은 모든 것이 우리의 손안에 있는 것이 아니라 하나님의 손안에 있음을 알게 하신다(9:1).

죽음과 자족에 관하여(전 9:2-10)

이 본문은 하나님의 정의를 돌아보면서 죽음의 문제를 주시하게 한다(9:2-6). 본문은 죽음이 단순한 자연현상이 아니라 악이라고 이해한다(9:3).

전도서 기자는 죽음보다는 삶을 선호한다. 왜냐하면 산 자는 죽을 줄을 알기 때문이다. 9장 4절에서 산개와 죽은 사자가 비교되고 있다. 개와 사자의 차이는 삶과 죽음의 차이만큼 크지 않다. 개와 사자를 비교한다면 당연히 사자가 더 높은 가치를 갖지만(삼상 7:43; 24:15), 사자가 죽어 있고 개가 살아 있다면 살아 있는 개가 선호된다. 산 자들은 죽을 줄을 알되 죽은 자들은 그것을 모르기 때문이다(9:5). 9장 2-3절에 따르면 죽음은 살아 있는 모든 사람들의 차이를 평준화시킨다. 본문에서 전도서가 말하려는 것은 죽음으로 끝나는 염세주의가 아니다. 4장 2절에서 죽은 자를 산자보다 더 가치 있게 여겼던 이유는 살아 있는 자들이 경험하는 학대에 대한 역설적인 비판이었다. 이제는 반대로 산 자를 죽은 자보다 가치 있게 여기는 것은 산 자는 죽음이 찾아온다는 것을 알기 때문이다. 이는 전도서가 죽음을 무조건적으로 찬양하는 것이 아니라 이상적인 삶과 관련해서 평가함을 알 수 있다. 본문이 암시하는 것은 다음과 같은 것이다. 살아 있는 것을 가치 있게 만드는 것은 살아 있는 자가 죽음을 인식하기 때문이다. 살아 있는 자들이 죽음이 온다는 것을 안다면 살아 있는 날을 가치 있게 보낼 수 있다는 것이다. 죽음에 대한 인식이 삶을 풍성하게 만드는 소망을 제공한다.

9장 7-10절은 자족하는 삶이 무엇인지를 보여준다. 첫 단계는 과거를 받아 주시는 하나님이다: "너는 가서 기쁨으로 네 음식물을 먹고 즐거운 마음으로 네 포도주를 마실지어다. 이는 하나님이 네가 하는 일들을 벌써 기쁘게 받으셨음이니라"(전 9:7). 두 번째 단계는 미래를 어떻게 준비하는가이다. 10절에 보니 "무릇 네 손이 일을 당하는 대로 힘을 다하여 할찌어다 네가 장차 들어갈 음부에는 일도 없고 계획도 없고 지식도 없고 지혜도 없음이니라"와 같이 나온다. 전도서가 보여주는 죽음의 그림자이다. 죽음은 인간의 끝을 의미한다. 인간이 할 수 있는 것은 죽음이 오기 전에 미래의 걱정이 현재를 누르지 못하도록 종말을 하나님께 맡기는 것이다. 마지막 단계는 현재를 누리는 것이다. 과거로부터 현재를 보호하고, 미래의 두려움으로부터 현재를 지킨 후에는 이제 우리에게 확실한 현재의 기쁨을 누리게 하는 것이다. 8절에 "네 의복을 항상 희게 하며 네 머리에 향 기름을 그치지 않게 할지니라"라고 말한다. 9절에 보니 "네 헛된 평생의 모든 날 곧 하나님이 해 아래서 네게 주신 모든 헛된 날에 사랑하는 아내와 함께 즐겁게 살지어다 이는 네가 일평생에 해 아래서 수고하고 얻은 분복이니라" 드디어 우리의 몫이 나온다. 우리에게 확실한 것은 바로 우리가 지금 가지고 있는 것을 누리는 것이다. 우리의 생명이 사라지면 누릴 수 없는 그 행복을 하루하루 음미하면서 살기를 촉구하는 것이다.

성공보다 더 중요한 것(전 9:11-12)

전도서 기자가 언급하는 것은 잘못된 성공을 추구하는 자들의 이야기이다. 달리기를 잘하는 사람은 자신이 반드시 경주에서 먼저 도착하리라는 확신을 갖는다. 힘이 있으면 당연히 전쟁에서 승리하리라고 생각한다. 지혜자가 식물을 얻고, 명철자가 재물을 얻는다는 것은 불문가지로 여겨진다. 바로 이 시대의 가치관이다. 적응하지 못하는 자들은 제거되고 생존력이 있는 자들만 남는다. 낙오된 것은 내가 무능하기 때문이며, 1등한 사람은 기득권을 가지고 살아가는 것을 당연하게 여긴다. 오늘도 이 땅에서는 빠른 경주자가 되어 모든 사람을 물리치고 승리할 기대를 가지고 살아가는 무리들이 있다.

그런데 전도서 기자는 이상한 법칙을 발견한다. 힘 있고 잘 달리는 사람이 반드시 선착하지 못한다는 것이다. 힘있는 자가 승리하리라는 것이 당연한 논리처럼 보이지만 그것이 환상임을 깨닫는다. 힘 있는 자의 말로가 불행한 경우들도 있다. 때로는 그들이 넘어진다. 전도서 기자가 발견한 것은 힘이 중요한 요소이기는 하지만, 인생의 실재를 지배하는 것은 보이는 힘의 논리가 아니다. 보이는 것을 지배하는 보이지 않는 힘의 원리를 알아야 성공한다. 중단없이 전진하던 그들이 어느 날 역사의 무대에서 사라진다. 그들은 이해할 수 없다. 그저 운이 없었다고 말한다. 그저 연이 닿지 않았기 때문이라고 말한다. 이랬더라면 하고 안타까워한다. 그들은 우연히 실패한 것처럼 보이며, 자신들도 그렇게 생각하였다. 그러나 전도서 기자가 평가하기에 그들은 정말 중요한 것을 놓치고도 알지 못한 사람이다. 우연인 것처럼 보이지만 실제로는 멸망하는 길에 서 있었던 것이다. 힘의 논리보다 더 중요한 것을 알지 못한 것이다. 자기 힘만 믿고 전진하는 사람은 돌이킬 수 없는 실패에 이르러서야 무엇인가 잘못되었음을 안다. 소위 잘 나가는 사람들은 이렇게 자기 힘의 중단 없는 전진의 논리에 매여서, 시기와 우연에 걸려들고 나서야 깨닫는다. 기회를 모두 잃고 나서 그러한 진리를 깨닫는다. 그러한 때가 오기 전에 전진의 논리에 사로잡히지 않고 하나님의 기쁨에 동참하면서 겸손함으로 당대의 시대정신으로부터 승리해야 할 것이다.

지혜의 능력과 죄인(전 9:13-18)

9장 13-18절에서 사용된 세 개의 "더 나은 잠언"을 이해하기 위해서는 본문의 문맥이 중요한 역할을 한다. 9장 16절에서는 힘과 지혜를 비교하는데 9장 13-15절의 문맥이 그 이유를 설명한다. 강한 왕이 와서 약한 성읍을 공격할 때 가난한 자의 지혜로 성을 건졌지만 가난한 자를 기억하는 사람이 없다. 그 원인은 지혜가 힘이 있음을 목격하였음에도 불구하고 사람들이 가난한 자를 멸시하고 기억하지 않기 때문이다. 지혜자의 존재론적인 한계인 죽음이 아닌 공동체의 무지로 인한 멸시가 지혜자를 무시하기에 왜곡된 현실을 파악한 사람들의 판단은 "지혜는 힘보다 강하지만 멸시의 위험이 있다."는 것이다. 그러나 지혜는 그렇게 멸시당한다 할지라도 가치가 있다. 멸시는 세 번째 대안의 역할을 하지만 부조리의 세상에서 겪는 지혜의 아픔일 뿐이다. 이 현실을 지켜본 지혜자는 좌절된 지혜의 현실이 아니라 지혜의 이상적인 원리를 말한다. 9장 17절에서는 조용한 말과 호령하는 말을 비교한다. 호령하는 말이 조용한 것보다 힘이 세서 더 나은 가치가 있는 것으로 보이지만 지혜자와 우매자가 등장할 때는 달라진다. 지혜자의 소리는 조용하다 할지라도 소리만 크고 어리석은 자들을 다스리는 우매자의 호령하는 말보다는 더 가치가 있기에 수정된 지혜의 역할을 수행한다. 9장 18절에서는 지혜와 무기를 비교한다. 전통적인 전쟁의 힘을 상징하는 무기보다 지혜에 더 높은 가치를 부여한다. 그러나 무기보다 나은 지혜를 가진 그 사람의 죄를 통하여 많은 선을 무너지게 하는 일들이 일어나기에 죄라는 세 번째 대안을 염두에 두고 지혜자가 자기 한계를 늘 의식하여야 한다. 여기 성읍을 건진 지혜자의 경우에서 두 가지 교훈을 얻는다. 하나는 지혜자의 소리를 듣지 않는 공동체를 향한 교훈이고(9:17), 다른 하나는 지혜자가 인정을 받았다 할지라도 죄에 의하여 넘어질 수 있음을 상기시키는 말이다. 두 가지 요소 모두 죽음이라는 실존적인 한계 이전에 인간의 연약함으로 인하여 넘어지게 하는 장애물들로서 죽음을 가리키는 요소이다.

지혜자와 우매자에 관하여(전 10:1–20)

10장 전체에 걸쳐 지혜자와 우매자가 나타난다. 실제 세계는 우매자가 판을 치는 부조리한 세계이다. 더구나 그 부조리한 세계에서 정의를 행해야 하는 왕은 우매한 자의 소리를 듣고 있다.

1절에서 적은 우매가 지혜와 존귀를 난처하게 만든다. 오른쪽과 왼쪽은 바른 길과 틀린 길을 말하는데, 잘못된 길에 선 우매자들은 우매함을 드러낼 뿐 아니라, 주권자가 우매한 자들에게 지위를 부여하기도 한다(10:5-7). 지혜자는 이러한 세상의 부조리를 경험할 때에도 견뎌야 한다. 주권자의 부당한 행위에 대하여도 인내를 가지고 기다려서 주권자의 분노를 극복할 수 있어야 한다(10:4). 지혜자는 우매자의 행위를 처리하시는 하나님의 인도하심을 기다려야 한다.

8-9절은 예기치 않은 위험들 때문에 넘어지는 경우를 나열한다. 8절에서 함정을 파고, 담을 허는 일은 악을 도모하다가 자신이 도리어 어려움을 당하는 것을 말한다. 그러나 9절에서는 돌들을 떠내고, 나무들을 쪼개는 일상의 일을 하다가도 위험을 당할 수 있다고 말한다. 모두 예기치 못한 일로 인하여 어려움을 당하는 경우이다. 이 와중에도 지혜로운 자라면 준비(10절)와 예측(11절)을 통하여 위기를 대비할 수 있음을 말하고 있다.

12-15절에서, 왕을 위하여 지혜로운 말을 정하는 것이 조언자의 의무이지만 실제로는 지혜자의 말만이 아니라 우매자의 말도 있다. 우매한 자들의 특징은 자기를 삼키고, 말만 하면 우매요 입의 결말은 미친 것이다. 말을 많이 하지만 효과가 없고, 피곤하게 한다. 이렇게 우매자가 판을 치는 세계에서 왕은 어리석게 우매자의 편에 선다. 17절은 왕과 대신들이 나라를 위하여 일하지 않고 게으름에 빠지면 나라가 망하고, 자기 일에 충실하면 나라가 흥한다고 말한다. 18절은 집을 잘 관리하라는 말이지만 실제로는 왕과 관리들에게 나라를 잘 돌보라는 충고로 여겨진다. 20절에서는 이러한 부조리한 세계에서도 왕의 권세를 무시하지 말라고 충고한다. 즉, 왕을 저주하지 말라고 말하면서 불의하고 무능한 왕권이라도 하나님의 권세로 주어진 것임으로 존중하고 하나님의 인도하심을 기다려야 함을 강조한다.

마지막을 생각하며 현재를 즐기라(전 11장)

11장 전체는 한 단위를 이룬다. 전도서 전반부는 수고가 헛되다는 것이며, 후반부의 주제는 미래가 불확실하다는 것이다. 전도서 11장은 전도서 후반부의 절정이다. 미래를 알 수 없다는 것이다. 이 전제 아래 인간이 할 수 있는 일은 무엇인가? 문학적 구조를 살피면 이 또한 1, 2, 3이라는 전형적인 전도서의 특징을 보여준다: 1) 전통적인 지혜, 2) 수정된 지혜, 3) 죽음의 그림자.

본문의 문학적 구조는 다음과 같다.
1. 구제의 권유(11:1-2)
   1) 원인: 식물을 물위에 던지라 – 결과: 여러날 후에 도로 찾으리라.
   2) 일곱에게나 여덟에게 나누어 주라 – (결과: 여러날 후에 도로 찾으리라.)
   3) 교만 하지 마라: 무슨 재앙이 임할는지 알지 못한다.
2. 자연현상을 판단함(11:3-5)
   1) 자연현상에 대한 판단

원인: 구름에 비가 가득하면 – 결과: 비가 땅에 쏟아짐

원인: 나무가 남으로나 북으로나 쓰러지면 – 결과: 그 쓰러진 곳에 그냥 있으리라.

2) 자연현상에 대한 판단에 따른 행동

원인: 풍세를 살펴보는 자는 – 결과: 파종하지 아니한다.

원인: 구름을 바라보는 자는 – 결과: 거두지 아니한다.

3) 하나님의 미래 일을 알지 못한다: 바람의 길, 아이밴 자의 태에서 뼈가 자라는 것을 모름같이.

3. 씨를 뿌리는 태도(11:6)

1) 아침에 씨를 뿌림

2) 저녁에도 손을 거두지 않음

3) 알지 못한다.

4. 결론: 즐거워 하라(11:7)

1) 빛은 아름다운 것이라.

2) 캄캄한 일을 생각하라.

5. 적용: 한 교훈의 적용(11:8)

1) 청년의 때를 즐거워하라.

2) 하나님의 심판이 있음을 알라.

1, 2, 3은 전도서 특유의 논리대로 관찰에서 결론을 유도한다. 4는 이에 대한 결론이며, 5는 결론의 적용이다.

1–6절을 이러한 흐름으로 읽을 수 있다. 1–3절은 불확실한 미래를 위하여 구제를 권유한다. 첫 번째 전통적인 주제는 식물을 물 위에 던짐으로 여러 날 후에 찾는 전형적인 구제의 표현이다. 그러나 불확실성이 제기된 후에 전도서는 다른 수정된 행동을 제시한다. 한 군데만 던지지 마라. 일곱이나 여덟에게 나누어 주라는 것이다. 이 말들 다음에 빠진 것은 그러면 여러 날 후에 도로 찾으리라는 것이다. 전통적인 구제보다는 더 넓은 보호막을 제시함으로 곤경에

빠질 때 훨씬 더 안정될 것이다. 그러나 그것으로 안심하지 말라. 나의 구제로 인하여 대가를 얻는 것은 오직 하나님의 은혜이기 때문에 이것을 잊어서는 안 된다. 마지막 말은 세 번째 대안으로 인간의 교만을 제어하는 요소이다. 무슨 재앙이 임할지 알지 못한다. 그것이 우리가 준비하면서도 마지막까지 여호와를 경외하는 것을 놓치지 말아야 하는 이유이다.

4-5절도 삼단계로 볼 수 있다. 4-5절은 자연현상에 대한 판단을 주제로 한다. 사람들은 자연현상에 대하여 어떻게 판단하는가? 구름에 비가 가득하면 (원인), 비가 땅에 쏟아진다(결과). 나무가 남으로나 북으로나 쓰러지면(원인), 그 쓰러진 곳에 그냥 있으리라(결과). 이러한 자연현상을 알고 있는 사람들은 어떻게 행동하는가? 풍세를 살펴보는 자는 풍세에 의지하여 행동의 판단을 내린다. 그는 풍세에 대한 확신으로 파종하지 아니한다. 또한 구름을 바라보는 자는 그 풍세에 의존하여 거두지 아니한다. 이는 자연현상을 보고 인간이 자신의 이성적인 관찰에 의지하여 어떠한 행동을 하는가 하는 전통적인 지혜를 보여준다. 그러나 그러한 행동 이면에 우리는 마지막까지 마음을 놓아서는 안 된다. 자신의 행동에 자신감을 가져서는 안 된다. 왜냐하면 11장의 전체 주제에 따라 미래가 불확실하기 때문이다. 그 불확실성을 암시하는 일들을 주시해야 한다. 알지 못하는 것이 어디 한둘이랴? 바람의 길, 아이 밴 자의 태에서 뼈가 자라는 것을 알지 못함같이 하나님이 정하시는 미래의 일을 우리는 알지 못한다. 그렇기 때문에 우리는 겸손해야 한다.

6절에서도 같은 논리가 나타난다. 본문에는 나타나지 않지만, 전통적인 지혜는 씨를 뿌리면 저절로 되리라고 확신하고 관심을 갖지 않는다. 저절로 씨가 잘 될 것이기 때문이다. 그러나 전도서 기자는 마지막 순간까지 하나님이 도우심을 기대하고 저녁까지 손을 거두지 말아야 한다는 것이다. 전통적인 지혜로부터의 변화를 반영한다. 미래를 알지 못하는 인간의 한계로 인하여 우리는 하나님의 은혜를 간구해야 한다.

11장의 나머지 주제는 이제 1, 2, 3의 형식을 벗어나서 결론으로서 현재를 강조한다. 마지막의 때는 캄캄한 때인데 그때가 반드시 올 것임으로 현재를 즐기는 것이 지혜이다. 이러한 교훈을 마지막에는 청년에게 적용한다. 청년에게 캄캄한 날이란 죽음이다. 청년의 때가 사라질 때가 오기 때문에 하루하루를 살면서 심판의 때가 올 것을 잊지 말고 살라는 것이다. 현재를 누리고 즐거워하되, 마지막이 올 것처럼 살라는 전형적인 전도서의 메시지이다.

　이와 같이 11장은 전형적인 전도서의 메시지를 담고 있는 통전적인 본문이다. 청년을 향하여 심판을 생각하며 살라는 메시지는 앞의 논리를 통하여 더 강화된다.

IV부

욥 기

10장

경험과 전통의 변증으로서의 신앙의 여정

욥이 어찌 까닭 없이 하나님을 경외하리이까?(욥 1:9)

고난이 절정에 다다를 때 욥의 아내는 하나님을 저주하고 죽으라고 욥을 부추긴다. 친구들은 빨리 죄를 고백하라고 다그친다. 둘 다 해답은 아니지만 해답에 이르기 위하여 극복해야 할 과정이다. 경험과 전통은 바로 인간이 신앙의 여정에서 어떻게 살아야 하는지를 보여주는 중요한 틀이다. 이 장에서는 이와 같이 경험과 전통의 변증법으로 욥기를 읽으려고 한다. 사실상 욥기는 본문의 언어나 편집을 강조하는 역사비평적인 연구에 가려 본문 그 자체로 읽혀지지 않았다. 이장에서는 욥기를 어떻게 해석해야 하는지를 방법론에서부터 시작하겠다. 욥기의 가장 중요한 틀인 경험과 전통의 변증법으로 욥기를 읽음으로 실제 현장에서 신앙의 여정을 걸어가는 사람들에게 욥기가 어떤 도움이 되는지를 살펴보기로 하자.

욥기를 어떻게 읽을 것인가?

욥기는 다음과 같은 문학적 구조를 이룬다.

 Ⅰ. 서론

   A. 욥의 경건과 행복(1:1-5): 욥은 지혜문학에서 말하는 이상적인 현자

   B. 욥에게 닥친 고난과 욥의 반응(1:6-2:13)

 Ⅱ. 본론

   A. 욥과 친구들과의 대화(3:1-31:40)

   B. 엘리후의 연설(32-37 장)

   C. 하나님의 현현과 욥의 반응(32:1-42:6)

 Ⅲ. 결론: 욥에 대한 하나님의 축복(42:7-17)

욥기의 흐름을 보면, 서론은 욥이 받은 고난을 서술하고, 결론에서는 고난을 극복한 욥에게 하나님이 축복하시는 장면을 보여준다. 서론에서 욥은 지혜문학에서 말하는 이상적인 신앙 영웅임이 전제된다: "우스 땅에 욥이라 불리는 사람이 있었는데 그 사람은 온전하고 정직하여 하나님을 경외하며 악에서 떠난 자더라"(욥 1:1). 욥이 고난 받는 것은 어떤 특별한 죄 때문이 아니라, 천상회의의 결과이다. 천상회의에서 욥이 까닭 없이 하나님을 경외하지 않는다고 사탄이 여호와께 기소하고, 여호와는 신앙의 진정성을 확인하기 위하여 사탄에게 욥을 맡긴다. 그 결과 욥은 두 번의 고난을 당하는데 한번은 그의 소유물로, 두 번째는 그의 육체에 대하여 고난을 당한다. 이 고난에 대한 욥의 반응은 "주신 이도 여호와시요, 거두신 이도 여호와"라는 신앙고백이며, 친구들이 찾아와 놀람으로 서론이 마무리 된다. 본론에서 욥과 친구들은 세 번의 사이클의 형식으로 대화를 하고, 마침내 하나님의 현현을 통하여 대화가 마친다. 결론에서 여호와는 친구들보다 욥의 손을 들어주고, 고난을 극복한 욥은 전형적인 지혜문학의 형식에 따라 축복을 받는 장면이 서술된다. 욥의 재산과 자식들, 그리고 그의 명예가 회복된다. 욥은 백 사십년을 살고, 손자 사대를 보았으며, 나이 들어

기한이 차서 죽었다.

겉보기에는 자연스러운 흐름이지만 역사비평학자들은 욥의 문제점들을 제기하고 있다.[1] 1) 서론과 결론은 산문으로 이루어져 있고, 본론은 운문으로 이루어져 형식이 다를 뿐 아니라, 내용에 있어서도 서로 긴장을 이루고 있다. 2) 하나님의 연설(38:1-41:6)의 역할은 무엇인가? 과연 이 연설이 서론의 전개로부터 적절한 결론이 될 수 있는가? 하나님은 욥의 요청에 따라 나타나신 것인가? 욥의 탄식과 하나님이 나타나는 것과의 관계는 무엇인가? 하나님의 현현은 욥기의 흐름에 참된 해결책이 될 수 있는가? 3) 학자들은 엘리후의 연설(32-37장)은 이차적인 삽입이며, 원저자의 작품을 손상시킨다고 주장한다. 엘리후의 연설 부분은 자신에게 답변해 달라는 욥의 탄원과 하나님의 응답을 방해하는 역할을 하고 있다. 이 본문은 후기 첨가로 다른 저자가 이미 이전에 기록된 대화록을 사용하고 있다고 주장하고 있다. 4) 욥기의 자료들, 특히 친구들의 대화의 상당 부분이 빠지거나 첨가되었다. 친구들과의 대화 마지막 사이클에서 빌닷의 세 번째 연설(25장) 은 짧으며, 소발의 마지막 대화는 사라지고 28장으로 대치되었다고 주장되었다. 욥의 대답인 26-27장은 이전의 욥의 말과 전적으로 조화되지 않고 친구들의 대화와 유사하다.

이러한 문제들은 역사비평적인 접근으로는 해결할 수 없지만 최종본문을 중요시 여기는 정경해석방법으로 욥기를 읽을 경우 이러한 관찰들이 오히려 본문을 해석하는데 중요한 도구가 될 수 있다. 우선 서론과 결론이 산문으로 이루어져 있고, 본론이 운문으로 이루어졌다는 것은 욥기를 어떻게 읽어야 하는지를 보여준다. 한글 성경에는 잘 나타나지 않지만, 히브리 성경에는 서론(1:1-2:13)과 결론(42:7-17)이 운문으로 이루어져 있고, 본론(3:1-42:16)은 산문으로 이루어져 있다. 역사비평학자들은 본론이 더 진정성이 있고, 오랫동안 떠돌던 본론에 마지막 편집자의 신학을 담은 서론과 결론을 첨가하여 처음과는 다른 모습을 가지게 되었다고 말한다. 본문에서 최초의 역사를 재건하는 것을 본문연구의 목표로 삼는다면 서론과 결론을 무시하고, 본론에만 진정성을 부여하

---

1) 차일즈, 『구약정경개론』(서울: 대한기독교 출판사, 1987), 503-508.

고 그 안에서 최초의 역사를 찾는 시도를 해야 할 것이다. 그러나 욥기의 본론만이 아니라, 최종 본문이 교회에서 정경적인 역할을 해왔다는 것을 감안한다면 문헌의 역사를 강조하여 자의적인 방법으로 역사를 재건하는 것은 본문 연구의 목표가 되지 않는다.

최종 본문을 중요하게 여겼던 신앙공동체의 눈으로 본문을 읽으려고 할 때, 최초의 사건(본론)에 새로운 해석이 담긴 해석(서론과 결론)이 첨부되고 그것이 공동체 안에 수용된다는 것은 새로운 공동체조차에게도 이 전승이(본론만이 아니라 서론, 본론, 결론으로 이루어진 욥기의 최종 본문) 권위 있음을 증명하는 것이다. 최종 본문을 강조하는 공동체의 눈으로 본문을 읽을 때에도 우리는 통시적인 방법과 공시적인 방법이 있음을 알게 된다. 통시적인 방법이란 고난을 겪는 공동체의 인식론적인 순서대로 읽는 것인데, 본론을 먼저 읽고 서론과 결론은 마지막에 읽는 것이다. 공시적인 방법이란 모든 시대에 공동체가 고난을 해석하도록 하나님의 눈으로 본문을 읽는 것인데, 서론, 본론, 결론의 순서로 욥기를 읽는 것이다. 이스라엘의 역사에서 고난을 경험할 때마다 그들은 욥기의 전승이라는 권위아래 그 사건들을 해석해왔다. 그리하여 이 책에서는 욥기를 통시적인 방법과 공시적인 방법으로 읽고자 한다.

그럼 산문인 서론과 결론의 내용과, 본론의 내용이 어떻게 다른지 살펴보기로 한다. 본론과 상관없이 서론만을 생각한다면 우리는 다음과 같은 본문의 흐름을 생각할 수 있다.

Ⅰ. 서론: 욥의 신앙과 고난(1:1-2:13)
Ⅲ. 결론: 욥에 대한 하나님의 축복(42:7-17)

본론을 고려하지 않고 서론과 결론만 주목한다면, 욥의 반응에 대하여 다음과 같은 결론을 내릴 수 있다. 욥은 이상적인 현자로서 경건한 자였으며, 재산과 자신의 육체에 관한 고난을 받았지만 묵묵히 응답하고 잘 견딤으로 하나님의 복을 받았다는 것이다. 만약 욥기에서 이러한 결론만을 얻으려고 한다면 이는 욥기의 메시지라기보다는 차라리 잠언에서 들리는 메시지이다.

내 아들아 여호와의 징계를 경히 여기지 말라 그 꾸지람을 싫어하지 말
라 대저 여호와께서 그 사랑하시는 자를 징계하시기를 마치 아비가 그
기뻐하는 아들을 징계함 같이 하시느니라(잠 3:11-12)

잠언에서 당하는 고난은 잘못으로 인한 징계이다. 이 징계는 하나님의 사
랑으로 주어진 것이므로 싫어하지 말고 잘 견디라고 말한다. 이 징계는 욥기에
서 당하는 애매한 고난과는 다르다. 신약에서도 고난의 유익을 다음과 같이 설
명한다.

내 형제들아 너희가 여러 가지 시험을 당하거든 온전히 기쁘게 여기라
이는 너희 믿음의 시련이 인내를 만들어 내는 줄 너희가 앎이라 인내를
온전히 이루라 이는 너희로 온전하고 구비하여 조금도 부족함이 없게
하려 함이라(약 1:2-3)

이 고난은 잘못에 대한 징계라기보다는 폭넓게 잘못이건, 잘못이 아니건,
깊은 고난을 당했을 때에 어떻게 할까를 지시한다. 시험을 당하면 과연 기뻐할
수 있을까? 시험을 당했는데 기계적으로 기뻐한다면 정상적이지 못할 것이다.
그런데 야고보서는 기뻐하라고 말한다. 왜 그런가? 오랜 경험을 통하여 지혜자
는 알고 있다. 시험을 견디면, 인내를 이루고, 인내로 인하여 조금도 부족함이
없을 것이기 때문이다. 시험을 당했을 때 기뻐하라는 말은 시험을 최초로 경험
한 사람이 할 수 있는 말이 아니다. 오랜 경험을 통하여 시험의 유익을 알고 있
는 사람이 할 수 있는 말이다. 그의 말은 자신의 경험을 통하여, 시험을 겪을 때
어떻게 하는 것이 좋은지 방법을 제시한다. 이 방법이 바로 시험을 해석할 수
있는 해석학적인 틀이 되는 것이다. 시험을 여러 번 경험할수록 사람들은 이 원
리를 깨닫는다. 그리고 마침내 고난을 당할 때 장차 그 고난으로 인하여 자신이

얼마나 유익을 얻을지 기대감으로 차게 된다. 그래서 고난을 당하면 기뻐하게 된다.

고난에 대한 욥기의 결론이 잠언과 야고보서의 결론과 다르지 않다. 모두 잘 견디고 나면 큰 축복을 받을 것이라는 것이다. 그러나 욥기에 비하여 잠언과 야고보서가 빠뜨리고 있는 것은 최초로 고난받은 사람의 내면의 당황함이다. 처음에 고난을 당하여 울고 탄식하며 마침내 잠언과 야고보서의 결론에 이르게 되겠지만, 처음 고난을 당할 때부터 고난을 기쁨으로 받기까지 과정에 대한 묘사가 잠언과 야고보서에서는 잘 드러나지 않는다. 그럼에도 불구하고 잠언과 야고보서의 결론을 진리로 믿는 사람들은 고난을 다루는 과정에서 그러한 내적인 갈등이 있었음을 부정하지 않을 것이다. 욥기는 고난의 과정을 어떻게 다룰 것인가를 제시한다. 욥기의 서론과 결론만을 생각한다면 전형적인 지혜전승에서 다루는 고난이해가 담겨 있다. 하나님을 경외하면 복을 받는다. 고난이 오더라도 참고 견디면 마침내 하나님이 더 큰 복을 주실테니 참고 견디라. 이것이 욥기의 서론과 결론의 내용이다. 욥기의 서론과 결론은 전형적인 지혜전승의 인과응보를 다루고 있다. 고난의 깊이보다는 고난을 묵묵하게 이기는 욥의 긍정적인 모습이 담겨 있다. 인과응보가 지연되기는 하였지만, 결국은 실현되고 의인들에게 복이 주어지는 전형적인 주제로 끝을 맺는다.

만약 우리가 욥기를 설교할 때 서론과 결론만을 취하여 잠언과 야고보서의 결론만을 도출한다면 그것은 욥기를 피상적으로 이해하는 셈이 될 것이다. 당장 본론인 3장에 들어서면 경건한 욥의 입에서 자신의 생일을 저주하는 말이 나타난다. 욥은 왜 그가 고통을 당해야 하는지, 하나님이 왜 그에게 화를 내시는지 이해하지 못한다. 경건한 욥의 입에서 자신의 생일을 저주하는 말이 흘러나온다. 엘리후의 평가에 의하면, 욥은 하나님보다 자신이 의롭다고 여기고 하나님이 내려와서 자기와 논쟁할 것을 제안하기에 이른다. 이러한 관점에서 볼 때 우리는 어째서 결론에서 하나님이 친구들보다 욥의 손을 들어주는지 이해하기 어렵다. 본론에서 욥이 한 말들을 기억한다면 어떻게 욥의 손을 들어줄 수 있을까 하는 질문들이 나타난다. 그래서 우리는 욥기에서 본론을 빼고 읽고 싶어 한다. 고난이 닥치자마자 서둘러서 결론으로 이동하고 싶어 한다. 자신의 생일을 저주하며, 하나님께 항변하는 욥을 생각하기 싫다. 자신의 생일을 저주하고, 하나님께 항변해보지 않은 사람들, 즉 고난의 현장에 서보지 않은 사람들은 욥기 3장을 읽을 수 없다. 욥기의 본론은 고난의 현장에서 실존적으로 몸부림치는 사람만이 읽을 수 있는 책이다. 본론은 처음 고난을 받은 사람들을 결론으로 인도하는 역할을 담당하고 있다. 이것이 곧 욥기가 다른 책들과 달리 고난의 과정에 담긴 깊은 신학을 담당하고 있다는 말이다.

통시적인 관점에서 욥기를 본론부터 읽어나가는 것은 고난을 처음으로 접하는 사람들이 어떻게 고난을 이해하게 되는가 하는 관점에서 읽어가는 것이다. 하나님의 관점이 아니라 사람이 어떻게 고난을 자신의 운명으로 받아들이는가 하는 단계를 따라 속도를 늦추어 욥기를 읽는 것이다. 욥기는 전도서와는 달리 사회는 문제없지만 개인에게 닥쳐오는 고난의 문제를 다룬다. "왜 하필 나에게 이 고난이 닥쳤는가?"라는 실존적인 질문이 담겨 있다. 이러한 질문은 고난 이전에는 생각할 수 없다. 고난을 처음 경험하는 사람들은 욥기를 1장부터 읽을 수 없다. 고난 이전에 이미 천상회의에서 나에게 고난이 예정되었다는 것을 받아들일 수 없기 때문이다. 고난을 경험하지 않은 사람들이 3장을 읽을 수 없는 반면에, 고난 당한 자들은 오직 3장에서부터 욥기를 읽을 수 있다. 고난 앞에서 순종하면서도 우리의 내면은 왜를 부르짖고 있다. 하나님을 저주하고 죽으라는 아내의 말이야말로 나의 심정을 표현한 것이라고 고백하고 싶은 심정으로 고난을 견디고 있다. 숨겨진 하나님을 향하여 묵묵히 길을 걸으면서 서서히 우리의 내면의 감정이 정리되고 그분의 마음을 알아서 마침내 42장 5절에 이르러 고난의 의미를 알게 될 때 비로소 우리는 우리를 고난에 맡기는(1:12) 하나님의 의도를 읽을 수 있는 것이다.

그러나 통시적인 방법은 고난읽기의 시작일 뿐이다. 언제까지 우리는 고난에서 발견되는 하나님의 주권을 인정하지 않을 것인가? 언제까지 우리는 아래에서부터 올라오는 절규만을 들을 것인가? 고난의 해석은 하나님의 주권을 받아들이지 않고는 가능하지 않다. 인간의 절규와 탄식이 충분히 드러난 후에,

우리는 마지막 자리에서 고난을 해석하는 하나님의 음성을 듣는 피조물의 자리에 서야 한다. 통시적인 읽기가 우리를 고난 안으로 들어가게 한다면, 공시적인 읽기는 고난에 대한 하나님의 해법을 제시한다. 이 해법을 내 것으로 만들기까지 통시적인 읽기가 필요한 것이다. 욥기를 공시적인 관점에서 읽는다는 것은 본문의 통일성을 전제로 읽는 것이며 태초부터 예정하신 하나님의 마음으로 욥기를 읽는 것이다. 고난을 처음 당한 사람은 공시적으로 읽을 수 없다. 한번 고난을 극복한 후에 다시 고난을 경험하는 사람은 이제 욥기를 처음부터 읽을 수 있다. 이제는 자신의 고난을 하나님의 마음으로 읽을 수 있다. 이제는 고난을 왜 까닭 없이도 여호와를 경외하는지를 증명하는 것으로 이해할 수 있다. 그래서 눈으로 주를 뵈는 단계에 이를 때까지 인내하며 차분하게 숨겨진 하나님을 기다릴 수 있다. 이와 같이 욥기는 통시적인 방법과 공시적인 방법을 통하여 고난을 해석하는 책이다.

인과응보의 비판적 이해: 까닭 없이 여호와를 경외할 수 있는가?

욥기를 읽기 시작하자마자 우리는 당황스럽다. 아직 고난이 시작되지도 않았는데, 하나님이 고난의 원인 제공자로 다가오기 때문이다. 이 단계에서 우리는 이미 "악의 기원"이라는 해결을 거부하는 신학적인 난제에 직면하게 된다. 악에 대한 두 가지 해법 어느 것도 우리의 논리를 만족시켜주지 않는다. 그 해법의 하나는 하나님이 악의 원인이라는 것이고, 다른 하나는 하나님은 악을 제공하지 않는다는 것이다. 하나님이 악의 원인이라면 우리들은 할 말이 많다. 선한 하나님이 어찌 그럴 수가 있느냐고. 물론 하나님이 악의 원인이라는 말은 직접 악을 제공하는 자일 수도 있고, 악을 허용할 수도 있다. 어쨌든 하나님의 재가 아래 악이 이 땅에 존재한다는 말이다. 기본적으로 하나님은 악과 구별되는 분이시다. 그러므로 하나님의 백성들에게 악을 제공한다는 말은 어울리지 않는다. 하나님이 악을 허용한다는 말은 악한 마음으로 우리에게 악을 제공하시지는 않지만 결과적으로 하나님이 재가하셔서 악이 이 세상에 들어오게 되었다는 말이다. 이 말에 여전히 반감을 품는다면 반대편에서 생각해 보자. 하나님이 악을 모르고 악의 권세에 대하여 전혀 관련 없다고 생각해 보자. 이번에도 여전히 신학적인 난제에 봉착한다. 과연 하나님은 세상을 다스리시는 창조자인가? 하나님의 통제 아래 있지 않은 악이 있는가? 그것은 더 치명적인 말이다. 하나님이 세상을 만드셨는데 이 세상에 악이 존재하고, 피조물인 인간이 그 악의 주체자라는 말은 논리적으로 풀 수는 없다. 악의 문제의 보편적인 해법은 인간의 인식 능력 바깥에 있으므로 천국에 가서 하나님께 물어야 할 것이다. 그러나 적어도 자신의 실존적인 질문에 대한 해법, 즉 고난을 해석함으로 삶의 위기에서 벗어나는 것은 우리에게 시급한 것이다. 욥기는 고난에 관한 전자의 해법을 취한다. 적어도 하나님은 고난을 허락한다는 말이다. 그리고 그 고난을 유익하게 사용한다. 이제 욥기 안으로 들어가서 이 말이 무슨 말인지 생각해 보기로 하자.

잠언은 여호와를 경외하는 사람들이 어떻게 지혜를 발견하고 복을 얻는지를 설명한다. 그래서 한 사람이 어떻게 여호와를 경외하면서 의인(義人)이 되고, 하나님의 축복을 받는지를 설명한다. 그러나 잠언을 옆에 두고 읽어야 하는 욥기는 이와 다르다. 욥기에 등장하는 욥은 잠언에서 말하는 이상적인 의인이다. 잠언에서는 어떻게 의인이 되는지 말하고 있지만, 욥기는 이미 의인으로 오랫동안 인정된 욥에게 닥치는 사건을 다룬다. 잠언의 목표점에서 욥은 시작하고 있다. 욥기는 인과응보의 교리에 대한 비판적 성찰이다. 잠언, 전도서, 욥기가 지혜문헌 안에 포함되어 있다는 것은 우연이 아니다. 주어지는 지혜보다는 획득하는 지혜를 옹호하고, 획득하는 지혜를 공동체의 정체성으로 이해하고 있는 계층의 이해관계가 담겨 있다고 볼 수 있다. 획득하는 지혜를 옹호하는 계층은 지혜문학을 편집한 자들만이 아니라 신명기 사가들이라고 볼 수 있다. 이들에게 중요한 이데올로기는 인과응보이다. 인과응보는 하나님이 의인에게 복을 주시고, 악인에게 화를 내리시는 원리이다. 원래 신명기와 잠언에서의 인과응보는 단순한 원리라기보다는 하나님을 경외하는 전제아래 이루어진 낙관적인 인간이해 가운데 나타난 원리이다. 이미 대부분의 잠언과 신명기 문헌에서 드러나는 이 원리의 문제는 하나님께 이 인과응보의 원리와 동일시한다는 것이다. 그러나 분명히 하나님께 순종하는 것과 하나님이 복을 주시는 것과는 구별된 것이다. 하나님을 무조건적으로 사랑하는 것은 우리의 몫이며, 우리에게 복을 주시는 것은 하나님의 자유인 것이다.

잠언은 하나님을 무조건적으로 사랑한다는 증거로 여호와를 경외하면 하나님이 복을 주시는 인과응보의 원리가 주를 이루고, 전도서는 여호와를 경외하지 않기 때문에 이 원리가 실현되지 않는 현실에서 여호와 경외하기를 회복하도록 촉구하는 책이다. 이에 욥기는 이런 지혜문헌들과 다른 책이 아니라 지혜문헌이 전제하고 있는 원리를 다시 확인하는 것이다. 그리하여 욥기는 인과응보 교리를 비판적으로 이해하는 시도의 표현이다. 욥기에서 욥이 하나님을 경외한다는 증거가 1장에 나타나고, 고난 이후에 욥이 복을 받는 것은 42장에서 나타난다. 그래서 서론과 결론만을 보면 욥기는 전형적인 지혜문헌인 잠언과 유사하다. 그러나 욥이 고난을 통하여 하나님을 경외하는 것을 확인할 때까지 복이 지연된다. 즉, 인과와 응보 사이를 지연시킴으로 인과응보의 원리를 비판적으로 이해한다. 하나님을 따르는 것은 어떠한 복을 대가로 바라고 하는 것이 아니라 그 자체를 기쁨으로 알아야 하며, 하나님이 주시는 복을 선물로 알아야 하는 것이다. 따라서 욥기 42장은 결론적으로 인과응보의 원리를 따르지만, 욥기 안에서 이 복은 인간이 의롭기 때문이 아니라, 전적으로 하나님이 주시는 은혜로 이해한다. 욥기에 따르면, 하나님은 인과응보의 원리에 종속되는 분이 아니다. 하나님은 인과응보를 뛰어넘는 하나님의 자유를 가지신 분이다.

위에서 본대로 잠언의 목표점에서 욥은 시작하고 있다. 그래서 욥은 세 번이나 인정받은 의인임을 설명하고 있다: "그 사람은 온전하고 정직하여 하나님을 경외하며 악에서 떠난 자더라"(1:1; 1:8; 2:3). 욥에게 주어진 복은 자녀의 축복이며(남자가 일곱, 여자가 셋), 재물의 축복이 주어졌다(1:3). 그뿐 아니라 욥은 자녀들의 죄를 대신하여 하나님께 번제를 드렸다(1:4-5). 그러나 이미 잠언에서 말하는 의인이 무엇인지를 잘 안다고 해서 그가 영원한 의인임을 보장하는 것은 아니다. 이 경험이 그에게 득이 될 수도 있고, 해가 될 수도 있다. 과거에 하나님을 경외함으로 복을 받은 자가, 복을 받은 이후에 하나님을 마음대로 조종할 수 있는 기술을 익혔다고 생각하는 사람은 넘어질 것이요, 처음처럼 여호와를 경외하는 마음을 견지하고 그 앞에서 두렵고 떨리는 마음을 가진 사람이라면 이 경험이 득이 될 수 있다. 그러니까 욥기는 잠언처럼 인생을 시작한 청년이나, 할 수 있다는 격려가 필요한 신앙의 초보자에게 전하는 책은 아니다. 오히려 신앙의 일정한 단계에 들어서고, 하나님 앞에 헌신도 하고, 오랫동안 경건한 신앙인으로 살아서 어쩌면 다른 사람들이 보기에는 문제가 없어 보이는 사람들의 틈을 다루어 주는 그러한 책이라고 볼 수 있다.

그래서 욥기는 지혜전승과 다른 것이 아니라, 잠언의 전승을 전제하면서도 그것을 비판적으로 이해한다. 의인이 형통하지만 그것이 법칙은 아니라는 것이다. 의인들에게 주어지는 축복은 모두 하나님의 은혜이다. 고난의 문제 역시 잠언을 전제하면서 잠언의 원리를 더 넓은 차원에서 다루고 있다. 욥기는 욥이 잠언에서 말하는 이상적인 사람임을 전제한 직후에 사탄을 등장시킨다 (1:6-11; 2:1-5). 사탄이 나타난 곳은 여호와 앞에 하나님의 아들들이 서 있는 곳이었다. 하나님의 아들(בְּנֵי הָאֱלֹהִים/브네 하엘로힘)이라는 용어는 후에 이스라엘 자손을 가리키는 말로 변하였지만 여기서는 신적인 존재로서 하나님과의 천상회의에서 하나님을 돕는 천사들을 말한다(욥 15:8; 왕상 22:19; 시 82:1). 사탄은 바로 천상회의의 회원으로서 하나님께 죄 지은 자를 기소하는 자로 나타난다. 신약에서는 사탄이 천상에서 쫓겨나서 지상에서 교회를 괴롭히는 존재로 나타나지만 본문에서는 아직 천상에서 검사와 같이 욥을 기소하는 존재이다. 사탄이 행한 기소의 내용은 욥이 하나님을 경외하는 이유가 있다는 것이다.

욥이 어찌 까닭 없이 하나님을 경외하리이까? 주께서 그와 그의 집과 그의 모든 소유물을 울타리로 두르심 때문이 아니니이까? 주께서 그의 손으로 하는 바를 복되게 하사 그의 소유물이 땅에 넘치게 하셨음이니이다. 이제 주의 손을 펴서 그의 모든 소유물을 치소서 그리하시

면 틀림없이 주를 향하여 욕하지 않겠나이까?(욥 1:9-11)

사탄이 보기에 욥이 하나님을 경외하는 것은 그에게 부어주신 소유물들 때문이다. 만약 소유물을 친다면 욥은 더 이상 하나님을 경외하지 않을 것이라고 말한다. 욥이 경건하게 사는 동기를 의심하고 시험해 보아야 한다고 보는 것이다. 욥이 보상이 없다면 더 이상 하나님을 경외하지 않을 것이라고 사탄은 선언한다.

우리는 하나님이 사탄에게 맞서서 우리의 신앙이 문제없다고 응수하는 것을 기대하지만, 실제로 하나님은 사탄처럼 욥의 신앙에 대하여 궁금해 하면서 욥을 감싸고 옹호하는 것이 아니라 신앙의 순수성을 증명해 주기를 원한다. 그리하여 욥은 고난에 내던져지고, 까닭 없는 고난이 더 큰지 하나님이 더 큰지 스스로 확인하면서 까닭 없이 여호와를 경외함을 증명해야 하는 상황이 된다. 다니엘서에서 하나님이 세 친구와 다니엘을 풀무불과 사자굴 바깥에서 구원하지 않고 그 안에 던져지는 것을 허락하고 그 안에서 구원한 것처럼, 욥도 고난에 내 던져진 후에 고난보다 더 큰 하나님에 대한 신앙을 확인해야 하는 것이다.

하나님은 사탄의 1차 기소에 응하여 욥의 모든 소유물을 사탄에게 넘겨준다. 욥이 이 시험에 굴하지 않자, 사탄은 다시금 하나님 앞에 나선다. 하나님은 사탄 앞에 의기양양하게 욥을 옹호한다: "네가 나를 충동하여 까닭 없이 그를 치게 하였어도 그가 여전히 자기의 온전함(בְּתֻמָּתוֹ/브투마토)을 굳게 지켰느니라"(욥 2:3). 욥의 1차 승리라고 볼 수 있다. 그러나 사탄은 이에 굴하지 않는다.

사탄이 여호와께 대답하여 이르되 가죽으로 가죽을 바꾸오니 사람이
그의 모든 소유물로 자기의 생명을 바꾸올지라. 이제 주의 손을 펴서
그의 뼈와 살을 치소서 그리하시면 틀림없이 주를 향하여 욕하지 않겠
나이까?(욥 2:4-5)

가죽으로 가죽을 바꾼다는 것은 물건값을 짐승 가죽으로 치르던 교역에서 비롯된 것이다. 같은 값의 물건을 대신 치러 원하는 것을 얻는다는 말로서, 목숨을 건지려고 소유물들을 기꺼이 바친다는 뜻이다. 목숨을 건졌기 때문에 자녀를 비롯한 모든 소유물을 아까운 것으로 여기지 않을 것이라는 말이다. 사탄은 여전히 욥에 대하여 의심스러운 눈빛으로 욥을 기소한다. 그리하여 주의 손을 펴서 그의 뼈와 살을 치라고 권유한다. 하나님은 사탄의 기소 앞에서 욥을 변호하는 분이 아니라, 오히려 사탄과 함께 욥이 자신의 신앙의 온전함을 증명하기를 원한다. 하나님도 욥이 까닭 없이 여호와를 경외하는지 궁금해한다.

하나님은 욥의 온전함을 의심하는 사탄의 말을 듣고 사탄에게 욥을 두 번째 내어준다(1:12; 2:6). 첫 번째는 욥의 소유물을 내어주고, 두 번째는 욥 자신을 내어준다.

> 내가 그의 소유물을 다 네 손에 맡기노라. 다만 그의 몸에는 네 손을 대지 말지니라(욥 1:12)
> 내가 그를 네 손에 맡기노라 다만 그의 생명은 해하지 말지니라(욥 2:6)

하나님이 욥의 소유물과 욥 자신을 내어주는 이유를 쉽게 파악한다는 것은 어렵다. 내어준다는 자체가 바로 하나님의 주권을 인정하는 것이기는 하지만, 하나님이 당신의 사람에게 고난 그 자체를 허용하는 것은 이해하기 쉽지 않다. 그렇기에 고난의 원인은 신비이며, 우리가 고난을 이겨야 하는데, 욥기의 주제는 바로 고난 앞에서 까닭 없이 여호와를 경외하는지를 묻는 것이다. 신앙의 통전성을 상실하지 않은 채 고난을 다음과 같이 이해할 수 있다.

첫째로, 고난의 원인은 신비이다. 신비라는 말은 하나님에게 신비롭다는 것이 아니라, 고난을 겪는 인간에게 감추어졌다는 말이다. 인간은 섣불리 고난의 원인을 찾으려고 애써서는 안 된다. 신명기 신학은 고난의 원인을 인간의 죄로 보고 있지만 모든 사람들의 입장이 동일하지는 않다. 고난의 원인을 규명하는 것도 중요하지만, 원인이 모든 사람들에게 드러나서 인식될 때까지는 신비로 남겨두어야 한다. 고난의 원인을 규명하는 것보다 더 중요한 것은 고난을 견디는 것이기 때문이다. 고난의 원인이 규명되어 깨달을 때까지 견뎌야 할 고난의 분량이 있기에 그때까지 고난의 원인을 신비로 남겨두는 것이 좋다.

둘째로, 고난은 하나님의 재가로 시작된다. 사탄이 하나님께 욥을 고소할 때 하나님은 사탄의 도전 자체를 막는 것이 아니라, 마치 하나님도 욥의 신실함이 궁금하다는 듯이 욥의 신실함을 입증하는 방법을 택한다. 때가 되어 고난의 때를 종식시키는 분도 하나님임을 기억한다면 고난이 무고하다기보다는 오히려 자신의 신앙의 신실함을 입증하는 기회가 된다. 그리고 고난은 바로 이유를 알지 못하는 상황에서라도 견딤으로써 하나님의 주권을 확인하는 순간이 되는 것이다. 그러기에 하나님은 인간의 기대와 달리 악을 허용하신다.

셋째, 고난은 인간이 견디기 어려운 것이지만 또한 인간에게 유익한 면이 있다. 욥이 화를 받을 만큼 죄를 지은 것은 아니지만, 고난을 통하여 자신의 자아를 다스리고, 하나님에 대한 인식을 넓혀가는 기회가 된 것이다. 고난이 끝나고 눈으로 주를 볼 때까지 기다림의 시간 속에서 욥의 신앙이 정화되고 성장하는 것이다. 고난은 인간을 한계로 초청하고, 마침내 여호와를 경외하는 자리에 이르게 하는 것이다.

그리하여 고난을 당하였을 때 모든 사람이 고난이 왜 왔는지를 아는 것은 아니다. 고난의 원인을 알지 못함에도 불구하고, 그 고난을 자신의 것으로 받아들일 때 우리는 하나님의 주권을 인정하는 셈이 된다. 그리하여 욥기 전체를 통하여 욥기의 주제는 단순히 의인이 왜 고난을 받는지를 설명하는 것이 아니라, 인간이 까닭 없이 여호와를 경외할 수 있는지를 설명하며 모든 독자로 하여금 고난 안에서 하나님의 주권을 발견하게 하는 것임을 깨닫게 되는 것이다.

이와 같이 욥기의 초점은 하나님의 주권(Lordship)에 관련되는 것이다. 욥기의 본론에서 중요한 주제는 왜 의인에게 고난이 닥치는가 하는 문제이지만 서론과 결론이 추가된 욥기의 최종 본문이 강조하는 것은 인간이 하나님을 위하여 하나님을 섬기는가 아니면 자신의 이익을 위하여 하나님을 섬기는가(1:9)라는 질문을 통하여 신앙의 목적을 묻고 있다. 욥의 고난은 애매한 것이 아니라, 하나님을 고난보다 더 큰 자로 받아들이는지 동기를 돌아보게 하고 동기를 정화하는 기능을 하고 있다 그리하여 욥기의 핵심은 의인의 고난이 아니라 하나님 자신이다. 욥기는 의인의 고난의 문제에서 출발하여 하나님의 인격 자체로 핵심을 전이시킨다.

욥기는 또한 신정론이 문제 있음을 제기한다. 의인이 복을 받지 않고 화를 받을 뿐만 아니라 악인이 복을 누리는 이 세상의 현실을 고발함으로써 경직된 신명기 신학을 공격한다. 그러나 최초에 제기한 문제의 해답은 마지막까지 주어지지 않는다. 다양한 문제제기는 하나님을 초청하고, 하나님이 나타나심으로 결말을 맺는다. 욥기의 일부에는 의인의 고난이 중요한 주제였지만 최종 편집된 욥기는 까닭 없이 하나님을 섬기는지가 중요한 주제가 되어 마침내 하나님 자신을 만남으로 대단원을 내린다. 그것은 문제의 해답을 알게 된 것을 의미하는 것이 아니라 해답을 얻을 수 있는 열쇠를 가짐을 의미한다.

욥의 아내와 욥의 친구들: 경험과 전통

욥이 고난을 당했을 때 고난을 극복해 가는 과정에서 전통과 경험이라는 두 가지 중요한 틀을 사용하고 있다. 욥의 친구들은 욥이 살고 있는 사회의 시대정신을 담고 있다. 욥은 이 전통 가운데 살아왔기 때문에 이를 무시할 수 없다. 그러나 욥의 친구들은 전통이 하나님의 새롭게 다가오심에 열려 있지 않을 때 어떤 문제가 있는지 그 한계를 보여준다. 전통이 늘 새롭게 변화되지 않으면 오히려 신앙인들에게 큰 독이 될 수 있는 것이다. 욥은 또한 아내를 통해서도 경험의 중요성을 상기시킨다. 그리고 고난을 경험하면서 욥은 전통으로는 해결하지 못하는 것을 경험이 해결하고 있음을 발견한다. 그 경험에 정직할 때 전통의 한계를 넘어설 수 있는 것이며, 경험은 전통을 새롭게 하고, 전통의 한계를 넘어서도록 돕는 요소이다.

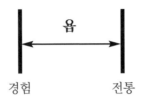

신앙여정에서 경험의 중요성: 욥의 아내

하나님의 재가가 있자 바로 고난이 찾아왔다(1:13-22; 2:7-10). 1장 13-19절에 보면 고난이 한꺼번에 찾아온다. 재난이 얼마나 긴박하게 왔는지 "갑자기 이르러", "나만 홀로 피한고로" 또는 "그가 아직 말할 때에"와 같은 표현을 통하여 보여준다. 첫 번째 재난은 욥의 소유물과 종들과 자녀들에게 찾아왔다. 두 번째 재난은 욥에게 직접 찾아온 것인데, 욥을 발바닥에서 정수리까지 악창이 나게 만들어서 그가 기와조각으로 몸을 긁어야 하는 상황이 되었다. 우리의 관심을 끄는 것은 이 상황들에 대한 욥의 반응인데, 두 번의 반응은 다음과 같이 유사하다.

욥 1:20-22	욥 2:10
욥이 일어나 겉옷을 찢고 머리털을 밀고 땅에 엎드려 예배하며 이르되	
내가 모태에서 알몸으로 나왔사온즉 또한 알몸이 그리로 돌아 가올지라. 주신 이도 여호와시요 거두신 이도 여호와시오니 여호와의 이름이 찬송을 받으실지니이다 하고	우리가 하나님께 복을 받았은 즉 화도 받지 아니하겠느냐 하고

이 모든 일에 욥이 범죄 하지 아니하고 하나님을 향하여 원 망하지 아니 하니라	이 모든 일에 욥이 입술로 범죄 하지 아니 하니라

두 번의 반응에서 강조하고 있는 것은 복을 주신 하나님이 화를 주시는 것이 마땅하다고 하나님을 옹호하는 신정론(神正論)적인 서술과 욥이 입술로 범죄 하지 않았다는 내용이다. 그러나 두 가지 반응을 비교해 볼 때 차이점이 있다. 첫 번째 반응이 고난을 만나면 마땅히 행해야 할 원칙에 따라 철저한 형식이 동반된 교과서적인 반응이었다면, 두 번째는 형식을 제거한 반응이다. 욥의 첫 번째 반응은 네 단계로 설명할 수 있다. 첫째, 예기치 않은 고난에 대한 반응으로서의 행동이다. 겉옷을 찢고(창 37:34; 수 7:6; 삼하 1:11), 머리를 미는 일은(스 9:3, 5; 사 22:12; 렘 7:29) 재앙을 슬퍼하는 반응이지만, 이어서 엎드리고 예배하는 행동은 고난당하는 자의 감정을 절제하고 하나님의 주권을 받아들이는 엄숙한 분위기의 모습이다. 고난의 아픔을 가슴에 담고 고난을 하나님의 섭리로 이해하는 절제된 인내의 모습이다. 둘째, 기도의 첫 번째 내용은 "내가 모태에서 알몸으로 나왔사온즉 또한 알몸이 그리로 돌아 가올지라"이다. 욥은 자신의 애타는 마음을 표현하기 위하여 탄식시를 사용하지 않고 지혜문학에서 온 "알몸"(עָרֹם/아롬)이라는 단어를 사용한다. 모태에서 나왔다가 모태로 돌아가는 이미지는 흙에서 왔다가 흙으로 돌아간다는 다소 염세적인 이미지를 보여준다. 세상에 사는 동안 알몸 위에 걸치는 모든 것은 결국 사라진다는 암시이다. 고난을 받았음에도 불구하고 본질이 알몸인 자신에게 주어진 것은 결국 사라지는 것이 본래의 운명이라는 것이다. 셋째, 기도의 두 번째 내용은 "주신 이도 여호와시요 거두신 이도 여호와시오니 여호와의 이름이 찬송을 받으실지니이다"이다. 여호와께서 인간에 대하여 주기도 하고 거두시기도 하시는 분임을 드러낸다. 일반적으로 인간은 받는 것을 좋아하지만 일단 나의 것이 되면 그것을 가져가는 것을 당연시할 수 없다. 하지만 알몸 이외의 모든 것을 하나님의 것으로 받아들인다면 불평 대신 찬양을 드릴 수 있는 것이다. 넷째는, 욥의 행

동에 대한 결론을 내린다: "이 모든 일에 욥이 범죄 하지 아니하고 하나님을 향하여 원망하지 아니 하니라" 사탄이 이미 주께서 욥의 소유물을 치면 주를 향하여 저주하리라는 예언을 하였기 때문에(1:11) 독자들에게 욥의 반응은 궁금한 일이었다. 그러나 욥은 범죄 하지도 않고, 원망도 하지 않음으로 고난에 대하여 인간이 보여줄 수 있는 최고의 인내의 모범을 보여주었다. 욥의 인내는 고난에 대한 욥의 반응에서 나타난다. 하나님이 주신 것이지만 자기의 소유를 빼앗겼다면 그 책임을 여호와께 돌리고, 불평할 수도 있었다. 그러나 주신 분이 취하시는 것을 당연히 여기고 복바치는 가슴의 아픔을 묻어 두었다. 이해되기 때문이 아니라 이해되지 않지만 하나님의 뜻이 있으리라고 생각하면서 현상을 그대로 받아들이는 욥의 태도에서 인내를 배운다. 욥의 두 번째 반응(2:10) 은 첫 번째 반응과 같은 내용을 담고 있지만, 덜 철저하다. 하나님께 복을 받고 화도 받는다는 핵심이 반복되면서, 입술로 범죄 하지 않았다는 서술을 한다.

　　첫 번째 반응으로부터 두 번째 반응으로의 변화를 어떻게 설명할 것인가? 첫 번째 반응을 전제로 두 번째 반응을 이해한다면, 처음이나 두 번째나 욥은 한결같다고 볼 수 있다. 그러나 소유물을 잃을 때의 첫 번째 반응과 자신의 몸에 악창이 난 후의 반응의 차이가 있다. 반응의 내용은 같지만 고난의 깊이에 따라 강도가 약해진다고나 할까? 소유물을 잃을 때는 슬퍼하는 몸짓을 하면서 하나님의 행동에 순종했지만, 몸에 악창이 나고 나서는 3장에서 자신의 생일을 저주하는 상태를 예비하는 전 단계로서 신앙의 회의가 동반된 반응이라고 보아야 할 것인가? 그렇다면 1-2장은 3장과 밀접한 관계를 가지고 있다고 보아야 할 것이다. 욥의 회의적인 반응은 3장에서 갑자기 시작한 것이 아니라, 1, 2장에서 서서히 욥에게 나타나고 있었다. 후에 욥에게 신앙의 회의가 찾아오겠지만, 아직은 그동안 훈련된 형식에 따라 재난에 반응하는 것을 볼 수 있다. 숨겨진 하나님을 찾아가는 과정이 시작된 것이다. 고난이 닥쳤을 때 욥의 두 번째 반응이 첫 번째 반응과 다른 것은 그 형식면에서 강도가 약해지지만 무엇보다 다른 것은 아내의 반응이라고 볼 수 있다. 처음 소유물과 자녀를 잃었을 때는 반응하지 않던 아내가 두 번째 재앙 앞에서 반응을 보인 것이다. 욥이 처음 소유물의 상실에 꿈쩍하지 않았다가, 자신의 몸에 악창이 난 후에 다른 반응을 취하던 것에 상응하는 것일까?

> 그의 아내가 그에게 이르되 당신이 그래도 자기의 온전함(בְּתֻמָּתֶךָ/브투마테카)을 굳게 지키느냐 하나님을 욕하고(בָּרֵךְ/바레크) 죽으라 (욥 2:9).

하나님을 욕하지 않으려는 욥의 노력은 그의 순전함을 지키려는 것으로 평가하고 있다. 온전함이라는 단어는 욥을 설명하는 중요한 단어인데, 설화자(1:1)와 하나님(1:8; 2:3)이 언급하고 있다. 욥이 첫 번째 고난에 승리하는 것은 온전함을 지키는 것이었으며(2:3 "네가 나를 충동하여 까닭 없이 그를 치게 하였어도 그가 여전히 자기의 온전함을 굳게 지켰느니라"), 두 번째 고난에 승리한 것도 욥이 온전함을 지키려는 자기 방어와 관련된다고 아내가 말한다. 순전함을 지킨다는 말은 고난을 하나님의 뜻으로 알고 불평하지 않으며 받아들이는 것이다. 그러나 그가 온전함을 지키는 방법은 내적인 갈등을 해소한 것이 아니라, 여전히 갈등이 남겨진 채이기에 문제이다. 아내가 보기에 욥의 온전함은 온전한 것이 아니기에 순전함의 가면을 깨고 욕하고 죽어야 한다고 생각한다.

우리는 욥의 아내의 반응을 유념할 필요가 있다. 욥의 아내는 하나님을 저주하라고 했는데 원래 축복하다는 단어(בָּרֵךְ/바레크)를 역설적으로 저주한다는 뜻으로 사용하였다. 개역 성경에서는 본문의 문맥이 없지만, 칠십인 역에서는 욥의 아내가 한 말의 문맥을 그려주고 있다:

> "많은 시간이 흐른 후에 욥의 아내는 말하였다. 구원의 소망을 바라는 당신은 조금 더 기다리라고 하는데 정녕 얼마나 더 기다려야 합니까? 보십시오. 내가 수고하여 낳은 아이들은 이 땅에서 기억도 없이 사라졌어요. 당신은 바깥에서 밤을 지새며 악창으로 고생하고, 나는 이곳 저곳, 집집마다 일거리를 찾아 돌아다닙니다. 하루 종일 일하면서

도 언제나 해가 떨어져서 이러한 수고로부터 벗어나 쉬려나 기다립니다. 당신도 하나님께 무슨 말이나 한번 하고 죽으십시오."

우리는 칠십인 역의 문맥으로 개역성경에 나타난 욥의 아내를 이해하려고 시도해 보아야 한다. 과연 아내의 말은 불신자의 말이라고 이해해야 할 것인가? 하나님으로부터 떠나버린 자의 말인가? 칠십인 역을 읽으면 아내의 고충을 이해할 수 있을 것이다. 욥의 시대는 전형적인 신명기 신학이 주류인 시대였다. 의인이 복을 받고 악인이 벌을 받는 인과응보를 믿고 의인이 되어 복을 받기 원하는 시대였다. 그런 시대에 갑작스럽게 닥친 재앙은 이들을 당황하게 만들었다. 오랫동안 이 법칙대로 백성을 통치하던 하나님에게 무슨 일이 생긴 것일까? 하나님은 죽어버린 것일까? 아니면 더 이상 능력이 없는 것일까? 자신들이 알고 있는 하나님 의식의 범위 안에서 이 충격스러운 사건을 직면하여 결론을 내자면 법칙을 어긴 하나님을 저주하던지 하나님을 떠나는 것이 자연스럽다고 볼 수 있을 것이다. 욥 자신도 이 당황스러운 상황을 어떻게 이해할지 몰라서 당황하였다. 아마도 욥의 무의식에서는 아내와 같은 말을 하고 싶었는지도 모른다.

일반적으로 여자들은 남편들보다 직관적이다. 사건을 접하면 남자들은 논리를 찾지만 여자들은 직관적으로 결론을 찾는다. 사건의 실마리를 찾지도 못하는 남자들보다 여자들은 더 현명하게 직관적으로 결론을 찾는다. 욥에게 닥친 고난은 지금까지 그들이 따르던 신정론에 대한 충격이다. 욥의 아내는 순수하게 그에게 닥친 경험에 입각하여 결론을 내린다. 그것이 바로 여호와를 저주하고 죽으라는 것이다. 그러나 그것은 역설적인 결론일 뿐 아내가 원하는 행동을 말하는 것은 아니다. 여자들은 사실을 말하기 보다 감정을 말하는데 더 능숙하다.

욥기 19:17에 가면 다음과 같이 나온다.

내 아내도 내 숨결을 싫어하며 내 허리의 자식들도 나를 가련하게 여

기는구나(욥 19:17)

이 본문은 빌닷에 대한 욥의 대답인데, 욥이 자신의 주위에 있는 사람들로부터 버림받은 구체적인 표현을 하고 있다. 만약 욥의 아내가 욥을 떠났다면 이 본문에서 사랑하는 아내도 욥을 떠났다고 표현했을 것이다. 그러나 본문에서 욥은 아내가 떠났다고 가슴 아파하는 것이 아니라, 자신의 숨결을 싫어해서 가슴 아프다고 말한다. 곧 아내가 여전히 잠자리에 곁에 있었음을 짐작할 수 있게 한다. 아내는 욥을 떠나지 않고 곁에 있으면서 욥의 상황을 더 가슴 아프게 생각하였다. 하나님이 어째서 자신들에게 그러한 재앙을 내리실 수 있는지 이해할 수 없는 현실이 그러한 탄식을 자아낸 것이다. 아내의 말은 사실을 말하지 않고, 단지 상황으로부터 생긴 감정을 말하고 있다.

욥은 아내의 탄식을 듣는 순간부터 자신의 한계를 깨닫게 된다. 자신의 경험에 정직하면, 아내의 결론에 도달하게 된다는 것이다. 경험은 급진적으로 자신에게 하나님을 저주하고 죽으라고 말한다. 그러나 욥은 그것이 결론이 아님을 안다. 그것은 이해할 수 없는 하나님을 대면했을 때 겪게 되는 우리의 반응이다. 숨겨진 하나님을 만났을 때 우리의 당황함의 표현이다. 아내의 말은 곧 이 사건에 직면한 욥의 무의식 속에 남겨졌다. 욥은 1차 재앙과 2차 재앙을 맞이하면서 숨겨진 하나님 앞에 갈등을 시작한다. 그는 신앙적인 갈등을 시작하면서도 아내의 경험이야말로 자신의 한계라는 것임을 알게 된다. 경험은 욥의 고난을 해석하는 중요한 틀이지만 전통과 적절한 균형을 이루어야 한다. 욥은 고난을 극복해야 할 사람들의 두 가지 한계인 사회의 기초가 되는 전통과 자신의 내면의 목소리인 경험 중에서 한 축인 경험의 중요성을 확신한다. 욥의 아내는 불신앙의 여인이 아니라 욥으로 하여금 고난에 대하여 성급하게 결론 내리면 그 끝은 하나님을 저주하고 죽는 것임을 무의식에 각인하고 있다. 그래서 아내를 통하여 체득한 것은 경험에 정직하면서도 경험을 뛰어넘는 해답을 찾아야 한다는 것이다.

신앙여정에서 전통의 한계: 욥의 친구들

신앙의 여정에서 경험만 강조한다면 과거의 규범이 사라지고, 매번 새로운 경험에 근거한 규범들이 제시됨으로 사회는 혼란에 빠질 것이다. 전통이란 이미 우리들의 선조들과 우리들이 서 있는 터전이다. 욥과 친구들의 대화를 통하여 우리는 전통의 가능성과 한계를 확인할 수 있다. 욥과 친구들은 대화에 들어간다(4:1-27:23). 욥을 찾아온 친구들은 친구라기보다는 넓은 의미에서 당대의 지혜를 가르치는 학자들로서(참조 15:10), 친구의 곤경을 위로하기 위하여 찾아왔다. 세 사람은 데만 사람 엘리바스, 수아 사람 빌닷, 그리고 나아마 사람 소발이었다. 엘리바스는 지혜로운 사람들이 있다는 에돔 지역 출신이고, 수아는 유브라데 상류에 있고, 나아마는 베이루트와 다메섹 근처에 있었던 것으로 보인다. 욥과 친구들의 대화는 전적으로 욥에게 닥친 고난을 해석하려는 시도이다. 욥과 친구들은 모두 당대의 신명기 신학이 지배하는 사회에 살고 있었다. 신명기 신학과 지혜전승의 공통점은 의인이 복을 받고 악인이 화를 받는다는 인과응보의 원리이다. 아직 이 사회에서 인과응보의 원리가 도전받은 적은 없었다. 욥 자신도 자신이 고난을 받기 전까지 친구들처럼 인과응보가 지배하는 전통을 신봉하고 있었다. 그러나 아래의 표에서 보는 것처럼 욥은 인과응보가 적용되지 않는 경우가 있음을 발견하였다.

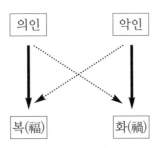

욥은 일반적으로 인과응보가 적용되지만, 자신의 경험을 통하여 그렇지 않은 경우가 있음을 알게 되었다. 자신의 화가 자신의 죄 때문에 오지 않았다는 것을 발견하였다. 복을 기대하였지만 화가 온 것이다(욥 30:26). 친구들은 그러한 경우가 절대로 없다고 주장하고, 욥은 자신이 죄를 짓지 않았음에도 불구하고 화를 받았다고 주장한다. 욥은 자신이 무고하게 화를 받는 반면에 벌을 받아야 할 악인들이 형통하는 것을 언급하면서 하나님의 인과응보의 원리가 적용되지 않고 있다고 말한다(21:7-33). 욥은 자신의 경험에 충실하여 친구들과 논쟁하고, 급기야 인과응보라는 원리를 지키지 않은 하나님보다 자신이 의롭다는 우회적인 결론으로 나아간다(욥 32:2). 자신의 경험을 소중하게 여긴다는 면에서 욥은 진리를 추구하는 좋은 도구를 사용하고 있지만, 인과응보라는 원리에 하나님의 자유를 제한하려는 잘못을 범한 것이다. 이에 비하여 욥의 친구들은 인과응보라는 원리를 가지고 욥의 고난을 해결하려는 전통주의자들이다. 지금까지 우리에게 다가오신 하나님에 관한 지식으로 하나님을 제한함으로써 새롭게 다가오시는 하나님을 파악하는 길을 막고 있는 것이다.

이제 친구들의 논리를 살펴보기로 하자. 우선 전체적으로 친구들과의 대화를 구조적으로 살펴보면 다음과 같다.

A. 첫 번째 대화
　　엘리바스(4-5장)
　　욥(6-7장)　　　-　　　빌닷(8장)
　　　　　　　　　　　　　욥(9-10장)　　　-　　　소발(11장)
　　　　　　　　　　　　　　　　　　　　　　　　　욥(12-14장)

B. 두 번째 대화
　　엘리바스(15장)
　　욥(16-17장)　　-　　　빌닷(18장)
　　　　　　　　　　　　　욥(19장)　　　-　　　소발(20장)
　　　　　　　　　　　　　　　　　　　　　　　욥(21장)

C. 세 번째 대화

      엘리바스(22장)

      욥(23-24장)   -   빌닷(25장)

                         욥(26-27장)

이 표는 욥의 개인적인 탄식(욥 3장) 이후에, 친구들이 각각 욥과 대화를 나누는 형식으로 세 사람이 돌아가면서 한 번씩 대화하는 사이클이 세 번을 반복한다. 세 친구들의 논지는 한결같이 인과응보라는 전통의 틀에 경험을 종속시키는 형식이다. 하나님의 새로운 계시를 향하여 열린 마음이 없고, 이미 알고 있던 전통으로 무장한다. 처음 화자인 엘리바스는 다음과 같이 인과응보의 논리를 전개한다.

생각하여 보라 죄 없이 망한 자가 누구인가 정직한 자의 끊어짐이 어
디 있는가(욥 4:7)

그의 주제는 죄 있는 자는 망하고, 반대로 망한 자는 모두 죄를 지었기 때문이라는 것이다. 그리고 자신이 얻은 이러한 결론은 연구해서 얻은 것이 아니라, 하나님으로부터 직접 들은 것임을 강조한다. 엘리바스가 하나님으로부터 직접 받은 말씀은 "사람이 어찌 하나님보다 의롭겠느냐 사람이 어찌 그 창조하신 이보다 깨끗하겠느냐?"(욥 4:17)는 말씀이다. 그리고 이러한 말씀을 받을 때 말씀의 진정성을 강조하기 위하여 보좌전승을 보았다고 말한다(4:12-16). 이는 예언자들이 자신의 전하는 신언의 진정성을 강조하기 위하여 사용했던 보좌전승과 유사하다(열왕기상 22장, 이사야 6장, 에스겔 1-3장). 그러나 엘리바스의 신언(神言)은 하나님의 말씀임에는 확실하지만 이 상황과는 무관한 것임을 알 수 있다. 즉, 엘리바스는 망한 자는 죄지은 자라는 주제를 욥의 상황에 연결하고 있다. 그러나 그가 받은 말씀은 17절에서와 같이 인간이 하나님보다 깨끗하지 못하다는 것이다. 인간이 하나님보다 깨끗하지 못하다는 원리는 곧 인간

이 죄지을 가능성이 있다는 것을 긍정한다. 그러나 이것이 바로 욥이 죄를 지었다는 것을 증명하는 것은 아니다. 죄 지을 만큼 인간이 연약하다는 것과 실제 인간이 죄를 지어 회개가 필요한 존재라는 것과는 차이가 있다. 엘리바스는 인간이 하나님보다 의롭지 않다는 원리로 욥이 죄인임을 증명하는 잘못을 범하고 있다. 17절은 분명이 하나님의 말씀이지만 욥의 상황과 관련하여 받은 말씀이라기보다는 이전에 받은 하나님의 말씀을 현재 욥의 상황에 적용한 것일 뿐이다. 18-21절은 하나님의 말씀이라기보다는 17절을 하나님의 말씀으로 제시하면서 인과응보 사상을 강조하려는 엘리바스의 말인 것이다. 엘리바스는 욥의 상황에 대하여 고난의 신비 앞에 하나님의 주권을 강조하지 않고, 욥의 고난은 욥의 죄 때문이라고 확신하는 우(愚)를 범하고 있는 것이다. 진정성 있는 하나님의 말씀을 전혀 다른 상황에서 적용함으로 거짓 예언자 역할을 담당할 뿐 아니라 하나님의 말씀을 욥에게 독으로 만들고 있다.

엘리바스는 같은 방법으로 존재론적인 인간의 피조성을 근거로 욥이 죄인임을 고백하기를 강요한다: "사람이 어찌 깨끗하겠느냐 여인에게서 난 자가 어찌 의롭겠느냐"(욥 15:14). 세 번째 등장한 엘리바스는 일관성 있는 자신의 견해를 다시금 전개한다:

너는 하나님과 화목하고 평안하라. 그리하면 복이 네게 임하리라 청하건대 너는 하나님의 입에서 교훈을 받고 하나님의 말씀을 네 마음에 두라 네가 만일 전능자에게로 돌아가면 네가 지음을 받을 것이며 또 네 장막에서 불의를 멀리 하리라 네 보화를 티끌로 여기고 오빌의 금을 계곡의 돌로 여기라 그리하면 전능자가 네 보화가 되시며 네게 고귀한 은이 되시리니 이에 네가 전능자를 기뻐하여 하나님께로 얼굴을 들 것이라 너는 그에게 기도하겠고 그는 들으실 것이며 너의 서원을 네가 갚으리라(욥 22:21-26)

본문은 하나님이 욥의 기도를 들으시는 긍정적인 진술을 하는 것처럼 보이지만, 사실상 욥이 자신의 죄악에 대하여 회개할 것을 전제하고 있는 진술이다. 그렇게 하면 인과응보 법칙에 따라 하나님의 복이 임할 것이라는 것을 강조한다. 그러나 욥과 욥의 가족들이 죄를 지었기 때문에 이 모든 화가 임했다는 것을 전제하고 있는 엘리바스의 말을 욥은 받아들일 수 없는 것이다. 신명기 신학은 정말 죄를 지은 자가 회개하기만 하면 돌아갈 길이 있다는 회복의 메시지를 준다는 면에서 가치 있는 신학이지만, 욥의 경우 고난의 원인에 대한 어설픈 해석으로 인하여 고난 받는 당사자를 좌절시키기도 하는 해석인 것이다.

다른 친구들도 엘리바스의 논리를 확장하고 있다. 빌닷은 욥의 자녀들이 멸망당할 수밖에 없는 죄를 지었다고 강조한다(8:4-7). 일반적으로 악인들이 멸망하는 것처럼 자녀들이 죄를 지어 망하였으므로 욥에게 하나님께 회개하기를 요청한다(8:8-22). 계속되는 욥의 거절을 듣고 소발은 하나님의 벌이 욥이 받은 벌에 비하여 오히려 경한 것임을 강조한다(11:6). 친구들은 인과응보의 교리를 반복하면서 죄지은 욥의 운명에 대하여 언급하고 불의를 버리고 빨리 회개할 것을 촉구한다(11:12-20; 15:20-35; 18:5-21; 20:4-29). 반복되는 친구들의 논리는 대화를 통하여 더욱 발전하는 것이 아니라 같은 논리만 반복하면서 욥의 고난에 대한 해석에 있어서 신학의 빈곤함을 입증한다. 급기야 세 번째 사이클에서 빌닷은 6절 정도의 반복된 교리를 말하고, 마지막 주자인 소발은 아예 언급을 포기함으로 친구들이 이 토론에서 패배했음을 시인하고 만다.

결론적으로 욥기는 당대의 시대정신이요 중요한 전통인 신명기 신학에 대한 비판적인 성찰이다. 신명기 신학은 인간들이 하나님을 사랑하는 증거로 토라를 지킬 것을 요구한다. 토라라는 계명을 지키는지 안 지키는지에 따라 인간에게 인과응보의 원리가 적용된다. 의인에게는 복을 주고 악인에게는 벌을 주는 것이 인과응보이다. 그런데 신명기 신학은 계명을 지키게 하고 계명을 지키지 않을 경우 회개할 수 있는 기회를 제공하지만, 인간이 계명을 지키느냐 지키지 않느냐를 중요하게 여기다 보니 인본주의(人本主義)적인 신학으로 변화된다. 즉, 우주의 중심이신 초월하신 하나님에 대한 인식보다는 우주 안에 내재된 하나님과 그 내재된 하나님의 계명을 지키는 인간을 통하여 세상을 파악한다.

모든 인식론의 중심에 인간이 존재하는 위험이 있게 되는 것이다.

경험과 전통의 변증으로서의 신앙의 여정

욥기는 진리의 여정에서 경험과 전통이 조화를 이루어야 한다는 것을 강조하고 있다. 전통을 창조적으로 변화시키기 위하여 욥은 경험의 틀을 제시한다. 욥기는 경험의 틀로 전통을 비판하며 하나님 인식의 확장을 요구한다. 전통이란 하나님이 우리에게 주신 지혜의 축적 속에서 이 사회를 지탱해 온 것들이다. 그것은 지금까지 이 사회를 인도하신 하나님으로부터 온 지혜들로서, 사회를 통합하고 유지하고 인도하는 것들이다. 욥의 시대에는 인과응보라는 전통이 지배적인 이념으로 작용한다. 욥의 친구들은 당대의 주류 이념에 근거하여 사회의 구성원들을 지도하고 인도하는 교사들임을 알 수 있다. 욥의 친구들이 욥의 고난으로 야기된 문제의 해결을 위하여 주장하는 것은 인과응보라는 전통의 틀에 경험을 종속시키는 형식이다. 그들의 문제는 인간의 경험을 통해 새롭게 다가오는 하나님의 계시를 향하여 닫혀 있다. 단지 그들과 그들의 조상이 과거에 경험한 전통에 비추어 새로운 경험을 해석하지만 경험에 의하여 전통을 변화시키려는 시도는 하지 않음으로 닫힌 전통을 고수하고 있는 것이 문제이다.

친구들은 욥의 고난을 해석하는 과정에서 인과응보라는 원리를 주장하다 마침내 논리가 막힌다(25장 빌닷). 그들의 일관성 있는 입장은 욥과 욥의 가족들의 화는 욥과 가족들의 죄 때문이라는 것이다. 망할 짓을 했기에 그들이 망했다는 말이다(4:7; 5:17; 8:4-7; 11:6). 더 나아가서 인간의 존재론적인 한계 자체를 죄의 원인으로 규정하고 욥에게 회개를 촉구한다(4:17; 15:14). 거듭되는 대화는 새로운 깨달음을 주지 못하고 고루한 인과응보의 교리 아래 욥의 회개만을 촉구하고 강요하고 있다. 마지막까지 친구들은 욥의 경험을 이해하지 못하고 같은 논리만을 되풀이하는 것이다.

욥의 문제해결을 위하여 제시되는 또 다른 기준은 경험이다. 욥의 아내는 두 번째 재앙을 당하자, 자신의 경험에 따르면 그들이 어떤 결론을 내려야 하는

지를 보여준다. 친구들은 인과응보의 원리 아래 응보라는 결과를 가지고 동기를 판단하였다고 볼 수 있다. 화를 당하고 망한 자들은 반드시 죄를 지었다고 보고 있다. 그러나 아내는 인과응보의 원리 가운데 인과라는 동기를 붙잡았다. 그들의 경험에 따르면 그들이 죄를 짓지 않고 순종하였다는 것이다. 당사자가 아닌 사람들은 결과를 놓고 쉽게 동기를 왜곡할 수 있지만 욥의 아내는 자신의 경험에 정직하게 서 있었다. 보통 사람들 같으면 "까짓것 죄지었다고 말하지." 하고 단념하였겠지만, 욥의 아내는 자신의 경험이 온전함을 굳게 붙잡았다. 경험이 문제가 없는데 인과응보의 원리가 유효하려면 인과에 따라 원리가 적용되지 않는 현실에 대한 책임은 하나님에게 돌려진다. 이 원리를 따라 온전함을 지킨 욥에게 응보의 결과를 부여하지 않은 하나님은 무능한 존재이다. 인과응보의 원리를 하나님의 자유보다 상위개념으로 둘 때, 견딜 수 없는 경험으로 인하여 하나님을 저주하고 죽는 것이 당연한 처사로 보는 것이다. 욥의 아내는 경험의 결론을 극적으로 제시하고 있다. 그녀의 말은 예측 가능한 하나님이 숨겨진 하나님으로 모습을 감추어졌을 때 인간이 겪는 당황함을 역설적으로 표현한다.

욥은 처음부터 자신의 신앙의 여정에서의 한계를 깨달았다. 전통이 사회를 지지하는 중요한 축이지만, 새로워 지지 않으면 개인에게 폭력이 될 수 있음을 알았다. 경험이란 전통을 새롭게 하는 힘이지만 경험만을 기반으로 할 경우 지나치게 급진적이 됨을 알았다. 욥은 전통과 경험을 모두 붙잡았다. 한편으로 전통의 기반 위에서 경험에 솔직하게 전통을 변혁시켰다. 욥의 신앙여정을 통하여 우리는 믿음과 회의가 한 사람 안에서 일어날 수 있음을 깨달을 수 있다. 회의란 오히려 진리를 우리 마음에 각인시키는 과정을 형성시켜주는 순기능을 한다. 욥기 3장은 숨겨진 하나님 앞에서 절망 가운데 서 있는 인간을 보여준다. 그가 하나님을 향한 신앙을 가지고 있었기에 신앙을 포기하지 않고, 숨겨진 하나님 때문에 절망하는 것은 자연스러운 것이며, 오히려 이 경험을 무시하는 친구들보다는 신앙에 가깝다는 것을 보여준다. 욥이 하나님을 더 깊이 인식할 수 있는 무기는 그동안 익숙했던 전통이 아니라 그의 경험이었으며, 경험에 솔직함으로 성숙한 신앙으로 한 걸음 나아간 것이다.

그러나 욥은 마지막에 하나님이 나타날 때까지 신앙 여정의 결론에 이르지는 못하였다. 아래로부터라는 진리 추구의 틀에서 경험이 중요한 동기를 부여하고 있지만, 그는 여전히 인과응보라는 틀 가운데 갇혀 있었다. 마지막까지 자신의 무고를 주장하며 하나님이 자신 앞에 나서서 의로움을 입증하라는 최후 통첩으로 이어진다. 그는 여전히 인과응보의 아들로서 인과를 붙잡고, 그의 한계 안에서 자신도 알지 못하는 언어를 사용하여 결국은 하나님보다 더 의롭다는 주장으로 나아갔으며(32:2), 그의 한계는 오직 하나님 자신의 현현을 통하여만이 인식의 전환을 이루게 된다.

11장

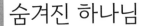

숨겨진 하나님

주께서 어찌하여 얼굴을 가리시고 나를 주의 원수로 여기시나이까?

(욥 13:24)

고난 앞에서 욥의 반응은 주신 이도 여호와시오, 거두신 이도 여호와라는 것이었다. 1장 21절과 2장 10절에서 우리는 욥의 굳센 신앙을 목격하게 된다. 2장 11–13절에서 친구들이 찾아오고, 욥기 3장에서 욥의 탄식이 이어지면서 오랜 기간 동안 숨겨진 하나님을 직면한다. 그리고 42장에 이르면 욥이 하나님을 만나고, 욥의 회복이 이루어진다. 욥기에서 중요한 주제는 욥이 어떻게 숨겨진 하나님을 만났는가 하는 것이다. 처음 숨겨진 하나님과의 만남을 충격적으로 경험하고부터 하나님을 눈으로 뵙는다는 고백을 하기까지 욥이 경험한 것들은 바로 고난 속에서 우리가 경험해야 할 신앙의 여정을 설명해 준다. 이제 이 과정을 욥의 입장에서 접근해 보기로 한다.

인과응보의 하나님

욥은 잠언에서 말하는 전형적인 신앙의 영웅으로 욥기에서 등장한다. 그는 하나님을 경외하는 사람이며, 그로 인하여 재물과 자녀의 축복을 받았다. 욥은 혹시나 자신의 자녀들이 악을 행할까 그들을 위하여 번제를 드렸다. 하나님이 사탄에게 욥의 소유물을 맡기신 후에 욥은 갑작스러운 재난에 직면한다. 자신의 소유물을 잃고 난 후의 욥의 반응은 1장 21절이다. 전혀 자세가 흐트러지지 않은 모습이다. 두 번째 재난은 욥 자신의 육체를 치는 일이었는데, 욥은 이에 대해서도 주신 이도 여호와시요, 거두신 이도 여호와이심을 고백한다. 친구들이 찾아와서 욥의 상태를 목격하고 칠일간의 침묵이 이어지고 마침내 토론이 벌어진다. 이 토론은 욥의 고난에 대한 해석이다. 친구들은 이 사건 앞에서 하나님을 변호하고 욥을 회개시키려고 노력하였으며, 욥은 자신의 경험의 온전함으로 이에 저항한다.

생일을 저주함(욥 3장)

고난 앞에서 꿈쩍하지 않던 욥이 갑자기 3장에서 탄식을 시작한다. 그가 가지고 있던 신앙은 인과응보의 신앙이었다. 의인이 복을 받고, 악인이 벌을 받는 것이었다. 자신이 의인으로 살아왔기에 자신에게 갑자기 예기치 않은 고난이 온다는 것을 상상하지 못했다. 욥에게 고난은 바로 전통적인 가치인 인과응보의 틀에 대한 도전이었다. 이미 자신이 오랫동안 견지했고 진리라고 믿고 있는 원리가 깨지는 경험을 하게 되는 것이다. 인과응보의 한계는 경험이었다. 아내는 인과응보의 원리 가운데 인과라는 동기를 붙잡았다. 자신들이 보기에 선한 일을 행하며 하나님에게 순종하였으니 결과는 복을 받아야 하며, 자신들이 받은 벌은 정당하지 않다고 주장한다. 욥의 친구들의 위협적인 논리전개에 따라 그냥 죄를 지었다고 고백할 수도 있지만, 욥의 아내는 자신의 경험에 정직하였다. 욥의 아내는 경험에 정직한 자신의 감정을 말한 것이지만 그것이 욥의 결론은 아니었다. 이제 욥은 아내가 느꼈던 당혹감을 느끼기 시작한다. 지금까지 욥에게 하나님은 예측 가능한 분이었다. 그러나 이제 하나님은 예측할 수 없는 분으로 다가오셨다.

3장에서 욥은 생일을 저주한다. 아내는 하나님을 저주하라(바레크)고 했지만, 욥은 자신의 생일을 저주한다(예칼렐). 잠언에서는 인간의 이성으로 하나님을 파악할 수 있다고 여겼는데, 여기서는 하나님을 이해할 수 없음으로 오는 충격을 이렇게 묘사한 것이다. 3장은 대략 다음과 같은 구조를 가지고 있다: 서론(1-2절); 생일에 대한 저주(3-10절); 개인적인 탄식(11-19절); 탄원(20-26절). 첫 번째 단락에서는 3장 전체가 욥이 자신의 생일을 저주하는 장이라고 정의한다. 둘째 단락에서는 생일 자체가 없었기를 간구한다. 자신이 임신된 날과 태어난 날이 저주받음으로, 자신이 태어나지 않도록 만들지 못했음을 탄식한다. 10절은 둘째 단락의 정점을 보여주는데, 날이 저주받지 않음으로 모태의 문을 닫지 못하고 욥이 태어나게 되었다는 것이다. 셋째 단락은 둘째 단락에서 한 걸음 나아간다. 태어나는 것 자체를 막지 않았기 때문에 태어났는데, 이번에는 날 자체에 대한 저주에서 태어날 때 자신이 죽지 않았음에 대하여 저주를 한다. 탄식시에서 강조되는 "어찌하여"를 반복함으로 탄식시의 정황을 그려준다. 태어나지 않고 죽었더라면을 강조하면서 죽은 자를 더 평안하며 안식을 취하는 것으로 이해한다. 마지막 단락에서는 태어난 이후 광명을 보면서 살아가며 현재까지 생명을 누리고 있기는 하지만, 죽음을 사모하는 형식으로 나타난다("죽기를 바라도 오지 아니하니"). 죽음을 바란다는 것은 정말 죽고 싶어서가 아니라 잘 살고 싶지만 삶에 대한 저항과 장애물을 이기기 어렵다는 절망을 보여 주는 것이다. 죽음에 대한 갈망은 오히려 삶에 대한 갈망을 반영한다. 이해되지 않는 하나님에 대한 충격은 욥으로 하여금 죽음을 사모하게 만들지만, 그 과정은 자신에게 닥친 고난의 의미를 깨닫고 견디기를 갈망하는 것이다.

3장은 고난을 겪을 때 우리들의 모습을 보여준다. 고난이 해석되기까지 우리들은 당황하며 탄식을 부르짖는다. 고난이 어렵기 때문이 아니라, 이해되지 않기 때문에 그렇다. 지금까지 가졌던 하나님에 대한 신앙으로 내 삶의 질서를 찾고 예측하며 안정적인 삶을 살던 과거와는 달리, 이것이 충격적인 이유는 삶의 중심이 되시는 하나님에 대한 불가해성 때문이다. 욥은 자신이 마땅히 해야 할 순종의 분량을 알고 두 번이나 고난을 받아들이지만, 그의 내면은 이 대답을 받아들이기를 거부한다. 아내가 경험한 온전한 경험은 지금까지 의지한 인과응보가 실현되지 않음을 알아차리지만, 욥은 이러한 괴리를 생각 없이 받아들이기를 거부한다. 이제 이 괴리를 몸으로 체득하면서 욥의 갈등은 시작한다. 신앙인들이 진리를 몸으로 받아들이기 위하여는 이 괴리를 인정해야 한다. 몸으로 진리를 받아들이기까지 기다리고 인내하는 것이 필요하다. 아직도 몸 전체가 받아들이지 못한 진리를 받아들인 것처럼 하다가는 견디지 못해 지킬 박사와 하이드처럼 폭발할지도 모를 일이다.

욥은 경험을 무시하지 않고 자신의 안에서 들려오는 목소리를 청종하기 시작한다. 그 경험의 목소리는 급진적이어서 하나님을 저주하고 죽으라는 선택이 최선이라고 말하지만, 그 소리를 그대로 듣는다는 것은 닥친 문제를 하나님 안에서 해결하지 않겠다는 것을 의미한다. 욥은 하나님 안에서 문제를 해결하겠다고 결심한다. 그리고는 숨겨진 하나님을 대면하기 위하여 괴리를 확인한다. 죽음을 갈망하는 요소가 있었지만, 그것은 삶 속에서 살아계시고 이해할 수 있는 하나님, 자신에게 다가와서 모습을 드러내시는 하나님에 대한 갈망의 역설적인 표현일 뿐이다. 그래서 인내를 가지고 견디면서 한 걸음씩을 내딛는다. 충격을 흡수하고, 내면화시키며, 경험에 의하여 변화된 새로운 신앙의 틀로서의 전통이 자리 잡을 때까지 욥은 신앙의 여정을 경주하고 있다.

욥의 친구들

엘리후에 따르면 친구들의 문제는 욥의 문제에 대하여 대답하지도 못하면서 욥을 정죄만 하는 것이었다(32:3). 친구들은 인과응보의 원리와 하나님을 일치시키고, 하나님을 변증하려는 시도아래 욥을 정죄하고 욥을 회개시키는 것만을 목표로 삼았다. 욥과 친구들의 싸움은 전통을 강조하는 친구들과 경험을 통하여 하나님을 새롭게 이해하려는 욥과의 갈등으로 나타난다. 인과응보라는 틀로 욥의 고난을 이해하려는 친구들에 대하여 욥은 자신의 갈등과 탄식이 근거 없는 것이 아니라 정당함을 역설한다: "싱거운 것이 소금 없이 먹히겠느냐?"(욥 6:6). 욥의 소원은 자신이 무고하기 때문에 자신이 거룩하신 이의 말씀을 거역치 아니하였다는 것을 하나님이 인정하시는 것이다(6:10; 19:5). 친구들의 대화를 듣고 욥은 친구들의 불성실을 말라버린 개천으로 묘사한다 (6:15). 친구들의 대답은 욥의 허물을 깨닫게 하려는 것이었지만 실패하고, 욥은 친구들에게서 인간적인 위로조차 받지 못한다. 하나님을 변증 하려는 그들의 시도는 욥을 설득시키기보다는 욥의 온전한 경험을 무시함으로 좌절시키는 행위였다. 인과응보의 원리에 따라 욥의 죄를 인정하고 회개를 요청하는 친구들의 해법에 대하여 욥은 부당함을 제기하고 있다. 상황을 정확하게 진단하지 않는 친구들은 거짓말을 지어낸 자요, 쓸데없는 의원이며(13:4-5), 친구들이 하나님을 변호하는 것처럼 보이지만 사실은 하나님이 인정하지 않는 변호일 뿐이다 (13:6-13). 친구들은 고난받는 자들을 위로하기보다는 오히려 번뇌케 하는 자들이다(16:2; 19:1-3). 친구들의 말은 욥 자신도 알고 있고, 욥이 이전에 고난당하는 자들에게 했던 말들이다. 욥 자신의 새로운 경험을 위해서는 구태의연한 논리가 아니라 고난받는 자의 경험을 고려한 설득이 필요하다. 욥과 친구들은 모두 인과응보를 옹호하고 있지만, 둘 사이의 서로 다른 점은, 욥은 인과응보가 적용되지 않는 현실을 경험을 통하여 인지하였다는 것이고, 친구들은 욥의 경험을 이 원리에 종속시키려고 애를 쓰고 있다는 것이다.

욥과 숨겨진 하나님

엘리후에 따르면 욥의 문제는 하나님보다 자신을 더 의롭다고 하는 것이었다(32:1-2). 그러나 이 말로 욥기에 나오는 욥을 모두 설명하기는 어렵다. 결론에서 하나님은 욥의 편을 들어주기 때문이다: "너희가(친구들) 나를 가리켜 말한 것이 내 종 욥의 말같이 옳지 못함이니라"(욥 42:7). 그러므로 욥을 설명하기 위해서는 두 가지 축을 이해해야 하는데, 하나는 고난 속에서 하나님을 발견하는 방법에 있어서 상대적으로 친구들보다 나은 방법을 채용하고 있다는 것이다. 인과응보의 원리에 갇혀 있는 친구들에 비하여 경험을 통하여 인과응보의 원리의 문제를 직시하며 다가오시는 하나님을 준비한다. 다른 하나는, 결과적으로 욥이 하나님보다 자신을 더 의롭다고 보는 결과를 초래한 것이다.

1) 인과응보 원리의 부당성: 욥의 온전한 경험

욥의 특징은 인과응보를 무차별하게 적용하는 친구들에 맞서서 자신을 옹호하는 것이다. 자신이 받은 벌을 생각하면 당연히 죄를 지은 것처럼 보이지만, 자신의 온전한 경험은 자신이 죄 지은 것을 인정하지 못하게 만든다. 고난이 임박하였을 때 욥의 특징은 자신이 벌 받을만한 죄를 짓지 않았으므로, 자신이 무고하고 자신에게 주어진 벌이 정당하지 않다는 것이다. 그리하여 친구들을 향하여는 자신에게 주어진 벌을 죄 지은 증거로 삼지 말라는 요구를 한다. 자신에게 주어진 벌은 인과응보의 원리가 아닌 다른 이유로 주어졌으리라는 것이다. 한편으로는 하나님을 향하여 고난의 부당함을 토로한다. 벌을 받을만한 죄를 짓지 않았는데 어찌하여 자신에게 벌을 내렸는지 하나님을 향하여 탄식한다. 자신이 의롭게 살았으므로 마땅히 자신에게 복이 주어져야 하는데, 복이 주어지지 않았음으로 하나님이 부당하다고 주장한다. 그리하여 인과응보의 원리에 대한 욥의 비판은 두 가지 측면에서 이루어진다. 하나는 자신의 경우처럼 순종하여 하나님의 의를 지키려고 애쓰는 자들에게도 벌이 임하는 경우이며(30:26), 반대로 악인들이 벌을 받지 않고 복을 누리는 불합리한 경우이다(21:7-34).

2) 폭군으로서의 하나님

인과응보의 원리에 대한 비판은 이어서 그 원리의 주관자이신 하나님에게 책임을 묻게 된다. 욥은 선을 행한 자신에게 닥친 벌의 주관자로서 부당하게 자신을 친 하나님에 대해 탄식한다. 정당하게 자신을 다루지 않은 하나님은 욥에게 폭군과 같다. 욥은 부당한 고난을 자신에게 부여한 하나님을 향하여 공격한다. 하나님에 대한 그의 언급은 객관적이라기보다는 주관적이라고 볼 수 있다. 욥에게 익숙한 인과응보의 원리에 따라 하나님에게 저항하는 것은 하나님이 부당하게 자신에게 고난을 주셨다고 이해하기 때문이다. 하나님은 이제 사랑의 하나님이 아니다. 욥을 죽이기 위하여 끊임없이 욥을 괴롭히는 존재일 뿐이다.

> 내가 바다니이까 바다 괴물이니이까 주께서 어찌하여 나를 지키시나이까(욥 7:12)

메소포타미아 신화에 따르면 바다와 거기 거하는 존재는 하나님을 대적하여 우주적인 혼돈을 초래하는 존재이다. 여호와는 바다와 거기 거하는 존재들이 땅과 거기 거하는 사람들을 해하지 못하도록 감시하신다. 그러한 감시가 인간에게 은혜였지만, 이제 거꾸로 욥은 자신이 바다처럼 감시당하는 존재가 되었음을 깨닫는다. 그리하여 자신을 바다처럼 감시하며 고난으로 몰고 가는 하나님에 대하여 탄식한다. 하나님은 이제 욥을 깜짝 놀라게 만드는 존재가 되었다. 그러므로 욥은 이러한 위협 속에서 죽음을 사모하는 자가 된다.

> 주께서 꿈으로 나를 놀라게 하시고 환상으로 나를 두렵게 하시나이다.
> 이러므로 내 마음이 뼈를 깎는 고통을 겪으니 차라리 숨이 막히는 것
> 과 죽는 것을 택하리이다(욥 7:14-15)

하나님의 무차별적인 공격은 그로 하여금 냉소적인 자세를 갖게 만들었다.

욥 7:17-18	시편 8:4
사람이 무엇이기에 주께서 그를 크게 만드사 그에게 마음을 두시고 아침마다 권징하시며 순간마다 단련하시나이까	사람이 무엇이기에 주께서 그를 생각하시며 인자가 무엇이기에 주께서 그를 돌보시나이까

욥은 시편 8장 4절을 인용하면서 사람을 생각하며 살피는 하나님의 은혜를 뒤집어, 인간을 괴롭히기 위하여 쉴 시간 없이 살피는 하나님의 잔인한 감시라고 공격한다. 이러한 주관적인 욥의 탄식은 자신을 과녁으로 여긴다는 이해로 발전한다.

> 사람을 감찰하시는 이여 내가 범죄하였던들 주께 무슨 해가 되오리이까? 나를 당신의 과녁으로 삼으셔서 내게 무거운 짐이 되게 하셨나이까?(욥 7:20)

욥은 자신에게 벌이 주어지는 것이 부당하다고 주장하면서도 그것이 하나님이 하시기로 작정하신다면 어쩔 수 없는 것임을 토로한다. 그러나 하나님이 주시는 고난은 받아들일 수밖에 없는 것이라 할지라도 그의 내면은 이 고난을 온전하게 받아 드릴 수 없음을 고백한다.

욥의 주장은 까닭 없이(חִנָּם/힌남) 라는 말에 담겨 있다. 이 말은 사탄과 하나님과 욥이 반복하는 단어이다.

> 사탄이 여호와께 대답하여 이르되 욥이 어찌 **까닭 없이** 하나님을 경외하리이까(욥 1:9)

> 네가 나를 충동하여 **까닭 없이** 그를 치게 하였어도 그가 여전히 자기의 온전함을 굳게 지켰느니라(욥 2:3)

> 그가 폭풍으로 나를 치시고 **까닭 없이** 내 상처를 깊게 하시며(욥 9:17)

사탄이 여호와를 충동하여 여호와께 묻기를 욥이 여호와를 까닭 없이 경외하지 않으리라고 말한다. 그리고 사탄이 욥의 소유물을 친 후에 하나님은 욥을 옹호하여 말씀하신다. 즉, 하나님의 행동이 사탄의 충동에 의한 것이었지만

(2:3), 그럼에도 불구하고 욥이 자신의 온전함을 지켰음을 인정한다. 다시 두 번째 사탄이 욥의 육체를 친 것에 대하여 욥은 다시금 까닭 없이 하나님이 자신을 치셨다고 말한다. "까닭 없이"란 인과응보의 원리에서 욥이 벌을 받을만한 이유가 없다는 말이다. 하나님의 무차별적인 공격은 까닭 없는 것임에도 불구하고, 하나님은 욥 자신이 피조물이란 이유로 공격하고, 욥은 피조물이기 때문에 이 공격을 당할 수밖에 없다고 이해한다.

> 하나님이 빼앗으시면 누가 막을 수 있으며 무엇을 하시나이까 하고 누가 물을 수 있으랴. 하나님이 진노를 돌이키지 아니하시나니 라합을 돕는 자들이 그 밑에 굴복하겠거든, 하물며 내가 감히 대답하겠으며 그 앞에서 무슨 말을 택하랴(욥 9:12-14)

> 힘으로 말하면 그가 강하시고 심판으로 말하면 누가 그를 소환하겠느냐(욥 9:19)

> 그는 뜻이 일정하시니 누가 능히 돌이키랴 그의 마음에 하고자 하시는 것이면 그것을 행하시나니 그런즉 내게 작정하신 것을 이루실 것이라 이런 일이 그에게 많이 있느니라. 그러므로 내가 그 앞에서 떨며 지각을 얻어 그를 두려워하리라(욥 23:13-15)

3) 숨겨진 하나님

하나님의 주권을 인정하였음에도 불구하고, 욥은 왜 하나님이 자신을 과녁처럼 집중적으로 공격하는가 질문한다. 그가 간절히 원하는 것은 하나님 앞에 서서 그분께 자신의 무고함을 알리고 그분의 인정을 받는 것이다: "내가 하나님께 아뢰오리니 나를 정죄하지 마시옵고 무슨 까닭으로 나와 더불어 변론하시는지 내게 알게 하옵소서"(욥 10:2). 자신의 무고함을 확신하는 욥으로서는 까닭 없는 고난으로 인하여 절망에 이르게 되는 것이다.

인과응보의 원리를 지키지 않고, 욥이 예측한 방법으로 행하지 않는 하나님은 숨겨진 하나님이다. 나타나지 않는 하나님을 숨겨진 하나님으로 규정하고, 그분이 모습을 드러내시기를 간구한다:

주께서 어찌하여 얼굴을 가리시고 나를 주의 원수로 여기시나이까(욥 13:24)

주께서 침묵하신다고 누가 그를 정죄하며 그가 얼굴을 가리신다면 누가 그를 뵈올 수 있으랴 그는 민족에게나 인류에게나 동일하시니(욥 34:29).

하나님이 얼굴을 가리신다는 표현이나, 숨겨졌다는 표현은 하나님이 인과응보의 법칙을 벗어났을 때, 특히나 "왜 하필 나에게?"라는 질문을 하게 만드는 당혹감을 주는 사건에서 사용된 표현이다. 이는 시편에서도 자주 등장하는 표현이다.

하나님이 잊으셨고 그의 얼굴을 가리셨으니 영원히 보지 아니하시리라 하나이다(시 10:11)

여호와여 어느 때까지니이까. … 주의 얼굴을 나에게서 어느 때까지 숨기시겠나이까(시 13:1)

그의 얼굴을 그에게서 숨기지 아니하시고 그가 울부짖을 때에 들으셨도다(시 22:24)

어찌하여 주의 얼굴을 가리시고 우리의 고난과 압제를 잊으시나이까 (시 44:24)

주의 얼굴을 가리시매 내가 근심하였나이다(시 30:7)

여호와여 어찌하여 나의 영혼을 버리시며 어찌하여 주의 얼굴을 내게
서 숨기시나이까(시 88:14)

욥의 과제는 숨겨진 하나님을 충격적으로 경험한 후에 새로운 하나님 인
식에 이르는 것이다. 그러나 이러한 인식이란 욥이 이성의 능력을 사용하여 이
루어지는 것이 아니라 기다림을 통하여 이루어진다. 숨겨진 하나님이 모습을
드러내실 때까지 견디고, 의식에 드러난 하나님 이해를 무의식에 이르기까지
확대하여 전인적으로 깨달을 때까지 기다리는 것이다. 그런데 기다림이란 인간
이 조정할 수 있는 것이 아니라 하나님이 그분의 때에 그분의 자유를 가지고 나
타나시는 것이다.

욥은 죽기 이전에 하나님을 대면하기 원하기 때문에 초조함이 있다. 아직
죽음 이후의 부활신앙이 자리 잡히지 않은 시대이기에, 욥은 죽기 전에 자신의
무고함을 입증해야 할 긴박감이 있다. 그리하여 그가 죽기 전에 하나님이 모습
을 드러내시기를 갈망한다.

장정이라도 죽으면 소멸되나니 인생이 숨을 거두면 그가 어디 있느냐
(욥 14:10)

장정이라도 죽으면 어찌 다시 살리이까 나는 나의 모든 고난의 날 동
안을 참으면서 풀려나기를 기다리겠나이다(욥 14:14)

욥이 자신의 무고함을 확신하면서도, 자신이 죽기 전에 자신의 무고함을
입증할 수 없음을 알고, 욥은 중보자를 요청하기에 이른다.

땅아 내 피를 가리지 말라 나의 부르짖음이 쉴 자리를 잡지 못하게 하라 지금 나의 증인이 하늘에 계시고 나의 중보자가 높은 데 계시니라 나의 친구는 나를 조롱하고 내 눈은 하나님을 향하여 눈물을 흘리니 사람과 하나님 사이에와 인자와 그 이웃 사이에 중재하시기를 원하노니(욥 16:18-21)

응답이 없는 하나님에 대하여 욥은 탄식한다. 욥은 자신의 간구가 들려지지 않은 채 자신은 죽음에 이를 것이라고 탄식한다.

내가 알기에는 나의 대속자가 살아 계시니 마침내 그가 땅 위에 서실 것이라 내 가죽이 벗김을 당한 뒤에도 내가 육체 밖에서 하나님을 보리라(욥 19:25-26)

이 본문은 원래 욥이 살아서 자신의 무고함을 인정받지 못하고, 죽음 이후에나 하나님을 대면하리라는 탄식의 어조를 담고 있다. 그러나 그리스도의 부활을 경험한 신앙인들에게 이 본문은 기독론적으로 해석이 가능하다. 즉, 구속주 되시는 그리스도께서 우리의 죽음 이후에 부활을 가능케 하셔서 하나님 앞에서 우리들의 의로움을 입증할 수 있는 기회가 있으리라는 것이다.

숨겨진 하나님을 어떻게 만날 것인가?

욥의 결론은 숨겨진 하나님을 만나는 것이다. 욥의 충격은 지금까지의 경험으로는 알 수 없는 숨겨진 하나님과의 대면이었고, 이에 대한 해법은 하나님에 대한 인식이 확장됨으로 숨겨진 하나님을 받아들이는 것이다. 신앙의 여정이란 끊임없이 숨겨진 하나님을 만나서, 하나님에 대한 인식을 확장하는 것이다. 욥이 이렇게 하나님을 대면하고 나면, 그의 뒤를 이어서 숨겨진 하나님을 만나는 자들을 도울 수 있다. 한편으로는 욥처럼 고난을 극복하고, 또한 다른 한편 욥 같은 자들을 도와서 성숙한 신앙에 이르도록 돕는 것이다.

지혜의 노래(욥 28:1-28)

욥기 28장은 잠언 8장과 집회서 24장과 함께 신학화 된 지혜이며, 학자들은 이 지혜의 노래를 욥에게 돌리는 것은 문맥에 어울리지 않는다고 본다. 28 장이 욥의 입에서 나올 수 있는 것인가 라는 질문에 대해서는 쉽지 않다. 27장에 이르기까지 욥은 자신의 의를 굳게 잡고 놓지 않겠다고 결심한다. 친구들의 지혜가 고난의 문제를 해결할 수 없음을 알고 하나님께 직접 해결 받기를 간청한다. 29-31장에서 욥은 자신의 무고함을 강조하는 최후변론을 통하여 하나님의 현현을 촉구한다(31:35). 욥 자신은 여전히 인과응보를 강조하는 신명기 신학 가운데 머물러 있지만, 처음부터 욥은 자신의 무고함과 하나님의 현현을 강조해왔다. 욥의 발언들이 결과적으로는 하나님보다 자신이 의롭다는 결과를 가져왔지만(32:2), 논쟁이 진행될수록 욥이 확인했던 것이 무엇인지 살펴보아야 한다. 욥은 신명기에 의존한 당대의 지혜전승으로는 자신의 고난의 문제를 해결할 방법이 없음을 알고 있었다. 또한 경험을 통하여 자신이 악인이 아님에도 불구하고 화를 입었음으로 전통에 문제가 있음을 알았고, 자신의 경험의 온전함을 붙들게 된 것이다. 욥이 고난의 신비에 대한 해답은 찾지 못했지만, 전승과 경험의 두 틀을 붙잡고 하나님으로부터 주어지는 지혜를 통하여 문제가 해결될 수 있음을 알게 된 것이다. 그런 면에서 28장은 경험과 전승을 붙들고 친구들과 오랜 논쟁을 벌인 욥이 아직도 해결하지 못한 고난의 문제를 계기로, 참된 지혜란 하나님으로부터 오는 것임을 고백하고 하나님의 지혜를 찬양한 것이라고 할 수 있다. 결론적으로 욥과 친구들은 지혜를 구하기 위하여 하늘로 눈을 돌린다.

이 지혜의 노래에 관한 기원이 어떻다 할지라도, 이 지혜의 노래는 본문의 문맥에 적절하다고 볼 수 있다. 친구들이 욥을 찾아 와서 토론을 시작할 때는 욥의 고난이라는 문제를 해결할 수 있다고 생각했다. 그러나 친구들은 27장에서 욥이 대답한 이후에 소발이 답변을 거부함으로써 자기들의 한계를 시인한다. 욥이 말하는 26-27장 이후에 마지막 주자인 소발이 말해야 하는 자리에 지혜의 노래가 있다. 최종 본문이 보여주는 것은 욥기 28장이 친구들과 욥의 논쟁의 결과라는 것이다. 친구들은 욥의 고난이라는 문제를 자신들의 기반인 신명기 신학에 의존하여 풀려고 애를 썼지만, 기존의 지혜로는 이 문제를 풀 수 없다는 것을 깨닫는다. 그렇기에 획득하는 지혜의 한계 앞에서 하나님으로부터 오는 지혜를 간구하는 것이다. 그래서 친구들은 자신들의 지혜의 한계를 고백하는 것이고, 하나님은 주어지는 지혜를 통하여 위기를 해결하도록 돕는다.

28장은 다음과 같은 문학적 구조를 보여준다:

A. 광산업에 나타난 인간의 지혜(28:1-11)
B. 얻을 수 없는 지혜의 가치(28:12-19)
C. 하나님으로부터 오는 지혜(28:20-27)
D. 하나님의 지혜에 이르는 방법: 여호와를 경외함(28:28)

제일 먼저 제시하고 있는 것은 당대에 인간이 구할 수 있는 최고의 지혜이다. 인간이 아무리 노력하고 연구한다 할지라도 사람은 하나님에게 속한 지혜를 얻을 수 없다. 지혜는 오직 하나님으로부터 오는 것이다. 두 번째 단락에서는 서두에 욥과 친구들이 외쳤음직한 서론이 전개된다: "그러나 지혜는 어디서 얻으며, 명철의 곳은 어디인고?"(욥 28:12). 인간이 구할 수 없는 지혜의 가치를 언급한다. 세상의 어디에서도 얻을 수 없고, 구입할 수 없고 무엇과도 비교할 수 없는 지혜의 가치를 말한다. 그리고 20절에서는 본 장의 주제를 다시 언급 한다: "그런즉 지혜는 어디서 오며 명철의 곳은 어디인고?"(욥 28:20). 지혜는 바로 하나님으로부터 온다는 것을 강조하면서, 드디어 하나님 안에 있는 지혜의 절정을 묘사한다.

하나님이 그 길을 아시며 있는 곳을 아시나니 이는 그가 땅 끝까지 감
찰하시며 온 천하를 살피시며 바람의 무게를 정하시며 물의 분량을 정
하시며 비 내리는 법칙을 정하시고 비구름의 길과 우레의 법칙을 만드
셨음이라(욥 28:23-26)

하나님만이 지혜를 아는 이유는 그분이 땅 끝과 천하를 살피시며, 지상에
서의 신비로운 네 가지의 법칙 즉, 바람, 물, 비, 우레의 법칙을 정하셨기 때문
인 것이다. 마지막으로 하나님은 사람들에게 이르시기를 주를 경외함이 지혜
요, 악을 떠남이 명철이라고 선포하고 있다. 이는 지혜의 한계에 직면한 사람들
이 어떻게 그 오묘한 지혜에 이를 것인가를 보여준다. 곧, 여호와를 경외함을
통하여 하나님의 지혜의 세계에 이른다는 말이다.

욥기 28장은 잠언 8장에서 이어지는 지혜의 속성을 말하고 있다. 지혜가
오직 하나님으로부터 온다면 인간은 어떻게 그 지혜에 이를 것인가? 한계 안에
있는 인간이 하나님의 지혜에 이르는 방법은 깊고 오묘한 지혜를 연구함을 통
해서가 아니다. 하나님만이 간직한 오묘한 지혜를 얻는 방법은 오직 지혜를 주
시는 여호와를 경외하는 것이다. 여호와를 경외하는 자는 지혜의 주인이신 하
나님이 우리의 주인임을 고백하는 것이고, 하나님이 우리의 주인이 되실 때 그
분을 통하여 우리는 필요한 지혜에 이를 수 있게 되는 것이다. 다시말해 우리가
하나님의 무한한 지혜를 우리의 것으로 삼는 방법은 여호와를 경외하는 것이
고, 내재성과 초월성을 연결하는 방법도 오직 여호와를 경외함이다. 여호와를
경외하는 자에게 하나님은 필요한 지혜를 주신다.

엘리후의 연설(욥 32-37장)

엘리후의 연설에 해당하는 부분은 욥기에서 이질적으로 여겨진다. 첫째,
그는 세 친구에 포함되지 않았으며, 욥과 친구들의 대화에 대한 지식을 전제하

면서 욥의 말을 문자적으로 인용하고 있다(33:9-11과 13:24, 27; 34:5-6와 27:2; 35:6-7와 22:2-4). 둘째, 엘리후는 욥의 친구들의 실패를 인정하고 욥에게 연설을 하였다. 셋째, 엘리후의 연설은 욥이 하나님의 현현을 요구하고 이에 대하여 하나님이 현현하는 과정으로 이행되는 계기를 마련하고 있다.

그러므로 엘리후의 연설은 이 책에서 어떤 독립적인 역할을 하거나, 저자의 관점이 반영되지 않는다. 단지 이 연설은 욥과 친구들의 대화에서 부족한 내용들을 반영하고 있다. 엘리후의 연설은 지혜의 한계를 노래하는 28장과 하나님의 현현에 관한 지식의 틀을 제공하는 38장이라는 틀 안에서 전통적인 지혜의 긍정적인 역할을 보여주고 있는 것이다.

엘리후는 친구들과 욥의 문제점을 제기한다. 친구들은 욥을 정죄하기만 하고 대답은 하지 못하며, 욥은 하나님보다 자신을 의롭다고 결론 내렸다는 평가에서부터 엘리후의 연설이 시작된다. 엘리후도 하나님을 옹호하지만, 친구들과는 다르다. 모든 고난이 인간의 죄로 말미암아 온다고 주장하는 친구들과는 달리, 고난의 유익을 강조한다. 그에 따르면 불행이란 인간이 잘못된 길에 서 있을 때 돌이키게 하기 위하여 닥친다. 또한 인간에게 닥치는 고난은 하나님이 내셔야 할 분노에 비해 은혜라는 것이다. 이와 같이 엘리후는 인간이 어떻게 고난에 대처해야 하는지를 다루고 있다. 나아가서 엘리후는 하나님의 주권을 강조한다. 엘리후는 고난에 대한 욥의 질문으로부터 벗어나서 하나님의 전능으로 향하게 함으로써 고난과 창조와 지혜 자체의 본성에 관한 실질적인 관점을 제공하고 있다. 엘리후는 창조를 지탱하는 하나님의 사역을 강조하여 지혜와 창조 사이의 관계를 거듭 주장하면서 욥기 38장에서 하나님의 현현을 준비한다.

하나님의 현현

욥은 탄식의 절정에서 하나님께 부르짖는다: "전능자가 내게 대답하시기를 바라노라"(욥 31:35). 드디어 하나님은 욥 앞에 모습을 드러내신다. 하나님은 욥의 불평을 무시하고, 그의 무고함에 대하여는 반응하지 않으신다. 그렇다고 친구들의 방식대로 욥의 죄악을 정죄하지도 않는다. 차라리 하나님은 욥이 깨달을 수 있도록 그에게 설명을 시도한다. 하나님이 가르쳐 주는 내용은 38-39장에서 하나님의 창조적 능력이며, 또한 40-41장은 두려운 하마와 거대한 악어를 제어하는 하나님의 능력에 초점을 맞추고 있다. 모두 창조주 되시는 하나님을 강조한다. 이러한 이해가 하나님의 현현의 형식에 잘 나타난다.

욥기에 드러난 하나님의 현현의 형식은 하나님이 모습을 나타내시고 욥이 그 앞에 응답하는 것이다. 하나님의 등장은 폭풍과 함께 이루어진다.

> 그 때에 여호와께서 폭풍우 가운데에서 욥에게 말씀하여 이르시되(욥 38:1)
>
> 그 때에 여호와께서 폭풍우 가운데에서 욥에게 일러 말씀하시되(욥 40:6)

구약에서부터 하나님의 현현은 폭풍, 지진, 나팔, 연기 등과 함께 했던 전승과 유사하다(출 19:6; 시 18:10-14), 그 현현은 인간과 구별되는 전적 타자로서의 모습이다. 하나님이 욥에게 제일 먼저 행한 말은 무엇인가?

> 무지한 말로 생각을 어둡게 하는 자가 누구냐 너는 대장부처럼 허리를 묶고 내가 네게 묻는 것을 대답할지니라(욥 38:2-3)

> 너는 대장부처럼 허리를 묶고 내가 네게 묻겠으니 내게 대답할지니라. 네가 내 공의를 부인하려느냐 네 의를 세우려고 나를 악하다 하겠느냐(욥 40:7-8)

전능자 앞에서 인간은 피조물로서 두렵고 떨림으로 선다. 하나님은 두 번 다 대장부처럼 허리를 묶고 대답하라고 요구한다. 전능하신 하나님 앞에서 피조물인 인간은 책임 있는 존재로서 모든 문제를 다시금 돌아보아야 한다. 욥이 책임져야 하는 두 가지 내용은 무지한 말로 생각을 어둡게 한 것(38:2)과 자신의 의를 세우려고 하나님을 악하다고 한 것이었다(40:7). 이러한 사고의 근본적인 문제는 신명기적인 사고의 한계에서 오는 것이다. 인간이 인과응보의 원리아래 선을 행하는 것은 우주의 지극히 작은 일부일 뿐이다. 신명기 사고에 갇혀 있는 사람들은 자신들이 선한 일을 행하였다는 전제아래 하나님의 더 넓은 세계를 제한한다. 인과응보를 뛰어넘는 세계에 주권자이신 하나님이 통치하시는 영역이 있음을 인정하여야 한다. 인과응보의 원리만 가지고는 내가 선을 행하였음에도 불구하고 벌을 받는 현실을 이해하지 못한다. 그러나 더 넓은 세계의 원리를 고려한다면 하나님의 통치원리를 깨달을 수 있을 것이다. 욥은 전형적인 신명기 중심의 사고방식을 견지하고 있다. 그리하여 인과응보 원리에 갇혀 있음으로 바깥을 알지 못하면서, 자신의 무고함만을 강조하여 무지한 말로 생각을 어둡게 하는 자가 되었다. 또한 선을 행하는 것만으로는 해결할 수 없는 더 넓은 영역이 있음에도 불구하고, 선을 행한 것만으로 모든 진리를 파악하였다고 마치 창조주의 자리에 선 것처럼 자만하게 되는 것이다. 그리하여 자신은 문제없는 의인임을 강조하면서 결과적으로 불의한 세상의 책임을 하나님께 돌림으로 곧 "자신의 의를 세우려고 하나님을 악하게 만드는" 결과를 초래하게 되는 것이다.

자신의 결벽을 강조하는 욥은 여전히 인과응보의 원리대로 행하지 않는 하나님에게 정의를 행하시라고 호소한다. 하나님과의 담판을 통하여 자신이 더 의로움을 보이겠다는 입장이다(32:2). 그러나 하나님은 신학(神學)이 인간학(人間學)의 범주로 이해되는 것은 견디시지만, 인간학 자체가 신학이 되는 것은 경계하신다. 욥의 질문에 응하여 하나님은 우주의 중심에 인간이 아니라 하나님 자신이 계심을 강조한다. 거듭되는 우주론의 전개는 하나님의 현존과 영광의 중요성을 강조한다. 인과응보의 원리가 세상을 지배하는 원리의 일부임을 강조하신다. 욥은 인간 편에서의 권리와 불의라는 주제 그리고 항상 정의를 행하여야 하는 하나님을 지향하고 있지만, 하나님은 하나님의 자유와 창조의 질서에 대하여 말하고 있다. 하나님은 인간의 행동에 대한 응답으로써 비를 내리기도 하고 막으시기도 하시지만, 인간이 살지 않는 광야에 비를 내리시기도 한다(38:25-27). 그리하여 인간이 이해하지 못하는 범위 안에서 하나님이 어떤 사역을 행하시는지 강조하면서 하나님의 현존을 보여주신다. 그리하여 인간을 우주의 중심에 두는 신명기 신학의 남용을 하나님을 중심에 두는 신학으로 변화하기를 촉구하고 있다.

숨겨진 하나님과의 만남

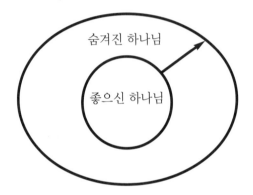

마지막으로 우리는 욥기에서 숨겨진 하나님을 만나는 신앙의 여정을 다음과 같이 정리할 수 있다. 표에서 보는 것 같이 작은 원에 쓰인 좋으신 하나님이란 지금까지 내가 알고 있던 하나님이다. 소위 인과응보로 알려져 있고, 내가 예측할 수 있기에 이러한 방식으로 활동하시는 하나님은 이해할 수 있다. 그러나 이러한 하나님은 하나님의 일부일 뿐이다. 우리가 알지 못하는 방법으로 하나님이 다가 오실 때 우리는 그분을 숨겨진 하나님이라고 부른다. 하나님 편에서는 한결같은 하나님이시지만 인간들이 보기에는 익숙하지 않은 하나님의 모습이다. 욥기는 특별히 이러한 숨겨진 하나님을 만나기 위하여 고난이 주는 유익을 보여준다. 고난이 우리에게 다가올 때 우리는 당황하게 된다. 그리고 숨겨진 하나님을 발견하고 "내가 눈으로 주를 뵈옵나이다"(욥기 42:5) 라고 고백할 때까지 신앙의 여정을 걸어가게 된다.

고난은 우리로 하여금 획득하는 지혜의 한계를 깨닫고 우리에게 다가 오시는 하나님을 초청하게 한다. 그분을 대면할 때까지 우리들이 감당해야 할 우리들의 고난의 분량이 있다. 앞이나 뒤나 옆이 다 막혀서, 장을 담그듯이 우리가 고난 가운데 담겨져 있으면서 고난이 끝날 때까지 신앙의 여정을 걸어가야 한다. 이 과정에서 중요한 것은 우리의 외적인 모습이 아니라, 내면 깊숙한 곳에서 흘러나오는 나의 음성을 듣는 것이다. 욥과 같이 탄식하고, 울부짖는 것은 불신이 아니라 새로운 현실에서 아직 신앙이 충분히 자리 잡히지 않고, 성숙한 신앙인으로 서기까지 시간이 필요하기 때문이다. 이 과정을 통하여 우리의 내면은 정화되는 시간을 갖는다. 고난은 이와 같이 자신의 실체를 보게 해주고 우리의 자아를 정화시킨다. 고난은 인간이 자신의 실체를 바라보고 전적 타자이신 하나님에 대한 경외를 회복하여 그분의 현현을 준비하도록 도와준다.

욥기 23장 10절은 고난의 시간에 우리가 걸어갈 길이 무엇인지를 보여준다. 칠흙같이 어두운 시간에 우리는 미래가 무엇인지 하나님이 어떻게 인도하실지 알지 못한다. 우리의 고백은 단지 "내가 가는 길을 그가 아시나니"라는 고백이다. 한 걸음 한걸음이 내딛어 지지 않지만, 이 믿음으로 고난보다 더 크신 하나님을 의지하여 숨겨진 하나님을 이해하는 순간까지 달려가는 것이다. 이미 숨겨진 하나님을 만난 사람이라면 다른 사람을 도울 수 있다. 고난 가운데 있는 사람들을 격려하고, 신앙을 위한 우리들의 노력들이 결실을 맺을 것이라고 위로하면서 그의 곁에 설 수 있다. 그의 고난의 분량을 감소시키려는 것이 아니라 그가 그 고난 속에서 충분히 견디고 승리하여 마침내 숨겨진 하나님을 만나기까지 위로자의 자리에 서는 것이다.

결론

모든 고난이 끝난 후에 하나님은 욥에게 복을 내리신다. 잠언과 마찬가지로 욥기도 인과응보를 보여주지만 인과와 응보 사이에 고난이 있다. 하나님을 온전히 사랑하는 것이 확인된 후에 비로소 하나님은 응답하신다. 욥기는 하나님의 응답을 기다리지 않는 책으로 오해할 수도 있다. 그러나 하나님은 궁극적으로 응답하시는 분이며, 우리가 응답을 사모하기를 원하시는 분이다. 단지 이 응답이 우리의 기준이 아니라 하나님의 기준이기를 하나님은 바라시는 것이다. 욥기는 하나님의 응답을 전제하면서도, 그 응답이 아직 찾아오지 않았을 때 믿음으로 기다리기를 촉구하는 책이다. 욥기는 응답이 지연되고 있지만 하나님의 때를 기다리면서 하나님만을 전적으로 사랑하는 법을 배우는 책이다.

욥기의 마지막 부분(42:7-17)에는 행복한 결말을 보여준다. 하나님은 욥의 방법이 친구들보다 옳다고 판정을 내렸다: "여호와께서 데만 사람 엘리바스에게 이르시되 내가 너와 네 두 친구에게 노하나니 이는 너희가 나를 가리켜 말한 것이 내 종 욥의 말 같이 옳지 못함이니라"(욥 42:7). 하나님은 욥이 전통과 경험을 통하여 고난을 극복해 나갈 때 욥의 방법이 친구들보다 우월하다고 판단을 내리셨다. 그래서 친구들을 위한 욥의 제사와 기도를 기쁘게 받으신다(42:9, 10).

고난이 끝난 후에 하나님이 욥의 명예를 회복시켜주신다.

이에 그의 모든 형제와 자매와 이전에 알던 이들이 다 와서 그의 집에서 그와 함께 음식을 먹고 여호와께서 그에게 내리신 모든 재앙에 관하여 그를 위하여 슬퍼하며 위로하고 각각 케쉬타 하나씩과 금 고리 하나씩을 주었더라(욥 42:11)

욥의 곤경이 끝났을 때 욥과 관계를 맺고 있는 모든 사람들이 욥을 찾아왔다. 그들의 행동은 세 단계이다: 슬퍼하는 것, 위로하는 것, 그리고 돈으로 부주하는 것이다. 우리의 상식대로 어려움이 있을 때 찾아와 위로하고 부주하는 것이 아니라, 곤경이 다 끝난 후에 이러한 일을 행한다는 것이 인상적이다. 이 일들을 통하여 욥의 명예가 회복되고 그가 다시금 고난 이전의 위치를 차지하게 된다.

마지막에는 의인인 욥이 전형적인 지혜문학의 양식에 따라 복을 받는다. 고난 이전에 비하여 소유가 두 배가 된다. 자녀의 숫자(아들 일곱과 딸 셋)는 이전과 동일한데 딸의 아리따움을 강조한다. 딸들이 아들들과 똑같이 기업을 받았음을 강조하면서 여성의 권리가 남성과 동등하게 주어졌음을 강조한다. 욥은 자손을 아들과 손자 사대를 보고, 140년을 살며 장수함으로 복된 삶의 본을 보여준다. 신약의 야고보서 기자는 다음과 같이 말한다: "보라 인내하는 자를 우리가 복되다 하나니 너희가 욥의 인내를 들었고 주께서 주신 결말을 보았거니와 주는 가장 자비하시고 긍휼히 여기시는 이시니라"(약 5:11) 이 본문은 특별히 욥의 이야기 중에서 소망을 가지고 인내한 욥이 마침내 "주께서 주신 결말"을 보고 복을 받은 것을 강조하고 있다.

욥기와 창세기 22장

숨겨진 하나님을 대면한다는 욥기의 주제는 창세기 22장의 주제와 만난다. 먼저 두 책의 문학적 구조를 살펴보기로 한자.

창세기 22장	욥기
1. 하나님의 계획: 시험하시려고(22:1a)	1. 하나님의 계획: 내가 너를 맡기노라(1:12; 2:6)
2. 명령: 이삭을 번제로 드려라(22:1b-2)	2. 명령: 까닭 없이 여호와를 경외하라(1:9)
3. 순종의 시작: 아침에 일찍이 일어나(22:3-10)	3. 순종의 시작: 주신이도 여호와시요, 거두신 이도 여호와(1:21; 2:10)
4. 순종의 과정: 친히 준비하시리라(22:8)	4. 순종의 과정: 내가 가는 길을 그가 아시나니(23:10)
5. 하나님의 현현(22:11)	5. 하나님의 현현(38:1-42:6)

6. 순종의 완성: 이제야 네가 하나님을 경외하는 줄 아노라(22:12)	6. 순종의 완성: 눈으로 주를 뵙나이다(42:5)
7. 하나님의 축복(22:15-19)	7. 하나님의 축복(42:7-17)

두 책에서 모두 사건이 일어나기 전에 주인공이 알지 못하는 하나님의 계획이 있다. 아브라함에게는 시험을 위한 것이요(창 22:1), 욥은 이미 천상회의에서 그를 사탄에게 맡기셨다(1:12; 2:6). 그래서 독자들은 욥기를 "주인공들이 당연히 성공하게 될 각색된 연극"으로 볼지도 모르지만, 막상 당사자들은 신앙을 포기할 수도 있는 갈래 길에 서서 이 시험을 받아들인다. 아브라함은 이삭을 바치라는 명령을 당연한 것으로 보지 않고 고뇌하며, 욥도 고난을 받고 죽음을 초청하는 절망에 빠진다. 그러나 아브라함도 이 고난에 순종하여 이삭을 데리고 아침 길을 떠나고, 욥은 내면의 고민에도 불구하고 고독한 여정을 순종하며 걸어간다. 창세기 22장에는 아브라함이 겪었을 내면의 고민이 철저하게 가려져 있지만, 이는 순종을 강조하기 위한 기법일 뿐 실제로는 깊은 고민을 겪었을 것으로 여겨진다. 욥기에서는 고난을 겪는 욥의 내면이 적나라하게 서술된다. 아브라함과 욥은 유사한 내면의 갈등을 겪는다. 두 이야기의 결론은 하나님의 현현으로 매듭지어, 마지막에는 아브라함과 욥에게 축복이 주어진다.

두 책은 신학적으로 다음과 같이 비교된다.

1. 창세기 22장은 아브라함의 **시험** 이야기이며, 욥기는 욥의 **고난** 이야기인데, 둘 다 하나님이 미리 계획하지만 당사자는 어느 날 갑자기 이 사건에 참여하게 되고, 자신이 애매하게 이 사건에 참여하는 것처럼 보여지나 사건이 끝날 때쯤 사건의 의미를 이해하게 된다.

2. 두 책에서 핵심적인 주제는 하나님의 주권에 관한 것이다. 갑자기 다가오신 하나님의 시험과 고난은 모두, 하나님은 창조주이시며 인간은 피조물로서 서로 질적인 차이가 있음을 보여준다. 모두 "왜 하필 나에게?"라는 질문을 가지고 숨겨진 하나님을 대면하여 하나님이 나의 주인이심을 고백하기를 요구하

는 것이다. 아브라함은 이삭을 번제로 바침으로 하나님을 최고의 자리에 모심을 증명해야 하며, 욥은 까닭 없이 여호와를 경외함으로 하나님을 최고의 자리에 모심을 증명해야 하는 과제를 안고 있다.

3. 순종의 시작은 엄숙하다. 창세기 22장은 아브라함 자신의 내적인 감정 표현이 자제되는 반면에 욥기는 내적인 변화를 절실하게 서술한다는 차이가 있지만, 둘 다 순종을 요구하는 하나님의 다가오심 앞에서 철저한 순종에 임한다. 아브라함은 하나님이 정하신 기한인 "아침에 일찍이" 일어나 순종의 행위를 시작한다. 욥은 예상치 못한 두 번의 재앙을 맞이하고도 "주신 이도 여호와시오, 거두신 이도 여호와시라."는 모범적인 고백을 한다.

4. 순종의 과정은 숨겨진 하나님과의 대면으로 나타난다. 아브라함은 자신에게 맡겨진 순종의 단계를 철저히 밟아 가면서, 마침내 모리아 산을 오르는 자리에서 아들을 향한 뜻 깊은 고백을 한다: "아들아 번제할 어린 양은 하나님이 친히 준비하시느니라"(창 22:8) 순종의 과정은 하나님 한분만을 믿으며, 자신의 가장 귀하게 여기는 이삭을 데리고 모리아 산을 오르는 것이다. 하나님을 향한 믿음은 있지만, 모든 결과는 그분 한분의 주권아래 달려 있는 순종의 행진을 하고 있는 것이다. 욥기에서 순종의 절정은 23장 10절에 나타난다: "내가 가는 길을 그가 아시나니." 욥에게 있어서 순종의 과정은 하나님이 아신다는 확신 하나로 하나님을 눈으로 뵐 때를 기다리며 견디는 것이다. 숨겨진 하나님 앞에서 탄식하며, 절규한다 할지라도 한 인간 안에서 나타날 수 있는 신앙과 회의를 모두 짊어지고 신앙의 여정을 걸어가는 것이다.

5. 두 이야기의 절정은 하나님이 그 모습을 드러내시는데 있다. 창세기 22장에서 아브라함이 이삭보다 하나님을 더 사랑하는 것이 확인된 후에 하나님은 아브라함 앞에 나타나셔서 아브라함이 여호와를 경외함을 확인한다. 아브라함의 경우, 신앙을 확인한 후에 하나님이 나타나셨다면, 욥의 경우에는 하나님의 나타나심은 하나님보다 자신이 더 의롭다고 주장하는 욥을 마지막으로 교정하고 신앙의 자리에 들어서게 만드는(42:5) 최후의 조치라고 볼 수 있다.

6. 두 이야기는 신앙의 핵심 원리인 인과응보의 비판적 이해를 보여준다.

두 이야기에서 하나님을 사랑하는 자에게 복을 주시는 인과응보의 원리가 최종적으로는 이루어지지만, 인간이 이기적인 동기 없이(까닭 없이) 하나님만을 사랑하는지를 확인하는 지연된 인과응보의 형태를 취한다. 그리하여 두 책은 신앙의 출발을 뜻한다기보다는 여호와를 경외함이 확인된 자를 하나님의 도구로 사용하시려는 하나님의 조치라고 볼 수 있다. 아브라함은 이삭을 바침으로, 욥은 까닭 없이 하나님을 섬김이 확인된 후에, 하나님은 두 사람에게 복을 내리시고 하나님의 구원 역사를 위하여 귀하게 사용하신다.

7. 두 책은 모두 시험과 고난의 해석을 위한 책이다. 고난받는 자들은 이 책을 처음부터 읽는 것이 아니라, 자기에게 닥친 고난에서부터 읽는다. 욥은 고난에 대한 탄식에서 출발하고, 아브라함은 이해하지 못하는 명령의 준행에서부터 읽는다. 그러나 한번 고난의 의미를 깨달은 독자나 성숙한 독자는 이 책의 공시적인 읽기를 통하여 고난을 해석할 수 있다. 즉, 욥기에서는 고난의 현장인 3장을 하나님이 고난을 통하여 하나님의 현현을 준비하도록 하시는 1-2장의 문맥에서 받아들이는 것이다. 아브라함 이야기에서는 이삭을 바치라는 명령을 받을 때 하나님을 원망하는 것이 아니라, 그동안 하나님의 자리를 위협한 이삭의 위치를 점검하고 자신이 실제로 하나님을 진정으로 경외하는지 묻고, 최고의 자리에 하나님을 세워 드리는 것이다. 이와 같이 우리 앞에 주어진 두 책의 최종 본문은 신앙인들의 고난과 시험을 해석할 수 있는 틀이 되는 것이다. 두 책에서 고난은 인간의 헛된 겉치레를 벗어버리고, 하나님 앞에 단독자로 서게 한다, 그리하여 우리에게 다가오시는 하나님을 만나도록 돕는다.

V부

지혜문학 설교

12장

설교로 읽는 지혜문학

1. 중·고등부를 위한 설교

여호와를 인정하라(잠 3:5-6)

당신이 신앙인이냐고 묻는다면 저는 서슴없이 신앙인이라고 대답할 수 있습니다. 그런데 당신이 지난 한 주 동안 얼마나 하나님과 동행하거나, 하나님을 의식하면서 살았느냐고 묻는다면 선뜻 대답하기는 쉽지 않습니다. 그것을 가로막는 문화 가운데 우리가 있기 때문입니다. 하나님 없이 살아가면서도 신앙인이 그것을 별로 불편하지 않게 여기고, 하나님이 별로 필요 없어 보이는 시대에 많이 물들었기 때문입니다. 이 세상은 하나님 없이도 알아서 잘 돌아가는 듯합니다. 마치 하나님을 향한 가난한 마음, 하나님의 임재를 기다리는 마음이 필요 없는 것처럼 보이는 시대입니다.

오늘 본문의 잠언도 바로 그 같은, 세상이 하나님의 간섭에 대하여 닫힌 것처럼 보이는 시대를 향하여 말합니다. 잠언 저자는 하나님이 다가오셔서 우리의 길을 인도하시는 방법을 알고 있습니다. 오늘 본문에 보니까 6절 후반부에 네 길을 인도 하시리라고 명쾌하게 말씀하십니다. 인도하신다는 말은 우리에게 다가오셔서 보여 주시고, 뜻을 알리시고, 인생을 살아 갈만한 용기를 부어 준다는 말입니다.

그런데 그렇게 하기 위하여 필요한 조건이 있는데, 그 앞에 "그리하면"이라고 말합니다. 어떻게 하면입니까? 범사에 그를 인정하라고 하십니다. 범사에 그를 인정하라니요? 하나님이 계신 것이 당연한 것 아닙니까? 왜 우리의 인정이 필요합니까? 우리가 인정하지 않으면 하나님이 아닙니까? 우리가 인정하지 않더라도 하나님은 하나님입니다. 하나님을 인정한다는 것은 무엇입니까? 5절에 보면, 마음을 다하여 여호와를 의뢰하라고 말합니다. 마음을 다하고 전력을 다하는 것입니다. 하나님의 존재를 인정한다는 것은 곧 하나님이 우주를 다스리시는 주님이심을 고백하는 것입니다. 인정은 실존적인 고백을 통해 드러납니다.

왜 하나님을 인정하는 것이 중요합니까? 이 세상은 하나님이 없는 것처럼 살아가고 있는 시대이기 때문입니다. 눈으로 본다면 마치 하나님이 없는 것처럼 보입니다. 이 세상이 저절로 돌아가는 것처럼 보입니다. 이 세상이 너무 완벽한 자체 원리를 가지고 움직이기에 하나님조차도 이 세상을 건드릴 수 없는 것처럼 보입니다. 하나님 앞에 닫혀 있다는 말은 우주가 스스로 돌아가기에 하나님은 초자연적으로 우주의 현상에 간섭할 수 없다는 말입니다. 하나님이 세상을 만들어 놓고 간섭하지 않는다는 것은 하나님을 제한하는 비신앙적인 생각입니다.

물론 세상은 스스로 살아가는 원리가 있습니다. 하나님은 온 세상에 계시를 뿌려 놓으셨습니다. 이 계시를 모든 사람들이 파악할 수 있는 것은 아닙니다. 우리의 이성을 날카롭게 갈은 자들이 진리를 더 많이 발견할 수 있습니다. 그러나 하나님은 이 원리로만 세상에 역사 하시지 않습니다. 때로는 법칙을 뛰어넘어 간섭하십니다. 세상이 저절로 되는 것 같지만 그 모든 지식 이면에 하나님이 계심을 인정하여야 합니다. 인정이란 그냥 있다고 믿어 주는 차원이 아니라, 사건 이면에 계신 하나님을 발견하고 그분의 마음으로 세상을 읽고 그분의 마음으로 세상을 바라보는 것입니다.

남한의 김대중 대통령과 북한의 김정일 북방위원장이 정상회담을 했습니다. 세상 사람들은 이 두 사람이 정치적인 계산이 있어서 한다고 봅니다. 그러나 우리들은 그 사건 이면에 계신 하나님을 인정합니다. 하나님이 때가 되어서 50년 동안 이 민족의 가슴에 품은 한을 불쌍히 여기시고 통일을 향한 첫걸음을 하게 하신 것입니다. 사건이면에 계신 하나님을 인정하십시오. 역사적으로 아무리 뜯어봐도 거기 하나님이 있었다고 주장하는 역사학자는 없을 것입니다. 하나님은 그냥 눈으로는 보이지 않습니다. 믿음의 눈으로 보아야 합니다. 그분의 주권을 인정하고, 그 모든 사건을 인도하시는 손길을 확인하여야 합니다.

대학입시를 준비하는 여러분. 하나님이 여러분의 길을 인도하시기를 원하십니까? 그분을 인정하십시오. 그것은 그분이 나의 인생의 주인임을 고백하는 것입니다. 때로는 나 혼자 잘하는 것처럼 보여도, 때로는 하나님이 아무런 영향력을 행사하지 않으신 것처럼 보여도, 믿음의 심지를 가지고 그분이 인도하심을 고백하여야 합니다.

그분을 인정하는 것은 바로 겉으로는 보이지 않아도 실제로 인생을 다스리는 분은 하나님임을 고백하는 것입니다. 하나님을 인정하는 것이 누구에게나 가능한 것처럼 보이지만 인간이 연약하고, 하나님의 피조물이라는 인식이 없으면 가능하지 않습니다. 그래서 우리들은 환상을 깨야 합니다. 나는 제한된 존재라는 것을. 나는 언젠가 죽을 존재임을. 그래서 하나님이 다가오셔서 나를 다스리시고 나를 인도하셔야 함을 고백하여야 합니다.

자기가 완전하다고 생각하는 사람은 하나님을 기다리지 않습니다. 그분에게 기도할 필요가 없다고 생각합니다. 그러나 하나님을 인정하지 않는 노력은 겉보기에 잘 가는 것처럼 보이지만 결국은 허사입니다. 인간이 완전하다는 환상을 가지면, 필경 넘어지고 맙니다.

저는 늘 인간의 한계를 자주 잊어버립니다. 그때마다 하나님은 여러 가지 사건들을 통하여 깨닫게 하십니다. 내가 완전한 줄 알다가도 하나님께서 특별한 사건을 통하여 깨닫게 하셔서 다시 그분의 주권 앞에 무릎 꿇을 수밖에 없습니다. 그래서 우리는 날마다 그분이 우리의 주인이며, 우주가 그분의 간섭 아래 열려 있음을 고백하게 됩니다. 매주 우리가 이렇게 예배드리는 것은 하나님을 인정하지 않는 세상의 악한 관습을 버리고 다시금 그분을 인정하고 그분의 주권 아래에서 하나님의 인도 하심을 받는 것입니다.

야곱은 오랫동안 하나님이 자신을 향하여 달려오는 것을 몰랐습니다. 자기 혼자 인생을 잘 꾸려가야 한다고 생각하였습니다. 어느 날 그는 자기 곁에 계신 하나님을 발견하고 그분의 역사 앞에 고개 숙였습니다. 자아를 포기하고 그분을 인정하였을 때 그분은 야곱을 인도하셨습니다.

하나님의 인도를 기다리십니까? 그분이 여러분에게 다가오시기를 기다리십니까? 하나님을 인정하십시오. 세상이 하나님의 역사 앞에 닫힌 것이 아니라, 열려 있음을 믿으십시오. 세상은 자신의 원리가 있지만 그것은 하나님의 주권 아래 있습니다.

우리가 하나님을 인정하기 위해서는 이 세상의 논리에 저항하여야 합니다. 세상의 논리와 싸우고, 세상의 가치와 싸우고 하나님의 다스림을 우리의 삶 한복판에 세워야 합니다. 흔들리지 않는 믿음으로 한결같이 한마음을 가지고 그분을 신뢰하여야 합니다. 그분을 인정한다는 것은 말로만 받아들이는 것이 아닙니다. 하나님의 주권을 인정하고 그분의 배에 올라타는 것입니다. 오늘도 하나님의 인도 하심을 기다리면서 그분을 인정하고 의심 없는 한마음으로 우리 인생을 경주하는 여러분들이 되시기를 바랍니다.

2002년 9월. 대전 전민제일교회 고등부

2. 개업하는 교인을 위한 설교

균형된 행복(잠 22:4)

신앙생활만 잘하는 것은 쉬울 수 있습니다. 그런데 신앙생활 잘하는 사람이 세상에서도 승리하고 잘 살고 부자가 되는 것은 쉽지 않습니다. 왜냐하면 세상이 악으로 연결되어서 우리가 타협하고 어느 정도 거짓말도 하고 세상과 어울려야 돈도 벌고 출세도 하는 시대이기 때문입니다. 그래서 그리스도인은 깨끗하니까 항상 가난하게 살아야 한다고 생각했습니다. 나라가 후진국일수록 나라의 치안이나 법질서가 제대로 되지 않아서 정직한 사람보다는 부정한 사람이 돈을 벌고 출세할 기회가 많습니다. 미국을 비롯한 선진국은 법이 잘 되고, 거짓말하는 것을 수치로 알기 때문에 정직한 사람이 성공할 확률이 높습니다. 우리 한국도 이제 어느 정도 예측이 가능한 나라입니다. 이제는 정직한 사람이 성공하는 나라가 되었습니다. 정직한 사람들이 직장에서 승진하고, 기업의 사장이 되고, 그래서 간증하는 일들이 많아졌습니다. 정직한 자들이 형통하는 간증들이 많아졌습니다. 이제는 직장이나 사업도 하나님이 다스리시는 영역이 된 것입니다. 사업을 시작하면서 하나님이 무엇을 원하실까 생각해 보아야 합니다.

겸손과 여호와를 경외함의 보응은 재물과 영광과 생명이니라(잠 22:4).

보응이라는 말은 결과를 말합니다. 겸손하게 여호와를 경외하는 사람에게 하나님이 무엇을 주시는가 하면 재물과 영광과 생명입니다. 여호와를 경외하는 사람은 성공하는 데 성공은 어떠한 형태로 오는가 하는 것입니다. 진정한 성공은 이 세 가지가 균형을 이루어야 합니다. 재물과 영광과 생명입니다. 따라서 이 사업을 운영하시는 집사님께서 하나에만 치우친 복이 아니라 세 가지가 균형을 누리는 복을 누리시기 바랍니다.

재물은 우리가 잘 아는 대로 물질의 복입니다. 영광이란 명예입니다. 사람들의 존경을 받고, 귀히 여김을 받는 것입니다. 생명은 건강을 말합니다. 우리가 이 땅에서 원하는 복이 여기 다 모여 있습니다. 그러고 보면 사람들은 이 복을 골고루 갖지는 못하는 것 같습니다. 재물은 많은데 사람들로부터 질시를 당하고, 손가락질을 당합니다. 삭개오같은 사람은 당대에 세무서 직원으로 냉정하게 또는 부당하게 행하여서 돈을 벌었습니다. 그러나 사람들은 그의 권위를 인정하지 않습니다. 비웃었습니다. 돈만 가지고는 만족이 없습니다. 돈이 없었을 때 돈을 벌면 다 될 것 같은데, 그렇지 않습니다. 영광이 필요합니다. 더불어 살아가면서 덕을 끼치고, 사람들과 교제하는 것이 중요합니다. 사람들로부터 존경을 받고, 함께 나누는 삶이 중요합니다. 고생을 해 보지 않은 사람들은 이러한 중요성을 모릅니다. 그저 돈만 모으다가 넘어집니다.

돈만 많아도 건강을 잃어버리면 소용없습니다. 자기가 자기 몸을 학대하고 쓰러진 후에 하나님이 그렇게 만들었다고 원망합니다. 재물만 모으고 건강을 잃으면 유산가지고 자식들 싸움이나 하게 만듭니다. 한 박자를 늦추어서 가정의 즐거움을 누려야 합니다. 성공보다 더 중요한 것은 성공을 함께 만들어 가는 것입니다. 지금은 웰빙시대가 아닙니까?

본문에 보니까 이렇게 재물과 영광과 생명을 누리는 비결은 무엇입니까? 어떤 처세로도 불가능합니다. 이 모든 것을 균형 있게 만드는 방법은 바로 겸손입니다. 여호와를 경외하는 것입니다. 여호와를 경외하면 재물이 모입니다. 집사님 내외는 그동안 고생도 많이 하셔서 어느 정도 연단이 되었기 때문에 이제 때가 된 것 같습니다. 제일 잘할 수 있는 일을 사업으로 채택하였으니 기회가 올 것입니다. 하나님이 재물의 복을 쏟아 주실 것입니다. 여호와를 경외하는 사람은 그러한 재물을 통하여 우리 목숨 다할 때까지 귀하게 사용하는 법도 압니다.

겸손하지 않은 사람은 모은 재물을 어떻게 할 바를 모릅니다. 그래서 재물이 오히려 불행의 근원이 됩니다. 돈을 벌고도 여전히 겸손하게 여호와를 경외하면 하나님은 영광의 선물을 주십니다. 돈을 벌뿐 아니라 번 돈을 하나님 나라를 위하여 귀하게 사용할 수 있을 것입니다. 재물이 하나의 도구임을 아는 사람은 그 재물로 자신을 행복하게 할 뿐 아니라 다른 사람을 행복하게 만듭니다. 그래서 재물을 갖고 교만하지 않고 사람들로부터 존경을 받는 사람이 됩니다. 재물과 영광을 누리는데도 교만하지 않고 겸손하게 여호와를 경외하는 사람에게는 생명의 축복이 임합니다.

사업 초반에 육체적으로도 많이 힘드실 텐데 아직 젊다고 많은 일을 급하게 하지 마시고 건강에 유의하셔야 합니다. 한번 쓰러지고 나면 다음에 조심할 수는 있지만 만약 쓰러져서 일어나지 못하면 통탄할 일입니다. 김형곤씨도 무리해서 과로로 넘어졌지만 다시 일어나지 못하고 끝내 생을 마감하고야 말았습니다. 사람들은 그 사람이 큰일을 계획하고 앞으로만 달려갔다고 칭찬을 하지만, 그의 내면은 어떠했을까요. 사업이 실패하자 아내가 이혼하고 떠나갔습니다. 몸무게를 줄이고, 각종 이벤트를 생각하고, 앞으로만 달려갔습니다. 아무도 그를 생각하여 브레이크를 걸지 않고, 앞으로 달려가게 만들었습니다. 스트레스를 받아 몸이 부서지도록 일하다가 죽음이 갑자기 찾아왔습니다. 어떤 사람들은 칭찬을 하지만, 어떤 관점에서 칭찬하는지 생각해 보아야 합니다. 죽음을 미리 알았더라면 한발자국 멈추고 욕심을 줄였을 것입니다. 오래 사는 것이 반드시 중요한 것은 아니지만, 자기 욕심 때문에 일찍 죽는 것은 어리석고 불행한 것입니다. 일 욕심 부리고, 그렇게 앞으로만, 앞으로만 나아가다가 자기의 덫에 걸리고 만 것입니다. 우리 신앙인들이 여호와를 경외하는 마음을 가지면 이 욕심이 보입니다. 욕심을 절제하고 하나님의 음성을 듣고 이길 수 있습니다. 그러면 재물을 모아도 흥분하지 않고, 영광을 얻어도 평안을 잃지 않습니다. 예수를 믿지 않는 사람들은 이 세 가지가 균형이 되어야 하는지 알지 못하고 애쓰다가 불행해집니다. 하나님을 경외하면서 겸손을 알아야 세 가지 균형을 이룰 수 있습니다.

하나님께서 이 집의 가업이 되는 사업체 위에 복을 주실 것입니다. 성실하게 일하시면 가능합니다. 재물이 늘 뿐 아니라 일하는 사람들이 즐겁기를 바랍니다. 사람 사는 냄새가 나는 사업체가 되시기를 바랍니다. 관련되는 사람들이 집사님 가정으로 인하여 웃음 짓고, 넉넉해지기를 바랍니다. 앞으로만 달려가는 것이 아니라 격려하고 주변을 생각하고 모두를 행복하게 하는 가정이 되시기를 바랍니다. 그리하여 사업이 여호와를 경외하는 마음 위에 서고 날마다 하나님의 마음으로 정직하고 성실하게 일하고, 사람을 행복하게 만드는 아름다운 가정과 사업이 되기를 바랍니다.

2006년 3월. 부곡교회 성도의 개업예배

3. 탄식의 소리를 듣는 지혜

듣는 귀, 듣는 마음(잠 21:13)

십대들의 쪽지라는 잡지에 실린 어느 아이들의 고백입니다. 제목은 "제 마음을 보여 드려도 괜찮죠?"

"안녕하세요. 갈만한 곳도 없고 쉴만한 곳도 없네요. 터놓고 이야기를 하고 싶지만 터놓고 이야기할 상대가 없네요. 그냥 들어만 주었으면 좋겠어요. 처음부터 끝까지 저는 참 힘들어요."

"전 제 환경을 미워해요. 아버지의 이유 없는 횡포, 거기에 지쳐 말라가는 엄마의 얼굴, 좋은 말과 웃음보단 욕설과 짜증이 오고 가는 집. 이런 환경을 끊임없이 저주하는 내 자신까지도 너무 싫어요. 노력도 해 보았지만 그래서 열심히 하려고 이만큼 쌓아놓으면 또다시 아빠의 횡포와 거기에 반발하는 내 자신이 다 무너뜨려 버리고 말아요. 이런 것들이 반복 반복 또 반복되고 있어요. 진짜 미쳐 버릴 것 같아요."

"왜 이렇게 사는 것이 서글픈지 모르겠어요. 전 너무 결점투성이랍니다.

잘하는 일도 없고 얼굴도 못생긴데다가 머리까지 나쁘고 멍청한데다가 소극적이고 자신도 없고 당당하지 못하답니다. 그리고 얼마나 게으른지 하루에 다짐은 수백 번씩 해도 늘 미루고 포기한답니다. 의지력까지 부족하답니다. 진짜 좋은 점이라곤 찾아볼 수 없는 내가 왜 이렇게 미운지 모르겠어요."

"아빤 알콜 중독자예요. 칼로 가족들을 위협하기도 하는. 저희 엄마 정말 많이 맞았어요. 언니도 저도 동생도 그릇 깨지는 소리, 던지는 소리, 욕설…. 다른 집에 양자로 갔으면 하는 생각을 많이 하면서 자랐어요."

"지금 제가 생각하고 있는 것은 자퇴예요. 끝없이 부족한 실력 때문에 수업시간에는 너무 답답하고, 숨이 막혀요. 이해도 가지 않고, 항상 제자리걸음만 하는 것 같아요. 저는 친구들과 어울려 놀지도 않아요. 애들이 많이 가는 오락실, 노래방은 두세 번 밖에 가본 적이 없어요. 전 오로지 공부를 해야 된다는 생각밖에 없는데… 현실적으론 행동이 그대로 옮겨지는 것도 아니고, 많이 하지도 않아요."

이 이야기를 들으면서 많은 분들은 몇몇 아이들에게 국한된 특별한 이야기라고 여길 것입니다. 그러나 이 소리가 바로 우리 곁에 웃으면서 서 있는 아이들의 마음에 있는 보통의 이야기입니다. 이 아이들은 6일 동안 이 위기의 현장에 있고, 우리는 단 하루 동안 이들을 만나서 가르칩니다. 여러분들의 가르침이 이러한 아이들의 마음을 읽지 않고 가능하겠습니까? 이들의 탄식하는 소리를 들어야 복음이 전달될 수 있다는 말입니다.

오늘 본문에 보니 잠 21:13 "귀를 막고 가난한 자가 부르짖는 소리를 듣지 아니하면 자기가 부르짖을 때에도 들을 자가 없으리라"라고 말하고 있습니다. 이 본문은 원래 가난한 자들이 먹지 못해 부르짖어도 모르는 척하는 부자들을 향한 경고입니다. 가난한 자가 울고 탄식하는 소리 자체는 들을 수 있지만, 그들을 위해 헌신하는 것을 원하지 않기에 귀를 막아 버립니다. 못 본 척합니다. 그런데 이러한 부자들에게 어떤 경고를 합니까?

돈은 항상 있는 것이 아니기에, 지금 가난한 자들의 탄식소리를 듣지 아니하면 나중에 자신이 위기를 당하여 부르짖을 때에 아무도 듣지 않을 것이라는 말입니다. 이것은 곧 가난한 자들의 탄식을 듣는 것은 해도 되고 안 해도 되는 것이라는 말이 아닙니다. 내 곁에서 탄식하는 자들의 소리를 듣지 않는 자들은 나중에 어려움을 당할 때 아무도 듣지 않는다는 것입니다. 야고보서에 보면 "긍휼을 행하지 않는 자에게는 긍휼 없는 심판이 있으리라"라고 말합니다. 법대로 심판을 받으면 살아남을 사람이 어디 있습니까? 은혜 없이는 아무도 살아남지 못합니다. 그렇기에 우리가 은혜를 얻기 위해 우리에게 맡겨진 자들의 탄식 소리를 들어야 한다는 것입니다.

하나님이 원하시는 참된 들음을 위해서는 귀로만이 아니라 마음으로 듣는 것이 필요합니다. 그리고 들음 이전에 말하는 사람을 믿어 주어야 합니다. 특히나 우리가 매주 만나는 어린 학생들을 대할 때 아이들을 측은히 여기는 마음이 있어야 들을 수 있습니다. 상대방을 비판하려는 목적을 가지고 듣는 것이 아닙니다. 상대방의 상처를 치료하고, 약함을 세우고, 돕기 위해 애정을 가지고 듣는 것입니다. 귀로만 듣는 것이 아니라 마음으로 들어서 생명을 변화시키는 기적을 일으킬 수 있어야 합니다. 이와 같이 듣는다는 것은 단순한 소리의 들음이 아니라 마음을 통하여 상대방의 인격을 받아 주고 용납한다는 것입니다. 듣는 가운데 인격과 인격의 만남이 있고, 잘 듣는 노력 가운데 하나님의 기적이 만들어집니다.

문제아 전문가인 한 일본인 교사도 문제아를 대하는 첫 번째 방법은 그들을 믿어 주는 것이라고 합니다. 문제아들의 대부분은 버림받은 경험이 있기에 그들을 치료하는 방법은 무조건 믿어 주는 것입니다. 그들의 행동이 옳기 때문에 믿는 것이 아닙니다. 그 사람이 최선을 다해서 진지하게 생각하는 것을 중요하게 여기기에 그를 믿는 것입니다. 이것은 하나님의 마음과도 같습니다. 하나님은 우리가 기도할 때 기도제목을 중요하게 여기시는데 기도제목이 중요해서가 아니라 그 제목을 중요하게 여기는 우리를 중요하게 여기기 때문에 기도를 들어주시면서 신앙으로 인도하십니다. 도마가 주님의 못 자국을 만져야 예수님을 믿겠다고 했을 때 이 미련한 놈아 넌 보지 않고 믿어야 복된 거야 하고 비난하지 않으시고, 네가 정말 봐야 믿겠다면 보여주마. 그렇지만 다음부터는 보지 않고도 믿어라 이렇게 하셨습니다.

마찬가지로 아이들이 그 행동을 했다면 행동이 옳아서가 아니라 그 행동을 옳다고 여기는 아이가 소중하기에 그를 믿어 주어야 한다는 것입니다. 자기를 전폭적으로 믿어 주는 사람에게 아이들은 목숨도 바칠 수 있습니다. 그러나 자신을 무시하고 상처 주는 사람은 존경할 리 없고, 마음을 주지도 않습니다. 심리학적인 지식이 많아야 이것이 가능한 것은 아닙니다. 인내를 가지고 들어 주는 것이 출발입니다. 작은 것도 가볍게 여기지 않는 마음만이 이러한 신뢰감을 얻을 수 있습니다. 상담자는 마치 거울과 같습니다. 해답을 주지 않아도 아이들이 말하는 것을 다 들어주면 아이들은 자신이 말한 것들을 통하여 자신을 발견하게 됩니다. 상담자가 들어주기만 하여도 아이들은 말을 통해 에너지를 발산하고, 스스로 방향을 찾을 수 있는 것입니다. 그래서 어떤 경우에는 그저 그 아이가 하는 말을 열심히 들어준 것뿐인데 다 끝나고 나서 아이는 이렇게 말합니다. 좋은 말 많이 들었습니다. 이것은 자신의 말을 들어주니까 자기 혼자 말하면서도 아이가 생각하기에 대화를 했다고 생각하는 것입니다. 아이들의 말을 인내로 들어주면 아이들이 나름대로 해결책을 가져가는 것입니다.

애정을 가지고 들을 때 특히 유념하여야 하는 것은 아이들의 자존감을 높여 주는 것입니다. 의외로 낮은 자존감 때문에 어려움을 겪는 아이들이 많습니다. 한국 사회와 같은 교육 환경에서는 낮은 자존감을 유발할 수밖에 없습니다. 저는 낮은 자존감 때문에 어둔 그늘 가운데 살던 때를 생각하면 너무나 가슴이 아플 때가 있습니다. 최근에 유행하는 노래 중에 "당신은 사랑받기 위해 태어난 사람"이라는 노래가 있습니다. 이 노랫말에 보면 당신이 이 세상에 존재함으로 우리에게 얼마나 기쁨이 되는지라고 말합니다. 사람은 누구나 사랑받기를 원합니다. 그러면 누군가 이렇게 말할 것입니다. 목사님, 사람은 누구나 사랑을 주기 위해 태어났습니다. 그런데 실제로 사랑받지 못한 사람이 사랑을 줄 수 있습니까? 그 사랑은 아집이요, 이기심이 가득 찬 왜곡된 사랑일 것입니다.

조건 없는 사랑을 받은 사람만이 사랑할 수 있는 힘이 있습니다. 사람의 마음속에는 사랑받고, 가치를 인정받고 싶은 마음이 있습니다. 그런데 부모나 학교가 우리에게 주는 사랑은 때로 조건적입니다. 공부를 잘하면, 노래를 잘하면, 운동을 잘하면, 심부름을 잘하면. 이와 같이 사랑은 조건적인 것이 되어 버렸습니다. 한 아이가 존재하는 자체가 가치 있는 것이 아니라 사랑받을만한 일을 할 때만 사랑을 받는 현실입니다. 우리 존재 자체를 있는 그대로 사랑하는 것이 아니라, 우리의 행위에 따라서 우리가 사랑받을 수도 있고, 사랑을 못 받을 수도 있는 것이 현실입니다. 어려서부터 사랑을 받지 못한 사람은 늘 마음속에 사랑받지 못한 것에 대한 한이 있습니다. 사랑받기 위하여 자신을 채찍질합니다. 이 사랑을 보상하기 위하여 애를 씁니다. 조건적인 사랑에 익숙해지면 늘 자신을 학대하면서 주위를 의식합니다. 그런데 이러한 문화가 신앙의 형성에도 영향을 주는 것입니다.

저도 어려서부터 완벽을 요구하시는 어머니 밑에서, 공부 잘하고, 착해야만 사랑받는 경험을 했습니다. 그러다 보니 늘 사랑받기 위하여 무엇인가를 행하려고 하였던 것입니다. 그런데 신앙생활을 하면서도 역시 이 생각은 바뀌지 않았습니다. 내가 신앙인이 되려면 무엇인가를 하여야 하는구나 하고 생각을 하였습니다. 주님은 우리의 구원자가 되고, 믿기만 하면 모든 문제가 해결된다고 해도 나는 이방인이었습니다. 나와는 아무 상관없는 이야기로 들렸습니다. 내 속에서 나를 미워하는 깊은 상처들이 남아 있었습니다. 너는 죽어도 안돼. 너는 항상 실패할 거야. 야 네가 뭐 잘하는 것이 있냐? 비웃는 그 소리 때문에 나는 끊임없이 나를 학대하며 살았습니다. 하나님이 나를 사랑하시려면 무엇인가 조건을 채워야 한다고 생각했습니다. 그런데 어느 날 수련회 기간 동안 기도하는 가운데 하나님의 음성이 들려왔습니다. 정훈아 나는 너를 있는 그대로 사랑한다. 너의 그 이상도 아니고 그 이하도 아니고 있는 모습 그대로를 사랑한다. 그 사랑을 가슴으로 느끼는 순간 저는 새롭게 태어났습니다. 내가 실수하고 넘어지고 잘못해도 그럼에도 불구하고 나를 사랑하시는 하나님의 사랑을 느꼈기 때문입니다. 주님은 지쳐 있는 우리에게 다가오셔서 먼저 어떤 요구를 하시는 것이 아니라 너 있는 그대로 사랑한다고 말씀하십니다. 그 사랑을 받아들일 때 나의 인생은 새로 시작됩니다. 주님의 사랑을 받아들일 때에야 비로소 내가 나를 미워하지 않고 나를 사랑할 수 있습니다.

저는 그날 분명히 거듭났습니다. 하나님을 받아들였습니다. 그런데 나중에 그때를 돌아보면서 한 가지 의문이 들었습니다. 아니 하나님이 있는 그대로 사랑하신다는데 그것이 어떻게 해서 나의 문제의 해답이 되었을까? 저는 이것이 그저 우연이라고 생각한 적이 있습니다. 그런데 얼마 전 학교에 가려고 버스를 탔는데 여성시대라는 프로에서 한 슬픈 여인의 편지 사연을 듣게 되었습니다. IMF 시대에 직장을 잃은 가장이 자신감을 잃었습니다. 그리고는 죽음이 최선이라고 믿고, 죽을 방법을 찾다 마침내 자살을 하고 말았습니다. 이 소식을 접한 아내가 탄식을 하며 울부짖었습니다. 아내는 말하기를 당신이 무엇을 벌지 않아도 그저 내 곁에 있기만 해도 되는데 왜 먼저 떠났느냐고. 그런 아내의 마음을 알지도 못하고 남편은 자신이 돈을 벌지 못하니까 더 이상 자신의 가치를 깨닫지 못하고 죄책감을 느끼고 이 세상을 하직했습니다. 존재보다는 행위를 중요시 여기는 이 시대의 편견이 그를 죽이고 말았습니다. 존재보다 가치 있는 행위를 요구하는 시대가 사람들에게 열등감을 부추기고, 좌절하고, 자기를 학대하다가 마침내 자살을 하게 만드는 시대인 것입니다.

비단 저만이 아니라, 이 시대를 사는 아이들에게 행위가 아니라, 자신이 이 세상에 존재함으로 가치 있고, 우리에게 기쁨임을 알게 해야 합니다. 오늘 집에 가시면 아이에게 말씀해 보십시오. 애야, 네가 아무 일도 하지 않고, 그냥 존재하는 것만으로도 나에게 기쁨이란다. 부모의 욕심을 거두지 않고는 이 말을 할 수 없을 것입니다. 이 말을 들으면 놀랄 것입니다. 얼굴빛이 환해질 것입니다. 아이들을 가르치는 선생님들도 1등하고 멋있고, 노래 잘하는 아이만 칭찬하지 말고, 존재하는 것 자체가 축복이라고 아이들에게 말해 보십시오. 아이들의 눈빛이 달라질 것입니다. 좌절하고, 상심한 이이가 힘을 얻을 것입니다. 1

등을 포기하라는 말이 아닙니다. 아이를 있는 그대로 받아 줄 때 아이들은 비로소 최선을 다할 수 있는 자리에 서는 것이고, 만약 존재를 인정받지 못하면 평생 자신을 미워하면서 불행하게 살 수도 있기 때문입니다. 아이를 있는 그대로 사랑하는 것이 그를 가장 잘 돕는 것이 되는 것입니다.

아이들의 존재 자체를 인정하는 것이 바로 예수님께서 이 땅에 오셔서 우리를 위해 죽으신 의미입니다. 예수님께서 이 땅에 오셔서 죽으신 것은 잘난 사람을 위해서가 아닙니다. 우리가 새로운 존재로 살 수 있도록 하기 위해 그분이 대가를 치루셨습니다. 우리의 행위와 상관없이 우리의 존재 자체가 복이기 때문입니다. 자신이 존재하는 것 자체가 하나님의 사랑으로부터 온 축복임을 깨닫는 자만이 인생을 기쁨으로 시작을 할 수 있습니다.

이 시대의 경쟁논리에 상처 입은 영혼들이 오늘도 낮은 자존감으로 자기를 학대하며, 그리고 무조건적인 신앙을 받아들이지 못합니다. 존재보다 행위를 중시하는 시대의 문화가 하나님의 사랑을 받아들이지 못하게 합니다. 이 힘든 시대를 사는 아이들을 대할 때마다 우리는 하나님의 있는 그대로의 사랑을 받을 수 있도록 도와주어야 합니다. 애정 어린 우리의 들음을 통하여 아이들은 자신의 존재 자체를 기뻐하며, 자신들의 인생을 극적으로 바꿀 수가 있는 것입니다.

이제 말씀을 마치려고 합니다. 수많은 프로그램의 홍수 속에 우리 선생님들이 잊어서는 안 될 일이 있습니다. 한 영혼을 만지시고, 들으시고 치유하시는 그리스도의 마음입니다. 생명은 이 세심한 들음에서부터 시작됩니다. 아이들의 버팀목이 되어 주십시오. 아이들이 언제나 달려갈 수 있는 그곳에 계셔서 아이들의 탄식을 들으시고 함께 울고 함께 즐거워하는 대상이 되십시오. 그것은 해도 되고 안 해도 되는 일이 아니라 하나님의 명령입니다. 듣는 귀, 듣는 마음을 통하여 나와 우리의 운명 공동체가 하나님의 생명에 동참할 수 있기 때문입니다.

2002년 1월.

4. 하나님에 대한 경외를 잃은 지혜

채워지지 않는 그릇(전 1:1-11)

일이 잘 안 풀릴 때 저는 목욕 안 한 사람처럼 찌뿌둥하게 지냅니다. 어떻게든 다 풀어버리고 싶은데 꼬인 일들이 계속 달라붙어서 힘이 들게 합니다. 새로 시작하고 싶지만 상상할 수가 없습니다. 더 일이 꼬여 고통스러울 때는 꼭 상상하게 되는 일이 있습니다. 하나님 더 이상 아무 사람도 만나고 싶지 않고, 이 고통을 그대로 치르기가 너무 힘듭니다. 저의 가정과 저의 교회와 저의 학교에서 저를 쏙 빼다가 저 무인도에 데려가시든지, 아니면 그냥 이대로 하나님 나라에 데려 가 주십시오. 더 이상 견딜 수가 없습니다. 그렇지만 그렇게 하나님께 투정을 하고 기도를 해도 돌아서면 변화된 것은 없습니다. 보기 싫은 사람은 여전히 만나야 하고, 꼬인 일은 여전히 내가 책임지기를 기다리고, 공부할 것은 여전히 남아 있습니다.

하나님께서 그때마다 하시는 말은 이것입니다. 네가 서 있는 자리에서부터 시작해라. 너의 모든 실수로 인한 책임지는 데서부터 새로 시작해라. 그렇지 않으면 새로 시작한다 할지라도 결국은 그 자리로 다시 돌아올 것이다. 넘어지고 흐트러지고 회복의 가능성이 보이지 않는 자리에서 "너 있는 자리에서부터 시작하라."는 말씀은 너무 가혹하기까지 합니다.

아마도 이런 사람들은 오늘 우리가 읽은 본문 전도서의 말씀에 공감을 할 수 있을 것입니다. "전도자가 가로되 헛되고 헛되며 헛되고 헛되니 모든 것이 헛되도다." 그러나 그렇게 공감 있는 말을 했다고 문제가 다 해결된 것은 아닙니다. 어찌라는 말입니까? 헛된 인생을 마감하라는 말입니까? 깊은 산골에 혼자 은거하라는 말입니까? 헛되다는 말을 들은 사람들은 생각합니다. 이말 자체가 진리인가 아니면 뒤집어 들어야 하는가 하는 질문을 하게 됩니다. 그러나 전도서에서 역설적인 신앙을 찾을 수 있다는 것이 위기를 당한 모든 사람에게 소망입니다.

전도서는 신앙 자체의 허무함을 말하려는 것이 아닙니다. 하나님에 대한 경외감을 상실한 자들이 삶의 허무함을 어디까지 느낄 수 있는가를 보여줍니다. 하나님에 대한 경외감을 상실한 자들은 총체적인 불확실성에 빠질 수밖에 없고 필경은 염세주의와 허무주의에 빠질 수밖에 없음을 보여 줍니다. 2절에 "수고해도 유익이 없도다."라고 말하는 것은 수고 자체에 문제가 있는 것이 아니라, 수고한 것이 인간이 생각하는 원인과 결과에 따라 주어지지 않는다는 말입니다. 하나님의 주권을 의지하지 않고 인간의 이성으로 모든 것을 판단하고 예측하려는 시도 자체가 하나님에 대한 도전이며 허무주의에 빠질 수밖에 없다는 것을 보여 줍니다. 그러면 하나님을 경외하지 않는 자들에게 세상은 어떻게 보인다고 전도서 기자는 말합니까?

첫째, 하나님을 경외하는 것을 잃어버린 자들은 똑같은 자연을 바라보면서도 허무감을 느낍니다. 자연은 더 이상 하나님의 창조를 노래하며 하나님에 대한 인간의 경외감을 보여주며 인간의 신앙고백을 보여주는 것이 아닙니다(4-7절). 같은 자연을 바라보고도 시편 19편은 다음과 같이 찬양합니다. "하늘이 하나님의 영광을 선포하고 궁창이 그의 손으로 하신 일을 나타내도다." 이 말은 하나님을 경외하는 자의 고백입니다. 그러나 하나님을 경외하는 마음을 상실한 자에게 하나님의 영원 속에 움직이는 자연은 단조롭고 지루한 인간세계일 뿐입니다.

고대에 우주와 자연을 설명하는 철학적인 소재는, 땅, 해, 바람, 바다인데 본문에서 이러한 우주적인 소재를 통하여 전도서의 신학을 드러냅니다. 그들의 눈에 세상은 피곤한 곳입니다. 시간이 지나도 땅은 아무런 변함없이 그대로일 것 같습니다. 해가 떴다가 지지만 똑같은 궤도를 돌고 있을 뿐이며, 바람이 사방으로 부는 것처럼 보이지만 다시 처음 불던 곳으로 돌아가니 얼마나 피곤해 보일까요? 강물은 계속 바다로 들어오지만 바다에 있는 물은 증발하며 다시 처음으로 돌아가 바다로 내려오고, 그래도 바다는 넘치지 않습니다. 채워도 채워지지 않는 음료수가 연상됩니다. 매일매일 살아가는 우리 세상에서 하나님에 대한 경외감을 상실하면 지루함뿐이며, 내 마음에 어떤 신앙의 모습을 가지고 있는가에 따라 내 주변의 세계가 보일 뿐입니다. 내가 만나는 나의 세계가 날마다 새롭고, 기대가 되며 흥분된 것이 아니고, 그저 지루함뿐이라면 내 마음에 무엇인가 잃고 있는 것이므로, 자연에 대한 경외감을 찾고 하나님에 대한 경외감을 회복해야 하는 것입니다.

둘째, 하나님에 대한 경외감을 상실한 사람에게 있어서 인간의 오감은 허무한 것일 뿐입니다. 하나님께서 인간에게 주신 선물이 만족이 없는 피곤한 것들이 됩니다. 인간이 하나님의 형상으로 만들어졌다고 하는 것은 창조주 앞에 피조물인 인간의 한계를 전제로 할 때입니다. 이것을 상실하면 모든 인간의 행위가 허무하게 됩니다.

잠언에 보면 여호와를 경외하는 자에게 말하는 것, 보는 것, 듣는 것이 복된 것이라고 말합니다. 그러나 일단 여호와를 경외하는 것을 상실한 자들에게는 만물이 피곤하다고 느껴지고, 말하는 것, 보는 것, 듣는 것도 문제가 됩니다. 말을 통해서 상심한 영혼을 살리고, 말을 통해서 가르치고 권면 할 수 있어야 하는데 하나님을 경외하는 마음을 상실한 말은 사람을 죽입니다. 소문이 무성하고, 말에 말을 보태고, 돌고 돌아서 사람의 마음을 아프게 합니다.

보는 것, 얼마나 중요합니까? 잠언은 자연을 관찰하며, 진리를 발견하는 인간의 가능성을 높이 삽니다. 동물들을 관찰하고 세상의 현상을 관찰하여 진리를 깨닫게 합니다. 그러나 하나님을 경외하는 마음을 상실한 상황에서 보는 것은 만족이 없습니다. 믿음의 눈은 어떤 현상에서도 하나님의 경외함을 발견하고 찬양을 하지만, 이것을 상실한 영혼은 계속 보려고 애를 써도 만족이 없습니다.

듣는 것은 또 얼마나 중요합니까. 하나님의 말씀을 듣는 것이 순종이라고 했습니다. 남의 말을 들어주면 친밀감을 느낍니다. 나를 신뢰합니다. 그러나 하나님에 대한 경외함을 상실한 들음은 채워지지 않습니다. 하나님의 말씀을 아무리 많이 들어도 하나님에 대한 경외함을 상실한 영혼은 만족이 없습니다. 요사이 사람들의 수준이 높아져서 유명한 목사님 말씀을 따라가고 교회도 그렇게 따라가지만, 그것이 교회의 근본적인 것은 아닙니다. 살아계신 하나님께서 교회에 역사 하심을 믿고 그분을 따른 바탕 위에서 믿음이 자랍니다. 귀에 듣기 좋은 것만 따라도, 마음에 변화가 없으면 채워지지 않는 그릇일 뿐입니다. 하나님을 경외하는 마음을 가지고 듣는다면 그것이 우리를 복되게 할 것입니다.

셋째, 하나님을 경외하는 마음을 상실한 사람에게는 인간의 모든 행동은 새로운 것이 없습니다(9-12절). 해 아래 무슨 새것이 있느냐고 말합니다. 역사가 시작된 이래로 역사는 반복되어왔습니다. 우리보다 훨씬 전에도 역사는 있었고 그때도 사람들은 아웅다웅하면서 살았습니다. 그리고 오늘도 똑같은 역사는 반복될 뿐입니다. 무슨 새것이 있다고 난리냐. 이렇게 말합니다.

교회에서 무슨 일을 하려고 하면 교사들이 곧잘 말합니다. "그거 옛날에 해봤습니다. 다 필요 없더라고요." 프로그램이 문제입니까? 프로그램에 얼마나 생명을 부여하는가 하는 것이 문제입니다. 자기는 아무것도 안 하면서 그런 시도를 하는 사람들에게 "다 뻔한 거야 그렇게 힘들게 신앙생활 하지마" 하면서 사람을 질식시키는 사람들이 있습니다. "예배를 지난주도 드리고, 그 전주에도 드리고 일년 전에도 드리고 십년간 드렸어. 다 뻔한 거야. 아무것도 아니더라고." 이렇게 말합니다. "아이들 수련회 작년에도 가고 재작년에도 가고 다 해봤어 다 뻔한 것이더라고."

우리의 기억에 의존해서 그 경험을 가지고 있다고 해서 그것이 뻔하다고 말할 자격은 없습니다. 그것은 차라리 하나님이 역사 하시는 그 감격된 순간에 나는 하나님의 역사를 무시하고 딴생각만 하고 왔다는 것을 자인하는 것일 뿐입니다. 프로그램에 생명은 부여하지 않고, 형식적으로 흉내만 냈다는 말입니다. 부모가 자녀에게 하는 행동을 그대로 한다고 할지라도 자식을 사랑하는 부모의 마음이 없다면 그것은 가짜 부모입니다. 새로운 것이 없다고 말하는 것은 하나님을 경외하는 마음을 상실한 사람들의 말입니다. 그에게는 어떤 것이 주어져도 낡은 것입니다. 아무리 초자연적인 역사가 일어나고 하나님이 나타나도 그에게는 뻔한 일일 뿐입니다.

새로운 것이 없다고 말하는 사람은 하나님의 역사를 부정하는 말입니다. 우리에게 주어진 시간은 오늘 이 순간입니다. 과거는 시간 속에 묻혀 하나님의 판단을 기다리고, 미래는 예측할 수 없습니다. 하루라도 더 주어지면 그것은 은혜이지 우리의 능력이 아닙니다. 다만 우리가 마음을 가다듬고 우리에게 확실하게 주어진 오늘 안에서 하나님의 역사를 기다리는 것이 피조물인 우리의 바람직한 태도입니다. 모든 것이 뻔 하다고 말하고 해 아래 새로운 것이 없다고 말하는 것은 과거와 현재와 미래를 주관하시는 하나님의 능력에 대한 도전입니다. 언제든지 그분이 역사 하시도록 자리를 비워 드리고 겸손하게 무릎 꿇는 것이 우리의 할 일입니다. 해 아래 새것이 없으며 다 뻔하다고 말하는 그 마음은 하나님에 대한 경외감이 없기 때문입니다.

전도서 기자는 인간에게 확실한 것은 하나밖에 없다고 말합니다. 매 순간 주어진 삶을 기쁨으로 살아가라고 말합니다. 피조물인 인간이 그 이상을 하는 것은 조심스럽게 해야 한다고 말합니다. 그것은 염세적인 삶의 표현이 아니요, 하나님을 경외하는 사람들의 마땅한 신앙의 출발입니다. 우리의 모든 행동은 하나님의 전폭적인 주권 아래에서 행해져야 합니다.

위기를 만날 때, 문제는 인간의 마음에 있습니다. 하나님에 대한 경외감을 상실한 사람들은 위기를 만날 때 쉽게 신앙을 포기할 수 있습니다. 인간의 낙관적인 가능성만 남고 여호와를 경외함을 잃으면 염세주의가 됩니다. 어떤 것이 문제입니까? 하나님입니까? 인간입니까? 전도서는 이것을 묻고 있습니다. 성경에서 가장 염세적이라고 하는 이 전도서에서 하나님에 대한 의문이 단 하나도 없다는 것은 놀라운 일입니다. 이해할 수 없는 일들이 발생했을 때, 어떤 특정한 사람들의 죄 때문에 내가 고통을 겪어서 이해되지 않고 그를 원망하고 싶어도 전도서는 누구의 죄 때문이라고 탓하지 않습니다. 그저 인간은 하나님 앞에 연약한 자들이며 오직 그 모든 문제의 해답은 하나님만이 아신다고 표현합니다. 전도서는 인간을 염세주의로 만들려고 하는 것이 아니라, 오히려 인간의 죄와 교만으로 인하여 위기를 느낀 사회와 신앙인들 앞에서 참된 신앙을 전하는 것입니다. 문제는 하나님이 아닙니다. 하나님에게 문제가 있는 것처럼 보인다면 그것은 인간이 모르기 때문입니다. 인간의 모든 의문이 다 찾아져야 하나님이 계시다는 전제는 인본주의의 오류이며 인간의 교만의 소치입니다. 때가 되면 부족한 지식을 채워 주십니다. 물론 죽을 때까지도 우리들의 질문의 해답을 얻지 못할 수 있습니다. 핵심은 문제와 더불어 살면서도 하나님에 대한 신뢰를 잃지 않고 그 신뢰와 더불어 문제를 해결하기 위해 노력하는 것입니다.

모든 것이 헛되다고 느껴진다면 그것은 인간의 마음에 근본적인 하나님에 대한 경외감을 상실했기 때문입니다. 우리가 이 위기를 극복하려면 아무리 말을 많이 해도, 아무리 좋은 것을 보아도, 아무리 좋은 소리를 들어도, 하나님에 대한 경외감을 회복하지 않는다면 불가능합니다. 영원한 회의주의에 빠질 것입니다. 하나님께서는 그 마음을 회복하라고 합니다. 인간의 연약함, 능력의 한계를 고백하고 하나님을 경외하는 마음을 회복해야 합니다.

성경은 말합니다. 누구든지 그리스도 안에 있으면 새로운 피조물이라. 이전 것은 지나갔으니 보라 새것이 되었도다. 새로움은 안에서부터 시작됩니다. 하나님을 경외하는 마음을 회복하고 그 위에서 새로 시작해야 합니다. 새로운 눈으로 이 세상을 바라볼 때, 자연의 경이로움 가운데 하나님의 임재하심을 발견합니다. 새로운 눈으로 말을 할 때, 사람의 영혼을 살릴 수 있습니다. 새로운 눈으로 듣고 볼 때에 우리에게 힘이 됩니다.

진정 우리가 새로워지기를 원한다면 회복할 것들이 있습니다. 그동안 우리가 자랑했던 인간의 모습을 벗어야 합니다. 내 능력으로 무엇인가 할 수 있다. 하나님 없이도 무엇인가 할 수 있다고 자랑하는 나의 교만을 벗어야 합니다. 이 교만한 마음으로 아무리 새로운 것을 찾고, 아무리 많은 말을 하고, 듣고, 보아도, 만물은 피곤해 보이고, 새것이 없다고 탄식할 것입니다.

나의 자랑과 나의 교만을 하나님 앞에 내려놓고 그분을 두려워하는 마음을 회복해야 합니다. "하나님! 주님이 없이는 가능하지 않습니다. 우리를 불쌍히 여겨 주시옵소서. 우리를 구원하여 주옵소서." 우리 모두 이렇게 고백하고 하나님의 은혜를 기다릴 때, 그때부터 역사가 시작될 것입니다. 그때부터, 세상이 새롭게 보이고, 이웃의 얼굴이 환하고 우리 안에 이루어지는 기적을 체험할 수 있을 것입니다.

1996년 3월. 미국 산호세 엘림교회

5. 노인들을 위하여 시간의 덧없음을 극복하게 하는 설교

영원을 사모하는 마음(전 3:11)

2004년도 한해의 마지막 주입니다. 어제 크리스마스 예배를 드리고 나서 윷놀이를 했는데 너무 즐거웠습니다. 오랜만에 윷놀이를 해서 소리를 지르다 보니 나도 모르는 사이에 목이 쉬었지만 즐거웠습니다. 왜 윷놀이를 하면 좋은가 생각해 보니 평등하다는 것입니다. 민소재순 할머니는 못한다고 하시더니 윷과 모의 박사가 되셨습니다. 집에 돌아가시면서 내가 그래도 쓸만하구나 생각하셨을 것입니다. 나이 드신 분들에게 소망을 주는 것이 바로 윷놀이입니다. 나이가 들었다고 차별하지 않고, 힘이 없다고 구박하지 않는 것이 바로 윷놀이입니다. 윷놀이에는 하나님의 차별하지 않는 정신이 있습니다. 이번 주 송구영신예배가 12월 31일에 있습니다. 그날도 8시에 모여서 윷놀이 한판 벌이고 떡국을 먹고 송구영신예배를 드립니다. 모두 오십시요. 한해가 지나가니까 슬퍼야 하는데 우리가 모여서 이렇게 웃고 즐거워하니 세월을 잊게 됩니다. 집안 걱정을 잊습니다. 얼마나 좋습니까? 하나님은 우리를 혼자 내버려 두지 않고 함께 살도록 만들었습니다. 서로 사랑하고 서로 도우면서 사는 맛을 느끼게 만드신 것입니다.

이렇게 즐겁기는 하지만 한해를 마치면서 나이가 드는 것 때문에 조금 우울하기도 합니다. 그렇지만 인간은 시간의 열차를 타고 가는 존재입니다. 아무도 시간의 흐름을 벗어날 수 없습니다. 그저 시간의 흐름을 슬퍼하지 않고 즐기면서 하나님 품에 거해야 하는 것입니다. 오늘 마지막 주를 맞이하여 어떻게 세월이 흐르는 아쉬움을 이기고 즐거운 삶을 살 수 있을까 생각해 보려고 합니다.

1) 시간의 주인은 하나님임을 깨달아야 합니다. 우리의 과거도 하나님 것이고 미래도 하나님의 것입니다.

여러분 지나온 과거를 돌아보세요. 과거를 돌릴 수만 있다면 좋을 텐데 하면서 후회하는 사람들이 있습니다. 저는 짧은 생을 살았지만 어떤 날은 지난 실수가 생각나서 몸 둘 바를 모를 때가 있습니다. 내가 실수한 것 때문에 엄청난 손해를 보고 상처를 입힌 때가 있습니다. 선택을 했는데 실수한 것 같습니다. 선택하지 않은 길이 더 아름다운 것 같아서 후회한 적도 있습니다. 그런데 과거는 지나가면 돌이킬 수 없습니다. 이미 지난 간 것은 하나님의 것입니다. 과거가 아프더라도 그대로 놓아두셔야 합니다. 과거를 후회하면 우리는 과거의 노예가 됩니다. 그저 기억나면 하나님께 치료해 주시고 싸매 달라고 기도하면 됩니다. 즐거운 것이 있으면 하나님의 은혜로 알고, 기억하기 싫은 것이 있으면 그래도 은혜 가운데 그것을 잘 이기게 하셨다고 감사해야 합니다.

군대 가면 훈련받는 기간에도 국방부 시간은 돌아간다고 말합니다. 고생을 해도 결국은 그 시간이 지나간다는 것입니다. 저는 현역으로 가지는 않았지만 방위를 받았습니다. 방위를 우습게 보면 안 됩니다. 방위도 4주 훈련은 받습니다. 끝이 오지 않을 것 같은데 훈련도 끝납니다. 박사과정 공부를 할 때 영원히 끝이 없을 것 같았습니다. 그런데 끝이 왔습니다. 과거의 노예가 되지 말고, 내가 어찌할 수 없는 일에 안간힘 쓰기 보다 그대로 내버려두고 하나님께 드려야 합니다. 아직도 과거의 기억이 아파서 고통당하는 사람이 있다면 하나님께 드려야 합니다.

과거만이 아니라 미래도 하나님 것입니다. 11절에 하나님이 하시는 일의 시종을 사람으로 측량하지 못하게 하셨습니다. 우리가 걱정한다고 미래에 조금도 도움이 되지 않습니다. 본문에 보니 왜 미래를 모르게 하셨을까? 하나님이 하시는 일의 시종을 사람으로 측량할 수 없게 하셨습니다. 미래를 인간이 알지 못하는 것이 당연합니다. 그것 때문에 불안해하지 마십시오. 그래서 인간이 하나님을 의지하는 것 아닙니까? 인간이 모두 알아 버리면 하나님이 할 일이 없지 않습니까? 모르는 것이 당연합니다. 알려고 하지 말고 하나님을 의지하세요. 내가 언제 죽을지, 아들이 어떻게 될지, 가정 경제가 어떻게 될지, 통일이 될지, 모두 미래에 있을 일입니다. 하나님은 아십니다. 그러나 여러분이 자신의 미래를 모두 안다면 재미없을 것입니다. 모르는 것이 재미입니다. 모르니까 아는 척하지 말고 하나님을 의지하세요.

그래서 신앙이란 과거를 하나님께 돌리고 미래를 하나님께 맡기는 것입니다. 그리고 현재 주어진 것에 최선을 다하는 것입니다. 우리들은 처음을 묻지 않아야 합니다. 시작을 하나님이 하셨으니까 하나님을 믿으면 됩니다. 그리고 마지막도 하나님께 맡기면 됩니다. 처음과 마지막에 하나님의 주권이 있기에 하나님은 처음과 마지막을 인간이 측량하지 못하게 하십니다. 그것을 측량하는 것은 하나님이 하실 일입니다. 오직 인간에게 남겨진 것이 있다면 그것은 바로 현재 우리에게 주어진 순간을 누리는 것입니다.

2) 시간에 대해 불평하지 말고 주어진 순간을 누리시기 바랍니다.

하나님이 모든 것을 지으시되, 때를 따라 아름답게 하셨다고 했습니다. 매 순간이 바로 하나님이 계획하신 것입니다. 기쁜 것만이 아니라 슬픈 것도 하나님이 계획하셨습니다. 모든 것을 잘 들여다보면 아름다운 것입니다. 하나님이 하신 것이기 때문에 의미가 있는 것입니다. 지날 때는 모르지만 지나고 나면 하나님의 엄청난 계획이 있습니다. 시간은 하나님의 것이기에 주어진 순간은 하나님의 뜻이 있기에 우리는 순간을 즐거워해야 합니다.

그래서 1절에 보니 "범사에 기한이 있고, 천하만사에 다 때가 있다."고 말합니다. 우연인 것처럼 보이지만 모든 일은 때가 있는 것이고, 때가 되면 그 목적을 이룬다는 것입니다. 여기 보면 재미있는 것이 있습니다. 날 때가 있으면

죽을 때가 있다고 합니다. 날 때는 즐겁지만 죽을 때는 섭섭하지 않습니까? 죽
는 것도 하나님의 법칙입니다. 우리가 좋다고 행하고 좋지 않다고 거부할 수 있
는 것이 아닙니다. 하나님이 허락하신 때를 저항하지 않는 것이 중요합니다. 헐
때가 있으며, 세울 때도 있다고 합니다. 낡은 것은 시간이 지나면 헐어야 합니
다. 그리고 시간이 지나면 다시 세워야 합니다. 태어나는 것도 하나님의 뜻이기
에 아름답습니다. 죽는 것도 아름답습니다. 부활이 있기 때문이지요. 때로는 잃
어버리는 것이 바로 하나님의 뜻입니다. 인간들은 이해하지 못합니다. 잠잠할
때가 있습니다. 말할 때가 있습니다. 말을 안 하는 것도 아니고 하기만 하는 것
도 아니라 하지 말아야 할 때와 해야 할 때를 분별할 줄 알아야 합니다. 잠잠하
면 얼마나 괴롭습니까? 입이 근질근질합니다. 그러나 하나님의 때입니다. 말해
서는 안 될 하나님의 때입니다.

　　그러니 하나님이 허락하신 것을 불평하지 마십시오. 내가 기다리는 때가
아직 오지 않는 것은 아직 때가 되지 않았기 때문입니다. 하나님의 때를 기다리
는 사람이 되어야 합니다. 그러면서 현재 허락하신 것을 하나님의 은혜로 알고
즐겨야 합니다. 전 3:12-13 "사람들이 사는 동안에 기뻐하며 선을 행하는 것보
다 더 나은 것이 없는 줄을 내가 알았고 사람마다 먹고 마시는 것과 수고함으로
낙을 누리는 그것이 하나님의 선물인 줄도 또한 알았도다."

　　행복은 현재 있는 것을 누리는 것입니다. 대부분의 사람들은 과거를 후회
하면서 삽니다. 또 다른 사람들은 미래를 걱정하며 삽니다. 그리하여 현재 주어
진 것을 누리지 못합니다. 과거와 미래를 하나님께 맡기고 현재 받은 것을 누려
야 하는 것입니다. 시간이 흘러가는 것을 붙잡고 슬퍼하는 것은 인간의 몫이 아
닙니다. 현재 내가 가지고 있는 것을 한 번 더 음미해야 하는 것입니다. 배우자
가 있다면 더 늙기 전에 사랑을 나누어야 합니다. 자녀가 자신의 품에 있다면
떠날 때까지 함께 있음을 누려야 합니다. 떠날 때가 있습니다. 만날 때마다 이
야기하고 듣고 삶을 누려야 합니다. 가진 것이 있다면 감추어 두지 말고 나누어
야 합니다.

　　윷놀이를 하려고 우리가 모였습니다. 윷놀이했다고 나이가 젊어집니까?

돈이 생깁니까? 죽은 사람을 살립니까? 그런 것은 바꿀 수 없습니다. 그러나 윷놀이를 하면서 한번 웃는 것입니다. 그동안 서먹한 사람들과 가까워지는 것입니다. 다음에 만나면 속에 있는 이야기를 깊이 할 수 있도록 관계가 더 발전하는 것입니다. 그래서 위로하고 힘을 얻는 것입니다. 한순간 한순간을 절실하게 느끼면서 누리는 데 행복이 있습니다. 그러니 우리가 어떤 다른 사람들보다 더 가까워질 수 있고 진실해 질 수 있습니다. 우리가 힘들 때 누구보다도 격려가 될 수 있습니다. 그러니 가족들을 위해서만 음식하지 말고 교회 사람들을 위해서도 맛있는 음식을 만드십시오. 교회 사람들을 위해서 봉사하면 그만큼 내가 행복해 집니다. 내가 잘하는 것을 숨겨두지 말고 이웃을 위해 사용하십시오. 그러면 그것이 세상에서 가장 아름다운 것으로 변합니다.

외롭다고 울지 마십시오. 병들었다고 누구에게 불평하지 마십시오. 늙었다고 슬퍼하지 마십시오. 내가 죽은 후에는 가질 수 없는 생명이 나에게 있습니다. 그것을 함께 누리는 특권이 나에게 있는데 마냥 나중에로 미루겠습니까? 천국의 기쁨을 누릴 수 있는 현재를 주신 하나님께 감사하면서 누리시기 바랍니다. 현재야말로 하나님이 우리에게 주신 값비싼 선물입니다.

3) 영원을 사모하는 자만이 순간의 즐거움을 영원과 관련시킬 수 있습니다.

순간이 중요하다고 했는데 그러면 어떤 사람들은 이렇게 말할 것입니다. 그래 현재가 중요하니 실컷 놀고 마시고 즐기자. 그럼 순간이 중요하다고 해서 우리가 이 순간을 케세라 하면서 보내는 사람들과 신앙인들은 어떤 차이가 있습니까? 11절에 보니 "사람에게는 영원을 사모하는 마음을 주셨느니라"라고 말합니다. 시간이 덧없는 것이라고 해서 순간을 자기 욕심대로 하는 것이 아니라 영원과 연결시키는 것이 중요합니다. 우리는 덧없는 인생이지만 순간을 통하여 영원하신 하나님을 바라볼 수 있습니다.

이렇게 한해가 지나가고 우리에게 남겨진 시간이 흘러가는 것이 느껴지면 인생이 얼마나 덧없습니까? 기쁨이 많았다 할지라도, 슬픔이 많았다 할지라도 덧없음은 마찬가지입니다. 우리를 기쁘게 만드는 많은 일들을 생각해 보십시오. 아이가 태어났습니까? 결혼 날짜를 받았습니까? 아이가 대학에 들어갔습니까? 송아지를 낳았습니까? 그렇게 즐거운 날들이 우리에게 있었습니다. 그런데 그러한 날들이 영원히 머무는 것이 아니라 지나갑니다. 장사하다가 실패하였습니까? 농사에 실패를 하였습니까? 사랑하는 사람이 세상을 떠났습니까? 슬픔 때문에 하루도 더 살지 못할 것 같은 날들이 있었는데 이렇게 잘 견뎠습니다. 그리고 보면 우리가 경험하는 모든 것들이 결국은 사라집니다. 이렇게 한해를 마감하는 주일이 되면 더욱더 그러한 덧없음 때문에 견디기 어렵습니다.

그런데 오늘 전도서 기자는 말합니다. 인생이 덧없지만 인간에게 하나님은 영원을 사모하는 마음을 주셨기 때문에 순간으로 사라지지 않고 그래도 소망이 있다는 것입니다. 우리의 육체는 썩을 것입니다. 우리가 먹고 마시고 즐기는 많은 것들은 사라집니다. 그래서 그 가치 없는 것들이 정말 가치 있는 것이 되기 위해서는 영원한 것과 관련을 맺어야 합니다. 영원히 사라지지 않는 분은 오직 하나님뿐입니다. 기쁨이 오면 기쁨은 금방 사라지지만 하나님을 생각하는 그 마음은 영원합니다. 우리의 삶을 가치 있게 만드는 방법은 우리가 힘을 다해서 영원하신 주님 안에 거하는 것입니다.

그러니 우리는 사라질 것들을 이용해서 하늘나라에 가면 남겨질 그러한 일에 투자를 해야 합니다. 먹고 마시는 모든 것들은 다 사라집니다. 돈과 명예도 사라집니다. 그러나 우리가 하나님을 위하여 수고하는 모든 것은 남습니다. 이웃을 위하여 봉사하는 것 모두 남습니다. 예수님처럼 이웃을 생각하는 마음은 모두 영원으로 연결됩니다. 순간순간의 시간이 영원한 의미를 갖기 위하여 우리는 하나님을 바라보아야 합니다. 우리가 가진 것은 아무것도 아니지만 하나님을 바라보는 그것 때문에 우리가 행복해집니다. 우리의 삶이 허무하고 초라해 보이지만 영원하신 하나님을 바라볼 때 우리의 현재는 의미가 있습니다. 지치고 힘들 때마다 영원을 더 바라보면 그 어려움은 영원을 통해 아름답게 변합니다.

바울은 말합니다. 고후 4:16-18 "그러므로 우리가 낙심하지 아니하노니 겉사람은 후패하나 우리의 속은 날로 새롭도다 우리의 돌아보는 것은 보이는 것이 아니요 보이지 않는 것이니 보이는 것은 잠깐이요 보이지 않는 것은 영원함이니라". 신앙인들은 우리 안에 보이지 않는 것이 있기 때문에 우리의 육체가 낡아도 슬퍼하지 않습니다. 보이지 않는 영원한 것을 사모하기 때문에 우리가 즐겁고 평안합니다. 우리에게 확실한 것은 오직 이 순간이지만 이 순간에 우리는 연약하고 덧없는 것들 안에서 영원을 바라보아야 합니다.

이제 말씀을 마치려고 합니다. 한해를 마감하면서 시간의 덧없음 때문에 절망할 필요는 없습니다. 그분의 시간을 누려야 합니다. 현재 모든 것이 불평스러운 사람이 있습니까? 하나님이 주신 시간의 아름다움을 음미하면서 그분의 때를 기다리십시오. 나에게 주신 것을 돌아보면서 기쁨을 가족들과 이웃들과 나눕시다. 우리의 눈을 들어 영원하신 하나님을 바라보면 그분이 우리에게 다가오셔서 하늘나라의 아름다움을 경험하게 할 것입니다.

2004년 마지막 주. 산청 부곡교회

6. 노인들을 위로하는 설교

행복의 비결(전 9:7-10)

이 본문은 전도서에서 반복해서 말하는 "즐거워하라."는 말의 연속이면서, 전도서의 핵심을 담고 있습니다. 언젠가 노인들의 생신을 맞이하여 설교를 한 적이 있는데, 그러한 분들에게 위로가 됩니다. 전체적으로 삼단계의 서술이 가능합니다.

첫 단계는 과거를 받아 주시는 하나님입니다: "너는 가서 기쁨으로 네 음식물을 먹고 즐거운 마음으로 네 포도주를 마실지어다 이는 하나님이 네가 하는 일들을 벌써 기쁘게 받으셨음이니라"(전 9:7). 나이가 드신 분들에게 늘 찾아오는 괴로움은 이루지 못한 일, 실수 한 일 들입니다. 자신이 주체가 되어서 행하였던 일들이 가시가 되어 평생을 짓누를 수 있습니다. 이러한 아픈 기억은 현재를 누리지 못하고 미래까지 앗아가게 됩니다. 그런데 오늘 본문에서 그렇게 두려워하는 자들을 위하여 위로의 말씀을 주십니다. 기쁨으로 먹고 마시라. 왜 그런가? 하나님이 우리의 과거를 받으셨기 때문입니다. 잘한 일도 받으시고, 못한 일도 받으십니다. 잘한 일은 칭찬하시고, 못한 일은 무엇이라고 말씀하실까요? 그래 열심히 했다. 그 정도면 돼. 못다 한 일은 내가 하마. 너는 이제 쉬어라. 이렇게 말씀하십니다. 어려서 어른들이 아이들에게 곧잘 하는 말이 있습니다. 일의 결말이 보이지 않고, 손해가 막심하고 돌이킬 수 없는 사고도 있는데 아이들에게는 이렇게 말합니다. "걱정하지 마." 부모님이 모든 짐을 대신 지고 하는 말입니다. 할 만큼 했어. 걱정은 하지마. 내가 있잖아. 하는 말입니다. 그래서 우리는 우리의 모든 과거를 그분 앞에 내려놓는 것입니다.

두 번째 단계는 미래를 어떻게 준비하는가입니다. 10절에 보니 "무릇 네 손이 일을 얻는 대로 힘을 다하여 할지어다 네가 장차 들어갈 스올에는 일도 없고 계획도 없고 지식도 없고 지혜도 없느니라"와 같이 나옵니다. 전도서가 보여주는 죽음의 그림자입니다. 죽음은 인간의 끝을 의미합니다. 죽으면 아무것도 할 수 없습니다. 죽음 이후는 하나님의 영역입니다. 전도서 기자는 죽음 이후를 알지 못하였지만 우리는 알고 있습니다. 죽음 이후는 부활인데, 부활은 하나님의 선물입니다. 본문에서 말하고자 하는 것은 죽음 이후를 걱정하지 말라는 것입니다. 우리들은 최선을 다한 후에 하나님께 맡겨야 합니다. 인간이 할 수 있는 것은 죽음이 오기 전에 미래의 걱정이 현재를 누리지 못하도록 종말을 하나님께 맡기는 것입니다. 죽음이 우리 앞에 올 때 우리에게 두려움이 있습니다. 그러나 죽음은 천국으로 가는 관문임을 알고 하나님의 시간 앞에 우리를 드리면 됩니다. 죽음은 새로운 것이 아닙니다. 우리가 그동안 듣고 알던 대로 때가 되어 나에게 일어나는 것뿐입니다. 우리가 미래를 위하여 준비할 일은 오직 예수를 믿고 천국에 가는 것이고, 장차 하늘나라에서 하나님이 우리의 하나님임을 아는 것입니다.

마지막 단계는 현재를 누리는 것입니다. 과거로부터 현재를 보호하고, 미래의 두려움으로부터 현재를 지킨 후에는 이제 우리에게 확실한 현재의 기쁨을 누리게 하는 것입니다. 8절에 "네 의복을 항상 희게 하며 네 머리에 향 기름을 그치지 아니하도록 할지니라"라고 말합니다. 나이가 들수록 더 의연해야 합니다. 나이가 든다는 것은 추한 것이 아니라 면류관이요 자랑이라고 확신해야 합니다. 나이 들어서 할 수 없는 일이 아니라 나이가 들었기 때문에 누릴 수 있는 일들을 기쁨으로 해야 합니다. 9절에 보니 "네 헛된 평생의 모든 날 곧 하나님이 해 아래서 네게 주신 모든 헛된 날에 네가 사랑하는 아내와 함께 즐겁게 살지어다 그것이 네가 평생에 해 아래에서 수고하고 얻은 네 몫이니라". 드디어 우리의 몫이 나옵니다. 아내와 가족들과 내가 매일 하는 일들이 나의 행복의 샘입니다. 행복의 가장 큰 적은 가지고 있는 것을 우습게 보게 만드는 것입니다. 그러나 우리에게 확실한 것은 바로 우리가 지금 가지고 있는 것을 누리는 것입니다. 나의 가정, 아내, 남편, 아이들, 매일매일 벌어지는 현재 안에서 행복을 누리시기 바랍니다. 우리의 생명이 사라지면 누릴 수 없는 그 행복을 하루하루 음미하면서 사시는 여러분이 되시기를 바랍니다.

7. 기독교인과 죽음

사망아 너의 승리가 어디 있느냐?(전 12:1-8)

요사이 병원에는 죽어가는 사람을 도와주는 호스피스라는 사역이 등장하고 있습니다. 호스피스라는 것은 간호사, 약사, 의사, 영양사, 그리고 목회자가 한 팀을 이루어 죽어가는 사람을 돕는 것입니다. 일반적으로 6개월 정도의 시한부 인생을 남긴 사람들이 이 호스피스 팀에 맡겨집니다. 죽음을 향해 간다고 생각하는 사람들은 누구나 상실감을 느끼고, 가족들도 두려움을 느끼는 것입니다. 이들을 정서적으로 영적으로 잘 돌보아 줍니다. 임박한 죽음 앞에서 죽음은 마지막이 아니고, 새로운 시작임을 알리고 자신과 화해하고, 하나님과 화해하면서 죽음을 맞이하게 도와줍니다. 죽음을 앞에 둔 사람만이 아니라, 그를 떠나보내는 가족들이 남은 생을 의미 있게 보내도록 돕습니다.

죽음이란 한마디로 약과 같습니다. 죽음을 잘 쓰면 이롭게 되고 죽음을 잘 못 쓰면 독약이 됩니다. 성경은 이 죽음이라는 약을 어떻게 사용해야 하는지를 말해 주고 있습니다. 저는 새롭게 이 약을 팔려는 것은 아닙니다. 이미 사람으로 태어난 이상 모든 사람이 이 죽음이라는 약을 가지고 있습니다. 단지 저는 이 약을 잘 사용하기를 바라는 약사의 마음으로 이 약을 소개하기를 원합니다.

1. 죽음이라는 약의 기능은 무엇입니까?

죽음의 기능을 말할 때, 기능이라는 말은 좋은 것도 나쁜 것도 아닙니다. 그런데 사람이 죽어야 한다는 말은 현실을 묘사하는 것뿐입니다. 이 약은 누구나 가지고 있습니다. 남녀노소 누구든지 죽음을 거쳐야 합니다. 올 때는 나이별로 순서대로 왔지만 정작 갈 때는 순서 없이 가는 것이 원칙입니다. 그것은 원망할 것도 없이 하나님의 법칙입니다.

죽음의 그림자는 우리 곁에 늘 있습니다. 무엇이든 시작이 있으면 마지막이 있습니다. 해가 떠오르는 아침이 있으면 해가 지고 땅거미가 지는 어둠이 찾아옵니다. 일의 시작이 있으면 끝이 있습니다. 처음과 마지막은 이같이 서로 연결되어 있습니다. 우리의 삶의 시작이 있기에 우리의 삶의 마지막이 있는 것은 자연적인 원리입니다.

고대로부터 장수하는 것이 복으로 여겨졌고, 죽지 않는 방법을 연구해 왔지만, 일시적으로 생을 연장하는 것은 가능하지만 누구도 죽음을 피할 수 없다는 것은 정한 사실입니다. 아담과 하와 이래로 인류는 모두 죽어왔습니다. 그리고 여기 모인 모든 사람들이 100년 지나면 대체로 이 자리에 남아 있지 않는다는 것도 사실일 것입니다. 전도서 기자는 이 엄숙한 사실을 묘사하고 있습니다. 전도서를 염세적이라고 표현하는 것은 사실 하나님이 무력하다던가, 공의롭지 못 하다든가 하는 것이 아니고, 인간의 모든 행위들이 죽음이라는 그림자 아래 있다는 사실을 급진적으로 확인한 것뿐입니다. 그래서 죽음 너머에 계시는 하나님을 통하지 않고는 인간이 죽음의 한계를 넘을 수 없기에 염세적이 된다는 것을 말하고 있습니다. 전도서는 인간이 갇힌 한계를 알았습니다. 죽음은 교만한 자, 많이 가져서 큰소리치는 자, 잘난 것처럼 느끼는 자, 힘센 자. 건강한 자 등을 침묵하게 만드는 카드입니다.

전 9:12 분명히 사람은 자기의 시기도 알지 못하나니 물고기들이 재난의 그물에 걸리고 새들이 올무에 걸림 같이 인생들도 재앙의 날이 그들에게 홀연히 임하면 거기에 걸리느니라

전 9:11 내가 다시 해 아래에서 보니 빠른 경주자들이라고 선착하는 것이 아니며 용사들이라고 전쟁에 승리하는 것이 아니며 지혜자들이라고 음식물을 얻는 것도 아니며 명철자들이라고 재물을 얻는 것도 아니며 지식인들이라고 은총을 입는 것이 아니니 이는 시기와 기회는 그들 모두에게 임함이니라

오늘 함께 읽은 본문은 전도서의 절정(12:1-8)입니다. 죽음은 반드시 온다는 것을 보여 주려고 비유로 말하고 있습니다.

그런 날에는 집을 지키는 자들이 떨 것이며 [팔]; 힘있는 자들이 구부러질 것이며 [다리]; 맷돌질하는 자들이 적으므로 그칠 것이며 [이]; 창들로 내어다 보는 자가 어두워질 것이며 [눈]; 길거리 문들이 닫혀질 것이며 [귀]; 맷돌 소리가 적어질 것이며 [식욕]; 새의 소리로 말미암아 일어날 것이며 [잠이 적어짐]; 음악하는 여자들은 다 쇠하여질 것이며 [목소리]; 그런 자들은 높은 곳을 두려워할 것이며 [두려움]; 길에서는 놀랄 것이며 살구나무가 꽃이 필 것이며 [백발]; 메뚜기도 짐이 될 것이며; 정욕이 그치리니 이는 사람이 자기의 영원한 집으로 돌아가고 조문객들이 거리로 왕래하게 됨이니라 은줄이 풀리고 [힘줄, 생명줄]; 금 그릇이 깨어지고 항아리가 샘 곁에서 깨지고; 바퀴가 우물 위에서 깨지고.

이 죽음에 관한 묘사는 전도서에서 새삼스러운 것이 아닙니다. 인간이 직면한 한계를 그대로 보여줄 뿐입니다. 누구든지 태어나면 걸어가는 길입니다. 인간이 죽는다고 말하는 것은 누구를 욕하는 것도 아니고, 비난하는 것도 아니며 먼저 죽으라고 권하는 것도 아닙니다. 그것은 인간의 본질(human nature)입니다. 하나님이 인간을 만드시고 인간이 타락한 후에 죽음의 운명은 우리 안에 결정되어 있습니다. "너는 흙이니 흙으로 돌아갈지라"라고 말합니다.

시편 90:5, 10 "주께서 그들을 홍수처럼 쓸어 가시나이다 그들은 잠깐 자는 것 같으며 아침에 돋는 풀 같으니이다 풀은 아침에 꽃이 피어 자라다가 저녁에는 시들어 마르나이다 우리의 연수가 칠십이요 강건하면 팔십이라도 그 연수의 자랑은 수고와 슬픔뿐이요 신속히 가니 우리가 날아가나이다".

2. 이 죽음이라는 약에 대하여 두 가지 다른 태도가 있습니다.

하나는 이 약의 기능을 무시하는 것입니다. 톨스토이의 참회록에 보면 사람이 살아가는 것을 이렇게 묘사하고 있습니다. 어떤 나그네가 길을 가다가 호랑이를 만났습니다. 너무 놀라서 달아나다가 가까운 곳에 우물이 있는 것을 발견했습니다. 우물 안에 나무줄기가 있어서 그것을 붙잡고 내려가다 보니 밑에서 악어 같은 큰 짐승이 입을 벌리고 있습니다. 올라가자니 호랑이가 기다리고 내려가자니 악어가 기다립니다. 그런데 가만히 있으려니, 개미들이 달려 나와서 그 줄기를 갉아먹고 있습니다. 줄기가 끊어지는 것 같아 자세히 보니 그 줄기에 꿀이 있는 것입니다. 나그네는 너무 배가 고파서 그 줄기에 있는 꿀을 개미와 더불어 정신없이 먹고 있는 것입니다. 호랑이와 악어와 개미들 사이에서 죽음을 기다리면서도 꿀을 먹으면서 정신을 잃고 있는 것이 인생이라는 것입니다.

죽음의 그늘 아래 있으면서도 삶의 바쁨과 쾌락 속에서 눈멀며 살아가는 우리와 흡사합니다. 요즘의 젊은 사람들이 신앙생활을 하기 너무 어렵다는 것을 깨닫습니다. 일에 미치게 되고, 우리의 호기심을 자극하며 즐길 수 있는 요소가 각처에 있습니다. 철이 든다는 것은 자기의 한계를 깨닫고 이 약의 기능을 안다는 것인데 마흔이 되기까지는 한마디로 철이 들 기회가 없습니다.

사람들은 특히나 현대 사회의 물질의 풍요를 경험하면서 인간이 한계가 있다는 것을 인정하지 않습니다. 그러다 보니 기독교에서 말하는 죄니 죽음이라는 말을 듣기를 불편해합니다. 자기와는 무관하다고 생각합니다. 나이가 젊을수록 이 경향은 농후합니다. 죽음이라는 약은 죽음을 임박한 사람만의 약이 아닙니다. 생이 창창한 사람들이 의미 있고 보람 있는 생을 살게 하기 위하여 이 약이 필요한 것입니다. 가까운 사람의 죽음이나, 사업의 실패나, 깊은 상처라는 극약의 충격을 받지 않은 사람들은 이 약을 무시하며 살아갑니다. 오늘이 마지막인 것처럼 사는 사람만이 이 무지의 잠에서 깨어날 수 있습니다.

두 번째로 이 약을 두려워하는 사람이 있습니다.

죽음을 무시하는 것도 문제지만, 걱정을 가지고 사는 것도 문제입니다. 그래서 죽음으로 위협하면 굴복합니다. 신약의 성경에서 우리는 이 죽음에 대한 두려움 때문에 신앙을 포기했던 제자들을 목격합니다. 예수님의 수난 사실을 접한 베드로는 예수님에게 맹세합니다. "내가 주와 함께 죽을지언정 주를 부인하지 않겠나이다" 이 발언은 굉장합니다. 죽음을 한칼에 이길 수 있다고 말하는 것입니다. 그것은 죽음의 실체를 모르는 사람의 이야기입니다. 예수님은 죽음 앞에서 그렇게 순순히 자신을 포기하시지 못했습니다. 죽음이 인간의 한계임을 아셨기에 죽음이란 하나님의 능력이 없이는 이길 수 없는 세력임을 알았기에 예수님은 할 수 있다면 이 잔을 내게서 거두옵소서 말하십니다. 예수님도 무시하지 않았던 그 죽음을 베드로는 가볍게 말합니다. 그는 정말로 자신이 무슨 말을 하는지 알지 못했습니다. 죽음의 실체를 몰랐고, 자신의 연약함도 알지 못했습니다. 그저 다혈질의 만용만 있었을 뿐입니다.

유다와 함께 예수님을 잡으러 온 한 종을 향해 칼을 휘두를 때까지는 베드로는 자신이 목숨을 걸고 예수님을 따르는지 알았습니다. 그러나 그는 정말로 예수님 같은 숭고한 죽음에 대한 준비가 없었습니다. 갑자기 죽음의 공포가 밀려오기 시작했을 때 베드로는 견딜 수 없었습니다. 베드로를 비롯한 제자들은 전혀 죽음에 대한 준비가 없었기에 이 상황 앞에 주체할 수 없었습니다.

성경은 이 제자들의 실패를 한 문장으로 표현합니다: 마 16:27에 "이에 제자들이 다 예수를 버리고 도망 하니라" 어떻게 이럴 수가 있습니까? 제자들이 한두 명 도망갔다고 하면 이해할 수 있을 것입니다. 어떻게 다 버리고 갈 수가 있습니까? 예수님이 삼년을 공들여 가르친 제자들의 마지막이 이것뿐입니까?

그들이 실패한 이유는 무엇입니까? 그것은 그들이 아직 죽음을 맞이할 준비가 되지 않았기 때문입니다. 하나님이 죽음을 이기신다는 진리를 알지 못하고, 죽음 앞에 무릎을 꿇었습니다. 죽음을 무시하는 자나 죽음을 두려워하는 자나 모두 죽음을 넘어서지 못하고 실패할 자라는 면에서 똑같습니다. 평소에 죽음의 문제를 하나님 안에서 해결한 사람만이 언제든 다가오는 죽음을 이길 수 있는 것입니다.

3. 그렇다면 이 약을 어떻게 효과적으로 복용해서 죽음을 이길 수 있겠습니까?

죽음에 대한 이해가 바뀌어야 합니다. 바로 죽음은 천국으로 향하는 문임을 알아야 합니다. 1945년 4월 8일 주일 아침에 독일의 나치에 저항했던 본회퍼라는 목사님이 아침 기도를 드리기도 전에 험상궂게 생긴 두 사나이가 소리쳤습니다. "죄수 본회퍼. 우리를 따라와." 그들을 따라오라는 말은 사형을 집행하러 가는 최후의 명령입니다. 옆에 있던 영국 장교가 목사님에게 말했습니다. "목사님 마지막이군요." 본회퍼 목사는 미소를 머금고 평화스런 낯으로 말했습니다. "마지막이 아닙니다. 지금이 시작입니다." 본회퍼 목사에게 죽음은 새 시작입니다. 천국으로 향하는 문이었습니다.

그런데 죽음이 그렇게 좋으면 빨리 죽어서 천국 갈래라고 우리 아이들은 천진하게 말합니다. 이런 소리 자꾸 들으면 부모들 간담이 서늘합니다. 아이들은 죽음을 심각하게 생각하지 않아서 죽음에 대한 두려움이 없기에 천국 가는 것에 대한 부정적인 느낌이 없습니다. 문제는 죽음은 하나님의 권한이기에 기다리는 것이지 찾아가는 것이 아니라는 것입니다. 죽음이 천국으로 향하는 문이라는 말은 빨리 천국에 가려는 시도를 하라는 것이 아니라, 이 땅에서 죽음에 대한 두려움이 없는 초연한 삶을 살라는 말입니다.

저희 중고등부 학생들이 1997년 겨울수련회 때에 전 학생들의 모의 장례식을 집행한 적이 있습니다. 한 명씩 관에 들어가고 나머지는 모두 장례식을 진행하면서 마지막에는 자신이 직접 쓴 묘비문을 낭독하였습니다. 그들에게 장례식을 진행한다는 것은 죽으라는 뜻이 아니라 잘 살라는 뜻입니다. 아이들은 죽음을 추체험함으로 산다는 것의 엄숙함을 깨닫고, 주안에서 어떻게 살아야 할 것인가를 다시 한번 다짐하였습니다. 장례식 전에 설교는 바로 이 본문: 제자들의 두려움의 원인이 죽음이었음을 상기시켰고, 죽을 때까지 어떻게 살 것인가를 생각하고 그 기준으로 묘비명을 쓰게 했습니다. 아이들이 쓴 묘비명입니다.

"죽음아 너는 죽으리라. 그녀는 항상 하나님과 동행하며, 아픔과 슬픔과 악이 없는 세상에서 하나님과 함께 있을 것을 바라보며 하나님과 동행했기에 이 세상의 어떤 것도 두려워하지 않았다. 그녀는 이 순간 아버지 하나님과 함께 있으며, 다른 사람들도 같은 길을 걷기를 원했다. 죽음이란 단지 하나님과 더 가까이 감을 뜻한다."

"진정으로 예수 그리스도를 사랑한 사람. 주님을 섬기며 그의 뜻을 위해 목숨도 마다하지 않던 사람. 내 안에 사는 것이 그리스도이시니 죽는 것도 유익함이라. 하나님을 위하여 분연히 일어나서 죽음을 생의 끝으로 아는 것이 아니라 부활의 시작으로 받아들였다."

아이들은 순수하기에 전해지는 메시지를 의심하지 않았습니다. 죽음의 두려움을 신앙으로 극복하려고 노력했습니다. 죽음을 생각하는 이유는 더 잘 살기 위해서입니다. 죽음을 가정사실로 받아들인다면 죽음의 문제를 어떻게 해결할 것인지를 심각하게 고려합니다. 인간의 힘으로는 죽음을 이길 수가 없습니다. 죽음을 이길 수 있는 것은 죽음을 이기신 분을 좇는 것입니다. 인간의 한계가 죽음이라면, 죽음의 한계는 하나님이십니다. 그 하나님을 바라보아야 합니다.

전도서 본문 12:1절에 곤고한 날이 이르기 전, 가깝기 전 기억하라. 2절에 "전에"가 두 번 나오고, 7절에 다시. "전에 기억하라"라는 말들이 나옵니다. 이는 종말이 반드시 있음을 가르치고, 그날을 우리가 준비해야 함을 말합니다.

전도서는 죽음을 특별한 사람에게 다가오는 재앙이 아니라 누구에게나 찾아오는 현실임을 말하고 있습니다. 우리가 해야 할 일은 죽음이 오기 전에 하나님을 기억하는 것입니다. 죽음이 5분 전으로 다가왔을 때 비로소 기억하는 것이 아닙니다. 만약 죽음 이후의 세계만을 생각하며, 평생 예수 믿으나, 죽기 5분 전에 믿으나 마찬가지이니까, 죽기 전에 여호와를 기억하겠다는 사람이 있을지 모르겠습니다. 그가 잘못된 것은 신앙을 통해 죽음을 준비하는 것은 우리의 삶이 풍성해지는 것, 즉, 잘 사는 문제를 다루고 있다는 것을 알지 못하는 것입니다. 여호와를 기억하는 것은 죽음을 준비함이고, 죽음을 준비함은 곧 삶을 의미 있게 살기 위한 것입니다.

우리의 삶이 여호와를 기억하는 것은 곧, 죽음의 한계를 넘어설 수 있음을 말합니다. 죽음을 넘어선 역사적인 증거가 바로 예수님의 부활입니다. 그분의 부활로 인하여 우리는 이 땅에서 죽음을 잘 다룰 수가 있습니다.

고전 15:55 사망아 너의 승리가 어디 있느냐 사망아 네가 쏘는 것이 어디 있느냐? 하면서 담대히 죽음에 대한 두려움을 극복한 외침이 있습니다. 그 결과는 무엇입니까?

"그러므로 내 사랑하는 형제들아 견실하며 흔들리지 말고 항상 주의 일에 더욱 힘쓰는 자들이 되라 이는 너희 수고가 주안에서 헛되지 않은 줄 앎이니라"

죽음을 바라보면 어떻게 살아야 할까에 대한 정답이 나옵니다. 호스피스에서 자원 봉사를 하면서 수없이 많은 죽어가는 사람을 지켜본 어떤 집사님이 그리스도인들 가운데 죄짓고 사는 사람들을 보면서 말합니다: "죽음을 향해 가는 세 사람만 보아도 그렇게 못 할 겁니다. 세상에 있는 것 중에 우리 것은 하나도 없어요. 다 하나님 것인데 왜 그걸 모를까?"

죽음에 대하여 한 번이라도 심각하게 생각해 본 사람이라면 남을 일부러 해한다든가, 악을 저지른다는 것은 생각도 못할 것입니다. 누구든지 하나님 앞에 설텐데, 그 악으로 인하여 가책을 느낄 텐데 어떻게 함부로. 우리 인생은 얼마나 짧습니까? 열심히 애써도 살기 힘든데 어떻게 악하게 삽니까?

제자들과는 대조적으로 사도바울은 죽음을 이기는 힘에 대하여 이와 같이 말합니다. 행 20:24 "내가 달려갈 길과 주 예수께 받은 사명 곧 하나님의 은혜의 복음 증언하는 일을 마치려 함에는 나의 생명조차 조금도 귀한 것으로 여기지 아니하노라". 어떻게 죽을 것인가를 아는 사람의 삶은 다릅니다. 죽음을 두려워하지 않고, 삶 속에서 하나님이 주신 목표를 향하여 부지런히 달려가는 것이 우리의 할 바입니다.

펜실베니아 주립대학의 쉬게 교수는 미국 노인에 대한 권위자인데 장년기에 두뇌운동을 많이 한 사람은 노년에 사고와 판단력이 크게 쇠퇴하지 않는다는 것입니다. 60세 이후에도 두뇌 활동을 계속하면 퇴조를 막는다고 합니다. 특히나 고집스러운 사람은 빨리 늙는다고 합니다. 고집이란 생각의 폭이 좁은 것을 뜻하기 때문입니다. 멀리 보고 넓게 생각하는 노인, 소위 이해와 연구심이 있는 노인은 장수합니다. 멀리 갈 것도 없습니다. 우리 교회 안에서도 이렇게 정열적인 분들이 있기 때문입니다.

저는 지난 크리스마스 때의 감격을 잊지 못합니다. 유년부, 중고등부, 청년부의 발표 그리고 30대, 40대의 연극도 때를 더할수록 그 열심과 뜨거움으로 흥미 있었습니다. 어느 교회도 이 정도의 열정을 따라가기 어려울 것입니다. 그리고 가나안 구역의 마지막 찬양은 그 절정입니다. 거기에는 저희 교회에 가장 어른이시면서도 가장 젊으신 70대인 분이 열심히 지휘를 하고 계셨기 때문입니다. 이 발표회 순간을 위하여 CD를 사다가 지휘하며 연습하고, 긴장하며, 엄숙하게 지휘하셨습니다. 저희 교회는 어느 교회 못지않은 젊은 사람들이 있습니다. 40대는 열심히 30대의 젊음에 뒤지지 않으려고 열심히 모입니다. 30대 후반대는 더 어린 30대 분들에게 뒤지지 않으려고 노력합니다. 50대 이상의 분들은 30, 40대를 바라보면서 한때 늙었다는 생각을 하실지도 모르겠습니다. 그런데 이렇게 70대 이시면서도 젊음을 구가하며 배우고 충성하고, 열심이신 분이 맨 앞에서 버티고 계신 한, 누가 나이 든 것을 부끄러워하고 뒷전에 물러나겠습니까? 제가 보기에는 이날 이후로 엘림교회의 정신연령은 10년 이상 젊어졌습니다.

이 열심은 바로 바울의 말을 생각하게 합니다. 고후 4:16 "그러므로 우리가 낙심하지 아니하노니 겉 사람은 후패하나 우리의 속은 날로 새롭도다" 썩어져 가는 육체를 넘어서고, 한계를 느끼는 기력을 넘어서고, 우리의 좌절을 넘어서고, 마침내 죽음 넘어서 계시는 하나님을 의지하는 자들은 이와 같이 늘 새로운 속 사람을 가지고 천국을 향해 달려가는 것입니다.

이제 말씀을 마치려고 합니다. 죽음이라는 약의 기능을 아직도 모르고 천년만년 살 것처럼 하는 사람은 아직도 철이 들지 않은 사람입니다. 죽음은 무시해서도 안 되고 두려워해서도 안 됩니다. 죽음만 들여다보고 있으면 인간은 염세주의로 빠집니다. 죽음 너머에 계시고 죽음의 한계이신 하나님을 바라볼 때만 죽음을 이길 수 있습니다. 죽음에 대한 준비는 죽는 순간을 위해서가 아니라, 우리의 삶을 풍성하게 하기 위함입니다. 죽는 순간 지금까지 살아온 삶을 기쁨으로 맞이하기 위하여 우리는 죽음을 향해 선전포고하며 오늘 하루하루를 하나님과 더불어 살아가야 합니다.

사망아 너의 이기는 것이 어디 있느냐? 사망아 너의 쏘는 것이 어디 있느냐? 우리 주 예수 그리스로 말미암아 우리에게 이김을 주시는 하나님께 감사하노라.

2000년 5월. 미국 산호세 엘림교회

8. 욥기 설교

욥기에 나타난 숨겨진 하나님(욥 16:9-17)

한 개척교회를 담임하여 열심히 일하던 어느 목사님에게 청천벽력 같은 일이 생겼습니다. 돌도 안 지난 딸아이가 황달 끼가 있더니 때를 넘겨서 찾아간 의사로부터 뇌성마비가 되었다는 선고를 받았습니다. 교회를 위해 정신없이 뛰던 이 목사님과 사모님은 망연자실했습니다. 사모님은 이렇게 말했습니다. "아니 좋으신 하나님이 어떻게 이러실 수가 있을까? 이런 일이 어떻게 일어날 수가 있을까?" 좋으신 하나님께서 모든 일에 좋은 일만 주시리라고 하던 믿음이 무너졌습니다. 아이를 안고 밤을 새워 기도했지만 아이는 치료되지 않았습니다. 교회를 찾아오던 성도들이 하나씩 나오지 않습니다. 담임목사님이 저주를 받아서 아이가 바보가 되었다는 소문이 퍼졌습니다. 좋으신 하나님이 우리에게 어떻게 이러실 수가 있을까? 이 부부는 의문을 가지고 하나님 앞에 탄식을 했습니다.

좋으신 하나님이란 무슨 말입니까?

좋으신 하나님이라는 말은 우리가 하나님을 찾기만 하면 하나님은 이 세상에서 항상 좋은 것으로 주신다는 믿음입니다. 물론 영적인 축복만이 아니라 이 세상에서도 항상 좋은 것으로 주신다는 생각입니다. 우리의 신앙은 좋으신 하나님을 알고 감사하고 그분을 좇는 데서 시작됩니다. 그래서 이 '좋으신'이라는 말만으로도 하나님을 충분히 설명할 수 있을 것입니다. 그러나 그 '좋으신'이라는 말이 내 위주로 이해될 때 우리는 이 좋으신 이라는 말을 남용하게 됩니다. 내가 보기에 좋으신, 나의 이익에 부합하는 좋으신 하나님이라고 생각할 위험이 있다는 것입니다. 하나님은 좋으시니까, 영적인 축복만이 아니라 언제나 1등 해야 하고, 승진만 해야 하고, 좋은 대학 나와야 하고, 돈도 벌어야 합니다. 하나님은 좋으신 하나님이니까 실패는 있을 수 없고, 병도 안 들고 돈은 많이 벌고, 이 모든 것이 주어지면 하나님은 이해할만한 좋으신 하나님입니다.

그러나 어려움을 당하면 이 '좋으신'이라는 말이 문제가 됩니다. 세상적으로 순조롭지 않을 때 고개를 갸우뚱합니다. 1등 하지 못하고, 돈이 없고 배우지 못하고, 병들면 그에게 하나님은 저주의 하나님이 됩니까? 왜 하필 나에게 이런 일이 닥쳤을까라고 생각하며 갈등을 겪을 때, 때로 실패하게 하시고, 넘어지게 하시고, 고난받게 하시는 하나님을 만났을 때 우리는 이 하나님을 숨겨진 하나님이라고 합니다. 하나님 입장에서는 '좋으신'이나 '숨겨진'이라는 구별이 없이 일관성 있는 계획을 가지고 역사 하시지만 인간의 입장에서는 잘 이해되고 인간의 상식에 맞게 순조롭게 발견되는 하나님은 좋으신 하나님, 이해되지 않고, 절규하며, 탄식하는 그 하나님을 향해 숨겨진 하나님이라고 하는 것입니다. 오늘 욥기를 읽어 보면 이 숨겨진 하나님 때문에 어찌할 바를 알지 못하는 욥의 모습을 볼 수 있습니다.

"그의 진노는 나를 찢고, 나를 적으로 대하며 그는 나를 향하여 이를 간다. 나의 적인 신은 나를 향해 그의 눈을 부릅뜬다. 내가 무사히 살고 있을 때 그는 나를 짓밟는다. 그는 나를 과녁으로 삼는다. 그의 화살은 나를 향해 집중되며 그는 무참히 내 허리를 빠깨고 내 내장을 땅 위에 쏟아 놓는다. 그는 나를 꺾고 또 꺾는다. 그는 용사처럼 나를 향해 달려든다. 내 눈은 울음으로 붉었으며 내 눈꺼풀에는 슬픔이 깊이 깃들었다. 내 손에는 불의가 없고 내 기도는 순수한데 어쩜인가?"

욥은 고난이 처음 닥쳤을 때 놀라운 신앙고백을 합니다. "주신 이도 여호와시오. 취하신 이도 여호와시니 여호와께서 찬송을 받으실지니라." 하나님으로부터도 칭찬을 받았습니다. 친구들은 욥에게 닥친 재난을 보고 욥이 죄를 지었기 때문에 고난을 받았으니 빨리 죄를 고백하라고 합니다. 욥은 자신이 애매히 고난받는 사람임을 강조합니다. 그리고 온 재산과 자녀들을 잃고 마침내 악창으로 고생하는 욥이 하나님을 향해 부르짖는 이야기를 보면 어떻게 믿음 좋은 욥이 이런 말을 하고 있는지 이해하기 힘들 정도입니다. 하나님이 욥을 마치 원수를 대하듯이 고통받게 한다고 말하고, 욥을 향해 눈을 부릅뜨고, 허리를 꺾고. 욥이 불의함 없이 기도를 순수하게 했는데도 이러한 일을 당하게 했다고 합니다. 욥이 보기에 하나님은 적처럼 다가옵니다. 숨겨진 하나님은 전혀 이해할 수 없습니다. 이것은 하나님이 정말 적이라는 말이 아니라, 하나님이 허용하신 고난 때문에 겪는 일들이 욥을 그렇게 생각하게 만들었다는 것입니다. 이것이 숨겨진 하나님의 모습입니다.

욥이 당황하고 있는 이유는 숨겨진 하나님을 만났기 때문입니다. 숨겨진 하나님이란 말은 하나님이 모습을 감추서서, 곧 우리의 상식과 경험으로는 이해되지 않는 하나님입니다. 숨겨진 하나님을 말할 때는 상식적으로 이해되지 않는 하나님, 우리의 이성과 오감으로는 이해되지 않는 하나님입니다. 왜 나에게 이런 어려움을 주셨는가? 왜 저 의로운 사람이 죽음을 당해야 하는가? 왜 저 착한 사람은 항상 가난해야 하는가? 저 악한 사람은 당장 벼락을 맞지 않고 샘나도록 잘살고 있을까? 인간의 제한된 면으로 볼 때 어떤 면은 이해가 되고, 어떤 면은 이해가 되지 않을 뿐입니다. 이성으로 이해되지 않는 사건의 이면에 숨겨진 하나님이 계십니다. 그분은 짧게는 며칠, 또는 몇 년 동안 숨기셨다가 밝히시고 때로는 몇 세대를 지낸 후에 그 뜻을 인간에게 전하시는 분입니다. 해답을 보지 않은 인간들은 절망하기 일쑤입니다.

욥이 절망했던 이유가 바로 숨겨진 하나님의 모습 때문입니다. 자신의 죄 때문도 아닌데 그에게 닥친 고난을 이해하지 못합니다. 물론 하나님을 부정하지는 않았지만 자신의 생일을 저주하고 이해할 수 없는 하나님 모습 때문에 탄식합니다. 하나님과 따지려고 합니다.

하나님은 왜 숨겨진 모습으로 다가오십니까?

1) 부정적인 측면에서 사람의 교만에 대한 도전입니다. 욥은 사건이 끝나갈 무렵 42장에서 말합니다 "무지한 말로 이치를 가리는 자가 누구니이까. 내가 스스로 깨달을 수 없는 일을 말하였고 스스로 알 수 없고 헤아리기 어려운

일을 말하였나이다." 세상의 이치는 다 알고 있다는 전제가 있습니다. 하나님 나와 보세요. 하나님과 변론하면서 옳음을 증명하려 하고, 하나님이 내 손안에 있는 것처럼 착각을 할 때가 있습니다. 당장 죄로 나타나는 것은 아니지만 이런 사건을 통해서 내 안에 있는 이기심을 바라보게 하십니다. 내가 생각하기에 좋은 하나님이 아니라, 하나님이 원하시는 대로 살게 하십니다. 나 중심이 아니라 하나님 중심으로 살아가도록 하기 위해서.

하나님을 자기 마음대로 해석하고, 이 정도면 나도 문제없다고 생각하며 긴장을 풀 때. 자기도 이제 하나님같이 됐다고 여겨질 때. 별 문제가 없는 것처럼 교만하기 시작할 때. 은혜를 잃고 삭막한 생활을 할 때. 드러나는 죄는 짓지 않았지만 거룩하시고, 은혜로우신 하나님으로 가득 차 있지 않고 헛점이 있을 때. 하나님은 숨겨진 모습으로 도전하십니다. 사건은 메시지입니다. 하나님이 살아 계시고 역사 하신다는 것을 깨닫고, 하나님은 정녕 하나님이시라는 엄숙한 진리를 깨닫게 하기 위해, 우리가 거룩함을 잊지 않고, 새로운 신앙을 시작하게 하기 위하여 하나님은 숨겨진 모습으로 다가오십니다.

2) 이것과 다른 보다 긍정적인 목적이 있습니다. 우리의 신앙을 성장시키시고, 우리의 영혼을 정화시키는데 목적이 있습니다. 조금만 좋은 일이 있으면 펄쩍펄쩍 뛰면서도 조금만 어려우면 시험당해서 시무룩한 냄비 같은 신앙은 아직 어린 신앙입니다. 좋으면 삼키고, 싫으면 뱉는 신앙입니다. 하나님 중심의 신앙이 아니라, 조건중심적인 신앙입니다. 어려운 일이 있어도 "글쎄 하나님이 무슨 계획이 있으실까?" 하면서 기다리고, 하나님을 향해 울부짖는 일이 있어도 그분을 향한 신뢰를 잃지 않는 진득한 신앙이 필요합니다. 나는 이런 어려움을 당할 만큼 죄짓지 않았다고, 내가 애매히 고난받는다고 세상에 알리고 싶어 견디지 못하며 잠시라도 그대로 있을 수가 없습니다. 기도를 해도 응답이 없습니다. 그 지루한 시간 동안 참고 있어야 합니다. 기도는 부르짖는 것만이 아니라 듣는 것임을 알게 됩니다. 침묵 속에 계신 하나님의 음성을 듣기 위해서 견디는 법을 알게 됩니다. 그런데 하나님은 우리를 고난의 용광로에 집어넣고 "가만히 있어."라고 말씀하십니다. 욥 23:10 "내가 가는 길을 그가 아시나니 그가

나를 단련하신 후에는 내가 순금같이 나오리라" 불순물이 섞인 금을 용광로에 넣으면 뜨거운 불 속에서 정화되어 순금이 나옵니다. 이는 뜨거운 불 속에서 오랫동안 견디는 사이에 불순물이 나오게 되기 때문입니다.

김일권 목사님은 하나님의 역사를 이해하기까지 7년이 걸렸습니다. 그 이해할 수 없음 때문에 골방에서 기도하고 눈물 흘려도 아이는 여전히 정신박약아입니다. 정신박약에 관한 세계의 모든 책을 가져다가 직접 아이를 고치기 시작했습니다. 자연을 가까이하게 하고 시냇가의 조약돌을 밟게 하고, 시를 짓게 하고, 이렇게 7년간 노력하다가 마침내 아이는 1년 늦게 정상 아이가 다니는 학교에 들어가게 되었습니다. 지식적으로 김일권 목사님은 어떤 전문가를 능가하는 뇌성마비 전문가가 되어 있었고 지금은 이 사역을 천직으로 알고 계속 이 일을 맡고 있습니다. 시험을 성공적으로 견딘 자에게는 하나님의 놀라운 사역이 기다리고 있습니다.

그러면 욥은 과연 어떻게 숨겨진 하나님을 맞이했습니까?

우리가 아직도 숨겨진 하나님의 모습 속에 담긴 좋으신 하나님을 깊이 있게 이해하지 못한다면 욥기를 더 자세히 읽어볼 필요가 있습니다. 욥의 특징은 어떤 사건이 와도 아무런 생각 없이 "감사합니다."를 연발하는 감정 없는 사람이 아니었습니다. 그도 자신의 기준을 가지고 살았습니다. 이해되지 않는 하나님 때문에 절망하고, 울부짖고, 소리쳤습니다. 차라리 죽고 싶다고 외쳤습니다. 자신의 속에서 일어나는 감정을 숨기지 아니하고 정확히 읽었습니다. 욥은 끊임없이 하나님을 향해 질문했습니다. 하나님이 살아 계신다면 자기 옆에 서서 함께 논쟁을 해 보자고 외칩니다. 이러한 몸부림 속에서 가장 중요한 것은 욥이 기회만 있으면 신앙을 벗어 던지려고 하는 것이 아니라 나는 모르지만 하나님이 해답을 가지고 계신다는 것을 알았다는 것입니다. 하나님에 대한 믿음은 내가 원하는 조건이 충족될 때만이 아니라, 내가 신앙인으로 서는 그날부터 마지막 날까지 가져야 한다는 것입니다. 좋으신 하나님 때문에 기뻐할 때나, 이해하지 못해 탄식할 때, 그리고 너무 고통스러울 때도, 우리는 하나님에 대한 신뢰감과 신앙고백의 틀 안에 있어야 합니다. 신앙이 좋다고 해서 질문이 없는 것이 아니고 이 질문을 하나님 안에서 해결할 것을 시도하는 것입니다.

그런데 하나님은 어떻게 응답하십니까? 욥기의 특징은 욥이 하나님에게 던진 그 모든 질문에 대하여 하나님이 일일이 대답하지 않으셨다는 것입니다. 하나님 앞에 욥이 질문할 때마다 우리는 "그래 맞아 그 질문은 내가 하려고 했던 질문이야, 하나님은 어떤 해답을 갖고 계실까."하고 지켜봅니다. 그러나 하나님은 대답하지 않습니다. 그저 하나님은 모습을 드러내지 않으시고, 이 세상의 창조주임을 보여 주십니다. 그런데 욥의 문제는 하나님을 만날 때 해결됩니다. 욥 42:5 "내가 주께 대하여 귀로 듣기만 하였삽더니 이제는 눈으로 주를 뵈옵나이다 그러므로 내가 스스로 한하고 티끌과 재 가운데 회개하나이다".

눈으로 보고, 하나님을 만나니 문제가 해결됩니다. 그렇다고 욥이 묻던 질문 하나하나가 해결된 것은 아닙니다. 이제는 그 질문을 해결할 수 있는 자리에 들어섰습니다. 나의 모든 문제는 하나님을 만날 때 해결되기 시작합니다. 하나님은 욥을 만남으로써 해답을 풀 수 있는 열쇠를 제시하십니다.

하나님을 만남으로써 해결된 것은 문제에 대한 해답이 아니라, 숨겨진 하나님을 받아들이게 되었다는 사실입니다. 숨겨진 하나님을 받아들이기 위해서 우리는 하나님에 대한 나의 인식이 얼마나 제한된 것인지를 인정해야 합니다. 내가 하나님에 대하여 모두 알고 있고 하나님의 일은 나의 지식으로 설명할 수 있다고 교만하지 말아야 합니다. 오히려 하나님의 작은 피조물로 겸손하게 서는 것이 필요합니다. 하나님은 절대 그럴 리가 없어하며 현실을 인정하지 않을 때 우리는 갈등을 시작하게 됩니다. 고난이 닥칠 때 우리는 생각해야 할 것입니다. "이제 하나님의 또 다른 면에 대하여 알 수 있겠구나." 조급하지 말고 기대감을 가지고 은밀한 가운데 하나님의 뜻을 헤아리며 나의 결론과 고집을 내려놓아야 합니다.

우리는 예수님의 기도에서 숨겨진 하나님에게 순종하는 소리를 듣습니다. "내 뜻대로 마옵시고 아버지의 뜻대로 하옵소서." 우리가 숨겨진 하나님을 만날 때 욥처럼 "왜 태어났을까, 차라리 죽는 것이 낫다, 왜 이런 고난을 당해야 할까?" 하고 고민하며 방황할 수도 있습니다. 고민하는 것을 인정하지 않는다면 나를 속이는 것이 됩니다. 내 속에 일어난 감정들을 모두 받아들이면 때로 탄식할 수도 있습니다. 그러나 이 탄식과 절규가 우리의 신앙의 마지막이 되어서는 안 됩니다. 하나님에 대한 믿음과 고난을 함께 들고 해답을 찾아가야 합니다. 이 모든 고난이 이해된 후에야 신앙을 갖기로 결심하면 우리는 인생 다할 때까지 신앙을 가질 수 없을 것입니다. 어느 순간이든지 하나님에 대한 신뢰와 믿음을 갖는 그때부터 나의 성숙한 신앙은 출발되는 것입니다.

이제 말씀을 마치려고 합니다. 좋으신 하나님은 단지 내가 편하고 쉬운 길로만 인도하시는 분이 아닙니다. 좋으신 하나님이기에 숨겨진 모습 이해되지 않는 모습으로 나타나십니다. 그래서 나의 욕심과 이기심을 들여다보게 하시고 뜨거운 용광로에서 정금같이 단련하여 성숙한 신앙을 만들기 원하십니다. 단지 우리에게 남아 있는 것이 있다면 성급한 결론을 삼가면서, 하나님이 계획하신 일에 대한 기대감을 가지고, 견디면서 나에게 일어나는 변화를 지켜보는 것입니다. 이 사건을 통해 숨겨진 하나님께서 무엇을 말씀하시는가 들으며 그 만남을 통해 새로운 출발을 할 수 있을 것입니다.

부록

지혜문학 적용을 위한 예화와 질문들

다음 예화는 실제로 지혜문학 강의시간에 접했던 예화입니다. 욥기를 강의하고 났더니 한 학생이 자신이 경험한 충격적인 사건을 말하면서 해석을 요청하였습니다. 저는 이 질문에 당황하여 어설프게 설명하고 나서 집에 돌아와 이 사건을 깊이 생각해 보았습니다. 그리고 이 사건 이야말로 지혜문학을 배운 학생들이 다룰만한 사건이라고 생각하였습니다. 그리하여 이 사건을 근거로 한 이야기를 다듬어 예화로 만들고 학생들에게 학기말 고사로 제시하였습니다. 이 예화를 읽고 질문에 답해 보십시오.

한밤중에 J는 급한 전화를 받았다. 교회에서 오랫동안 함께 신앙생활을 했던 P가 자살을 했다는 것이다. 그것도 형수와 조카를 죽이고 자살해 버린 것이다. J는 깜짝 놀라서 집을 박차고 나와서 병원의 영안실을 찾았다. 영안실은 초라하기 그지없었다. P의 어머니는 하염없이 흐느끼고 있었고, 교회 생활을 함께하던 후배들 몇몇만이 자리를 지키고 있었다. 어머니를 통해 들은 사건의 전

말은 이러하였다.

　P의 형은 어머니를 모시고 살고 있었다. 어머니와 형수는 늘 다투었다. 어머니는 원래 신앙이 없었고, 형수는 독실한 기독교 신자였다. 형수는 교회 일은 지나칠 만큼 열심이었다. 목사님 말씀엔 철저히 순종하였고, 주일, 수요일 새벽 기도에 열심이었다. 때로는 철야를 하면서 기도하고, 은사를 받아 교회에서도 신앙의 중직을 맡고 있었다. 여전도회 임원을 맡아서 집안을 개방하곤 하였다. 신앙이 없던 시어머니로서는 며느리의 교회생활이 못마땅하였다. 원수를 사랑하라는 말씀도 있다는데 예수 믿는 며느리는 시어머니를 무시하고 시집의 가정 일을 등한시한다고 생각하였다. 교회 일이 있으면 모든 것 팽개치고 교회로 나갔고, 시어머니가 일을 하게 하였다. 시어머니의 권위를 찾을라치면 마치 못 볼 것 보는 냥 듣지도 않았다. 차츰, 시어머니와 며느리의 골은 깊어만 갔다. 시어머니는 어른도 몰라보는 예수교를 비난했고, 며느리는 주님을 위해 수고하는 자신의 입장을 몰라주며 사사건건 교회활동에 제동을 거는 시어머니 때문에 마음을 상해했다. 아내와 결혼한 후에 교회생활을 시작한 P의 형은 처음에 양쪽을 화해하려고 노력하는 듯했다. 그러나 원래 성품이 단순한 형은 조정은 커녕 아내를 만나면 어머니가 한 필요 없는 말을 전하고, 다시 어머니를 만나면 아내가 했던 말들을 잘못 전하면서 오히려 더 갈등을 깊게 하였다. 형은 이 와중에서 고민하며 늘 힘들어했다. 그러더니 회사 일을 핑계 삼아 집에 늦게 술에 취해 오든지 아예 안 들어오기도 했다.

　P는 형수와 어머니의 관계를 처음부터 목격해 왔다. P도 고등학교 때부터 교회를 나가더니 교회생활에 취미를 갖게 되었다. 그의 어머니는 아버지 없이 자라는 아들들을 강하게 규제하며 키웠고, 아들들은 작은 일 하나도 스스로 선택하는 것을 두려워하며 자라 늘 부모의 눈치를 보았으며, 소심하여서 누구에게 말도 붙이기 힘들어했다. 그러던 그가 교회를 다니기 시작하더니 사람들에게 인정받고, 할 일을 찾으며 만족해하기 시작하였다. 교회 담임목사님이 인도하신 수련회에서 방언을 받고 더욱 교회생활을 열심히 하였다. P의 친구들도 이러한 체험을 강조하는 교회에서 신앙에 재미를 붙이고 많은 봉사를 하였다. P

의 친구들은 고등학교부터 졸업 이후 청년부에 이르기까지 교회생활을 열심히 하였다. P의 개인 생활이 교회생활만큼 즐거운 것은 아니었다. P는 맡겨진 일에는 충실했지만 보통 말이 없었고, 늘 외로워했다. 사람들은 그 일이 있기까지 그 집안에 형수와 어머니의 갈등이 있는지도 몰랐었다.

형수와 어머니의 갈등이 깊어져 가면서 P도 말을 잊었다. P는 형수가 같은 신앙인이면서도 너무 극단적으로 어머니를 대하는 모습에서 형수를 미워하는 마음이 생겨났다. P도 할 수 있는 대로 어머니가 교회를 다니도록 하고 싶었지만, 어머니는 막무가내였다. 형수의 태도는 오히려 어머니의 마음을 강퍅하게 만드는 듯했다. 형수에게 무슨 말을 하고 싶어도 손윗사람이라 어느 정도 이상의 말은 하지 못했고, 말을 시작하면 언제나 불편하게 마쳐야 했다. P는 차라리 자신이 형이었더라면 얼마나 좋을까 생각했다.

사건이 일어난 저녁은 교회 사람들이 찾아와 구역예배를 드리는 날이었다. 형수는 교회 사람들에게 도움을 요청하고 집에서 구역예배를 드리기로 하였다. 어머니는 내키지 않았지만 작은아들이 강권하여 함께 참여하기로 하였다. 그런데 막상 형수의 교회 사람들이 들어서자마자 어머니는 형수의 흉을 보기 시작하였다. 마치 자신이 교회 나가지 않은 이유가 형수가 처신을 잘하지 못해서인 것처럼 떠들어댔다. 교회에서 본 형수의 모습과는 다른 이야기를 듣게 된 교회 사람들이 호기심을 가지고 어머니에게 물어댔고, 형수의 얼굴은 일그러지기 시작하였다. 마침내 교회 사람들을 보내놓고 나서 형수는 어머니에게 대들기 시작하였다. 자신의 이야기를 퍼뜨리는 것에 대하여 강한 반발로 어머니를 비난하기 시작하였다. 어머니도 지지 않고 응수하기 시작하였다. 형수는 흥분한 상황에서 자신을 모욕시킨 어머니를 참을 수 없는 사탄으로 간주하고 공격을 계속 하였다. 어머니도 흥분하는 형수를 그대로 두지 못하고 평소에 담았던 말들을 큰소리로 하였다. P는 그 자리에 있을 수 없었다. 평소에 형수를 미워하는 마음에 불이 붙고 형수 얼굴을 보니 그것은 독기 품은 마귀의 얼굴이었다. P는 분노하여 부엌에 있는 칼을 들고 들어왔다. 그는 형수를 한칼에 죽이고도 풀리지가 않아 옆에 있는 조카를 향해 칼을 들이댔다. 그리고는 자신의 배를 찔러버렸다. 그러나 여전히 살아 있는 자신을 보고 다시 옥상으로 올라가서 바깥을 바라보았다. 자신을 통해서 이루어지는 엄청난 일들을 생각하며 바깥을 향해 몸을 던졌다. 모든 것이 격한 감정이 폭발시킨 한순간의 일이었다.

사건의 전말을 들은 J는 그들이 다니는 교회 목사님을 찾아갔다. 그러고 보니 목사님과 개인적으로 말하는 것도 처음이었다. 늘 엄숙한 목사님 곁에 다가가기는 어려웠기 때문이다. 평소에 P와 그의 친구들이 교회 일 열심히 한다고 자랑하던 목사님이었다. 목사님의 음성은 의외로 냉정하였다. "P가 사람을 죽였다고?" 순간 목사님의 얼굴이 굳어졌다. "사탄이 씌었구먼. 그가 사람을 죽이고 자살한 사람이라면 바로 하나님이 저주한 사람이야. 그런 사람을 위해서 장례를 지낸다는 것은 우리 교회의 수치야. 사람들에게 우리 교회는 모른다고 해." J는 그 말에 분노하였다. "우리들은 목숨을 걸고 교회 일을 한 사람들입니다. 목사님이 신앙이 좋다고 하신 그 아이가 이러한 일을 저질렀습니다. 우리들은 목사님의 위로가 필요한 사람들입니다." 돌아와 보니 교회 후배들만이 텅 빈 영안실을 지키고 있었다. 목사님의 반응을 들은 후배들이 소리쳤다. "어떻게 목사님이 그렇게 모른 척할 수 있어? 나는 하나님도, 목사님도 믿을 수 없어. 하나님이 살아 계신다면 P와 같이 착한 아이가 어떻게 저런 죄를 지을 수 있단 말이야. 난 이제 교회 나가지 않을래." J는 그들을 위하여 어떠한 위로도 줄 수 없었다. 그는 차라리 그들과 더불어 하나님께 절규하고 싶었다. "하나님 당신은 살아 계십니까? P의 피 소리가 들리지 않습니까?" 문득 J는 바로 며칠 전 교회 예배를 마치고 돌아가면서 무엇인가를 말할 듯하던 P의 창백한 얼굴을 떠올렸다. 그렇게 오랫동안 교회생활을 같이하면서도 그 안에 무슨 생각이 있는지 들어본 지도 오래된다. 왜 나는 그때 P의 이야기를 들어주지 않았을까. 조금이라도 도움을 주었더라면 이런 비극은 없었을 텐데. J는 그를 생각하면서 통곡하고 있었지만 죽은 자는 말이 없었다.

1. 교회생활에 열심이었음에도 불구하고 행복하지 못했던 형수가 가지고 있는 신앙의 문제점과 해결책을 말해 봅시다.

2. 시어머니가 형수의 태도에 못마땅해 했던 이유를 생각하고 시어머니 같은 불신자를 전도하기 위하여 어떤 방법이 효과적일까 생각해 봅시다.

3. 형수와 시어머니 사이에서 갈팡질팡하던 형의 문제점과 해결책을 생각해 봅시다.

4. 이 사건에 등장하는 목사님과 욥기에 나오는 욥의 친구들과의 유사성은 무엇입니까? 목사님은 형수의 문제를 사전에 인식하지 못했고, 자신의 교회에서 청소년기를 보내며 신앙생활을 한 P를 끝까지 돌보아야 할 양으로 보지 않았습니다. 이 교회를 시무하시는 목사님의 문제점을 말해 봅시다.

5. P가 이러한 죄를 짓기까지 P를 향한 등장인물들의(어머니, 형수, 형, 목사님) 영향을 찾아봅시다. 오늘날 주변에 P와 같은 사람을 발견할 수 있습니까? 이러한 청년들을 어떻게 도울 수 있을까요?

6. 친구들은 이렇게 말하였습니다: "하나님 당신은 살아 계십니까? P의 피 소리가 들리지 않습니까?" 친구들이 느낀 회의주의를 설명하고 친구들이 회의주의를 극복하도록 도와줍시다.

7. P는 죽어버렸기에 말이 없지만 이 사건을 해석할 수 있는 사람은 J입니다. J가 이 사건을 바르게 해석할 수 있도록 도와줍시다. 오랫동안 J는 이 사건으로 인하여 회의주의에 빠지고 신앙생활의 의욕도 잃어버렸습니다. 그러던 어느 날 이 사건에 대한 깨달음을 통하여 오히려 소명을 얻게 되었습니다. J가 소명을 가지고 다시 일어설 수 있도록 도와주십시오.

참고문헌

지혜문학 일반

문희석.『오늘의 지혜문학 연구』, 대한기독교서회, 1976.

장일선.『삶을 위한 지혜: 히브리 지혜문학 연구』, 대한기독교서회, 2000.

박영식.『생명의 샘과 인생길: 성서 지혜문학을 읽기 위한 탐구』, 성바오로, 1999.

천사무엘. 지혜전승과 지혜문학 서울: 동연, 2009.

Gilbert, Maurice.『솔로몬의 지혜』, 성바오로, 1998.

James L. Crenshaw.『구약 지혜문학의 이해』. 한국장로교, 1993.

Murphy, Roland E. 『생명의 나무:성서의 지혜문학 탐구』, 성바오로, 1998.

Sharon Hels.『구약의 지혜문학』, 기독교대한감리회 홍보출판국, 2003.

Berquist, Jon. L. *Judaism in Persia's Shadow: a Social and Historical Approach.* Minneapolis, MN : Fortress Press, 1995.

Blenkinsopp, Joseph, *Wisdom and Law in the Old Testament: the Ordering of Life in Israel and Early Judaism.* Rev. ed. Oxford University Press, 1995.

Boström, Lennart. *The God of the Sages.* Coniectanea Biblica, Old Testament Series 29. Stockholm: Almqvist & Wiksell, 1990.

Brenner, Athalya, ed. *A Feminist Companion to Wisdom Literature.* Sheffield, England: Sheffield Academic Press, 1995.

Brown, William P. *Character in Crisis: A Fresh Approach to the Wisdom literature of the Old Testament.* Grand Rapids: W. B. Eerdmans Pub. Co., 1996.

Brueggemann, *Walter. In Man We Trust.* Richmond, Virginia: John Knox Press, 1972.

Camp, Claudia. *Wisdom and the Feminine in the Book of Proverbs.* Bible and Literature Series 11. Sheffield: JSOT Press/Almond Press, 1985.

Clements, Ronald. *Wisdom in Theology.* Grand Rapids: W.B. Eerdmans Publishing Co., 1992.

Clements, R. E. "Solomon and the Origins of Wisdom in Israel," Perspectives in Religious Studies 15 (1988): 23-36.

Collins, John J. *Jewish Wisdom in the Hellenistic Age.* Old Testament Library. Louisville, Ky. : Westminister John Knox Press, 1992.

Crenshaw, James L. *Old Testament Wisdom: An Introduction.* Revised and enlarged. Louisville, Ky. : Westminster John Knox Press, 1998.

Crenshaw, James L. "Prolegomenon." *Studies in Ancient Israelite Wisdom,* 1-45. New York : Ktav Pub. House, 1976.

Crenshaw, James L. *Education in Ancient Israel: Across the Deadening Silence.* The Anchor Bible Reference Library. New York : Doubleday, 1998.

Gammie, John G. and Leo G. Perdue, eds. *The Sage in Israel and the Ancient Near East,* 185-203. Winona Lake, Ind.: Eisenbrauns, 1990.

Gammie, John G., Walter A Brueggeman, W. Lee Humphreys, and James M. Ward, eds. *Israelite Wisdom: Theological and Literary Essays in Honor of Samuel Terrien.* Missoula, Mont.: Scholars Press, 1978.

Hoglund, Kenneth G., Elizabeth F. Huwiler, Jonathan T. Glas, and Roger W. Lee, eds. *The Listening Heart: Essays in Wisdom and the Psalms in Honor of Roland E. Murphy, O. Carm.* Journal for the Study of the Old Testament-Supplement Series 58. Sheffield: JSOT Press, 1987.

Jenks, Alan W. "Theological Presuppositions of Israel's Wisdom Literature." *HBT 7* (1985), 43-75.

Morgan, Donn F. *Wisdom in the Old Testament Traditions.* Atlanta, Ga.: John Knox Press, 1981.

Murphy, Roland E. *The Tree of Life: An Exploration of Biblical Wisdom Literature.* Grand Rapids, Mich.: Wm B. Eerdmans Publishing Co., 1996.

Murphy, Roland E., and Elizabeth Huweiler. *Proverbs, Ecclesiastes, Song of Songs,* New International Biblical Commentary. Peabody, Mass.: Hendrickson, 1999.

Murphy, Roland E.. *Wisdom Literature.* Forms of the Old Testament literature 13. Grand Rapids, Mich. : W. B. Eerdmans Publishing Co., 1981.

Noth, Martin, and D. W. Thomas. *Wisdom in Israel and in the Ancient Near East.* Vetus Testamentum, Supplements 3. Leiden: Brill, 1955.

Perdue, Leo G. *The Collapse of History: Creation, Text, and Imagination in Old Testament.* Overtures to Biblical Theology. Minneapolis: Fortress Press, 1994.

Perdue, Leo G. *Wisdom and Creation.* Nashville: Abingdon Press, 1994.

Perdue, Leo G. *Wisdom and Cult: A Critical Analysis of the Views of Cult in the Wisdom Literature of Israel and the Ancient Near East.* Society of Biblical Literature Dissertation Series 30. Missoula, Mont.: Scholars Press, 1977.

Perdue, Leo G., Brandon Scott, Bernard and Johnston Wiseman, William eds. In *In Search of Wisdom.* Louisville: Westminster/John Knox Press, 1993.

Rylaarsdam, J. Coert. *Revelation in Jewish Wisdom Literature.* Chicago, The University of Chicago Press, 1946.

Sheppard, Gerald T. *Wisdom as a Hermeneutical Construct.* Beihefte zur Zeitschrift für die alttestamentliche Wissenschaft 151. Berlin and New York: Walter de Gruyter, 1980.

Shupak, Nili. *Where Can Wisdom Be Found?* Orbis biblicus et orientalis 130. Freiburg: Universitätsverlag, 1993.

van Leeuwen, Raymond. "Wealth and Poverty: System and Contradiction in Proverbs." *Hebrew Studies* 33:25-36, 1992.

von Rad, Gerhard. *Old Testament Theology.* Vol 1. New York: Harper & Row, 1962.

von Rad, Gerhard. *Wisdom in Israel.* Nashville: Abingdon Press, 1972.

Washington, Harold. *Wealth and Poverty in the Instruction of Amenemope and the Hebrew Proverbs.* Society of Biblical Literature Dissertation series 142. Atlanta, Ga. : Scholars Press, 1994.

Weeks, Stuart. *Early Israelite Wisdom.* Oxford Theological Monographs. Oxford: Clarendon Press, 1994.

Weinfeld, Moshe. *Deuteronomy and the Deuteronomic school.* Oxford, Clarendon Press, 1972.

Westermann, Claus. *Roots of Wisdom: the Oldest Proverbs of Israel and Other People.* Louisville, Ky.: Westminster/John Knox Press, 1995.

Whybray, R. N. *The Intellectual Tradition in the Old Testament.* Beihefte zur Zeitschrift für die alttestamentliche Wissenschaft 135. Berlin and New York: Walter de Gruyter, 1974.

Wilkens, Rob ert, ed. *Aspects of Wisdom in Judaism and Early Christianity.* Notre Dame, Ind.: University of Notre Dame Press, 1975.

Wolff, Hans Walter. *Anthropology of the Old Testament.* Philadelphia: Fortress Press, 1974.

Wright, Christopher J. H. *God's People in God's Land: Family, Land, and Property in the Old Testament.* Grand Rapids, Mich.: Wm. B. Eerdmans Pub. Co., 1990.

잠언

김정우.『성서주석: 잠언』. 서울: 대한기독교서회, 2007.

Anders, Max.『(Main idea로 푸는)잠언』. 서울: 디모데, 2007.

Atkinson, David.『잠언강해 : 삶을 위한 지혜』. 서울: 한국기독학생회출판부, 2002.

Barnes, Albert.『반즈 신구약 성경주석: 잠언』. 서울: 크리스찬서적, 1997.

David, Atkinson.『잠언강해: 삶을 위한 지혜』. 서울: 한국기독학생회출판부, 2002.

Keil, C. F.『잠언』. 데릴취 구약주석-v.16. 서울: 기독교문화사, 1988.

Kidner, Derek.『잠언 주석』. 서울: 기독교문서선교회, 1994.

Murphy, Roland E.『성경주석: 잠언』. 22; WBC; 서울: 솔로몬, 1999.

Perdue, Leo G.『잠언』. 서울: 한국장로교출판사, 2009.

Tremper III, Longman,『어떻게 잠언을 읽을 것인가?』. 서울: IVP, 2005.

Clifford, Richard J. *Proverbs: A Commentary.* Louisville, Ky.: Westminster John Knox Press, 1999.

Crenshaw, James L. "Proverns," ABD 5:5:514

Lang, Bernhard. *Wisdom and the Book of Proverbs: an Israelite Goddess Redefined.* New York: Pilgrim Press, 1986.

McKane, William. *Proverbs: a New Approach.* Philadelphia: Westminster Press, 1975.

Purdue, Leo G. Proverns. Interpretation

Ross, Allen P. "Proverbs". Pp. 881-1134 in the Expositor's Bible Commentary, vol. 5. Ed. Frank E. Murphy and Elizabeth Huwiler. New International Biblical Commentary 12. Peabody. MA: Hendrickson.

van Leeuwen, Raymond. "The Book of Proverbs." Pp. 19-264 in *The New Interpreter's Bible*, 5: Nashville: Abingdon Press, 1997.

van Leeuwen, Raymond. *Context and Meaning in Proverbs 25-27*. Society of Biblical Literature Dissertation Series 96. Atlanta, Ga. : Scholars Press, 1988.

Williams, James G. *Those Who Ponder Proverbs: Aphoristic Thinking and Biblical Literature*. Bible and Literature Series 2. Sheffield: Almond Press, 1981.

Whybray, R. N. *Wealth and Poverty in the Book of Proverbs*. Journal for the study of the Old Testament supplement 99. Sheffield: JSOT Press, 1990

Whybray, R. N. *Wisdom in Proverbs*. Studies in Biblical Theology 45. Naperville, Ill.: A. R. Allenson, 1965.

Whybray, R. N. *Proverbs*. New Century Bible. Grand Rapids: Eerdmans, 1994.

전도서

김영진. 『삶의 의미를 찾아서: the Book of Ecclesiastes』. 서울: 이레서원, 2008.

민영진. 『성서주석: 전도서/아가』. 서울: 대한기독교서회, 2009.

양금희. 『전도서 강해·솔로몬이 제안하는 인생 예습서!』. 서울: 쿰란, 2005.

Anders, Max. 『(Main idea로 푸는)전도서·아가』. 서울: 디모데, 2009.

Eaton, Michael A. 『전도서 주석』. 서울: 기독교문서선교회, 1994.

Keil, C. F. 『카일 데릴취 구약주석-v.17 전도서, 아가』. 기독교문화사 , 1988

Murphy, Roland E. 『WBC 성경주석: 전도서』. 서울: 솔로몬, 2008.

Walter C. Kaiser, 『숭고한 삶: 전도서 강해』. 생명의 말씀사, 1990.

Brown, William P. *Ecclesiastes*. Interpretation. Louisville: John Knox, 2000.

Crenshaw, James. *Ecclesiastes*. Old Testament Library. Philadelphia: Westmmster, 1987.

Davis, Ellen F. *Proverbs, Ecclesiastes, and the Song of Songs*. Westminster Bible Companion. Louisville: Westminster John Knox, 2000.

Delitzsch, Franz. *Commentary on the Song of Songs and Ecclesiastes Trans*. M. G. Easton. Edinburgh: T&T Clark, 1976 [1875].

Eaton, Michael A. *Ecclesiastes*. Tyndale Old Testament Commentaries 16. Leicester: Inter-Varsity Press, 1983.

Farmer, Kathleen A. *Who Knows What Is Good? A Commentry on the Books of Proverbs and Ecclesiastes*. International Theological Commentary. Grand Rapids: Eerdmans, 1991.

Fox, Michael V. *Ecclesiastes*. JPS Bible Commentary. Philadelphia: Jewish Publication Society, 2004.

Garrett, Duane A. *Proverbs, Ecclesiastes, Song of Songs*. New American Commentary 14. Nashville:

Broadman, 1993.

Ginsburg, Christian David. *The Song of Songs and Coheleth.* New York: Ktav, 1970.

Glenn, Donald R. "Ecclesiastes." Pp. 975-1007 in *The Bible Knowledge Com-mentary*, vol. 1. Ed. John F. Walvoord and Roy B. Zuck. Chicago: Victor, 1985.

Gordis, Robert. *Koheleth-the Man and His Word: A Study of Ecclesiastes.* New York: Schocken Books, 1968.

Hubbard, David A. *Ecclesiastes, Song of Solomon.* Communicator's Commen-tary 15B. Dallas: Word, 1991.

Huwiler, Elizabeth. "Ecclesiastes." Pp. 157-218 in *Proverbs, Ecclesiastes, Song of Songs.* By Roland E. Murphy and Elizabeth Huwiler. New International Biblical Commentary 12. Peabody, MA: Hendrickson, 1999.

Ingram, Doug. *Ambiguity in Ecclesiastes.* New York: T & T Clark, 2006.

Kaiser, Walter C. *Ecclesiastes: Total Life.* Chicago: Moody, 1979.

Kidner, Derek. *A Time to Mourn, and a Time to Dance: Ecclesiastes and the Way of the World.* Down-ers Grove, IL: InterVarsity Press, 1976.

Krueger, Thomas. *Qoheleth: A Commentary.* Trans. O. C. Dean. Herme-neia. Minneapolis: Fortress, 2004 [1999].

Leupold, H. C. *Expositions of Ecclesiastes.* Grand Rapids: Baker, 1952.

Loader, J. A. *Ecclesiastes: A Practical Commentary.* Text and Interpretation. Grand Rapids: Eerd-mans, 1986.

Lophfink, Norbert. *Qohelet.* Continental Commentaries. Trans. Sean McEvenue. Minneapolis: Fortress, 2003 [1980].

Longman III, Tremper. The Book of *Ecclesiastes.* New International Commentary on the Old Tes-tament. Grand Rapids: Eerdmans, 1998.

Moore, T. H. *Ecclesiastes: Ancient Wisdom When All Else Fails.* Downers Grove, IL: InterVasity Press, 2001.

Murphy, Roland E. *Ecclesiastes.* Word Biblical Commentary 23A. Dallas: Word, 1992.

Ogden, Graham S. *Qoheleth.* Readings. Sheffield: JSOT Press, 1987.

Provan, Iain. *Ecclesiastes, Song of Songs.* NIV Application Commentary. Grand Rapids: Zondevan, 2001.

Rudman, Dominic. *Determinism in the Book of Ecclesiastes.* JSOTSup 316; Sheffield: Sheffield Ac-ademic Press, 2000.

Scott R. B. Y. *Proverb, Ecclesiastes.* New York: Doubleday, 1965.

Seow, Choon-Leong, *Ecclesiastes.* Anchor Bible 18C. New York: Doubleday, 1997c.

Towner; W. Sibley. "The Book of Ecclesiastes." Pp. 265-360 in *The New Inter-preter's Bible,* vol. 5. Ed. Leander E. Keck. Nashville: Abingdon, 1997.

Whybray R. N. *Ecclesiastes.* Old Testament Guides. Sheffield: JSOT Press, 1989.

Wright, J. Stafford. "Ecclesiastes." Pp. 1135-97 in *The Expositor's Bible Commentary,* vol. 5. Ed. Frank E. Gaebelein. Grand Rapids: Zondervan, 1991.

욥기

민영진, 『설교자와 함께 읽는 욥기』. 서울: 한국성서학연구소, 2002.

이군호, 『성서주석: 욥기』. 서울: 대한기독교서회, 1998.

안근조, 『하나님의 지혜 초청과 욥의 깨달음』. 용인: 킹덤북스, 2012.

안근조, 『(지혜말씀으로 읽는)욥기 안근조』. 서울: 한들, 2007.

하경택, 『질문과 응답으로서의 욥기연구』. 서울: 한국성서학연구소, 2006.

Gutierrez, Gustavo. 『욥기: 무고한자의 고난과 하나님의 말씀』. 나눔사, 1989.

Keil, C. F. 『카일 데릴취 구약주석-v.11 욥기(상, 하)』. 기독교문화사, 1988.

Lawson, Steven J. 『(Main idea로 푸는)욥기』. 서울: 디모데, 2006.

Pope, Marvin H. 『욥기』. 서울: 한국신학연구소, 1983.

Snaith, Norman H. 『욥기의 형성사: 기원과 목적』. 서울: 성바오로출판사, 1993.

Beuken, W. A. M. ed. *The Book of Job*. BETL 114. Louvain: Leuven University Press and Peeters, 1994.

R. B. Zuck ed. *Sitting with Job: Selected Studies on the Book of Job*. Grand Rapids: Baker, 1992.

Perdue, L. G. and Gilpin, W. C. eds. *The Voice from the Whirlwind: Interpreting the Book of Job*. Nashville: Abingdon, 1992.

Westermann, C. *The Structure of the Book of Job: A Form-Critical Analysis*. Fortress Press, 1981.

Perdue, L. G. *Wisdom in Revolt: Metaphorical Theologu in the Book of Job*. Sheffield: Sheffield Academic Press, 1991.

Gordis, Robert. *The Book of Job*. New York: Jewish Theological Seminary of America, 1978.

Habel, Norman C. *The Book of Job*. Old Testament Library. Philadelphia: Westminster, 1985.

Hartley, John E. *The Book of Job*. New International Commentary on the Testament. Grand Rapids: Eerdmans, 1988.

Janzen, J. Gerald. *Job*. Interpretation. Atlanta: John Knox, 1985.

Murphy, Roland E. *The Book of Job: A Short Reading*. New York: Paulist Press, 1999.

Newsom, Carol A. "The Book of Job." Pp. 317-637 in *The New Interpreter's Bible*, vol. 4. Ed. Leander E. Keck. Nashville: Abingdon, 1999.

Pope, Marvin H. *Job*. 3rd ed. Anchor Bible 15. Garden City. NY: Doubleday.

Reyburn, William D. *A Handbook on the Book of Job*. New York: United Bible Societies, 1992.

Smick Elmer B. "Job." Pp. 843-1-60. *The Expositor's Bible Commentary*, vol. 4. Ed. Frank E. Gaebelein. Grand Rapids: Zondervan.

Wharton, James A. *Job*. Westminster Bible Companion. Louisville: Westminster John Knox. 1999.

Whybray, R. N. *Job*. Readings. Sheffield. Sheffield Academic Press, 1998.